Mujeres de la Biblia hablan hoy

REALES,
RELEVANTES y
RADICALES

Mujeres de la *Biblia* hablan hoy

JORGE ENRIQUE DÍAZ
MIRYAM PICOTT

Tyndale House Publishers
Carol Stream, Illinois, EE. UU.

Visite Tyndale en Internet: tyndaleespanol.com y BibliaNTV.com.

TYNDALE y el logotipo de la pluma son marcas registradas de Tyndale House Publishers.

Mujeres de la Biblia hablan hoy: Reales, relevantes y radicales

© 2020 por Jorge Enrique Díaz. Todos los derechos reservados.

A menos que se indique lo contrario, las fotografías en el interior son de Unsplash y son la propiedad de los dueños de los derechos de autor, con todos los derechos reservados. Fotografía del cetro por © dja65/Adobe Stock; foto del lacre por © stokkete/Adobe Stock; foto de la pandereta © krsmanovic/Adobe Stock; foto de pan por Mike Kenneally; foto de hilo por Terri Bleeker; foto del árbol por Johann Siemens; foto del pájaro por Vincent van Zalinge; foto de la llama de vela por David Tomaseti; foto de harina por Patrick Fore; foto de la tela por Muillu; foto del racimo de olivas por Janine Joles; foto de la paloma por Kachen; foto de la trenza por Tamara Bellis; foto de la rueda de alfarero por Ritesh Singh; foto de trigo por Evi Radauscher; foto de amapolas por Monica Galentino; foto del nudo de cuerda por Robert Zunikoff; foto de las ondas de agua por Luca Bravo; foto de la aldaba por Damian Kamp; foto de la corona por Jared Subia; foto de las monedas por Udit Saptarshi; foto del grifo por Frank Albrecht; foto de la ola de agua por Samara Doole; foto de las cuentas por Eric Prouzet; foto de la canasta por bckfwd.

Ilustración de la flor en la portada y el interior © Wondervendy/Adobe Stock. Todos los derechos reservados.

Fotografía de la mujer en la portada © venerala/Adobe Stock. Todos los derechos reservados.

Fotografía de los autores © por Jorge Enrique Díaz y Miryam Picott. Todos los derechos reservados.

Diseño: Alberto C. Navata Jr.

Edición: Christine Kindberg

Las citas bíblicas sin otra indicación han sido tomadas de la *Santa Biblia*, Nueva Traducción Viviente, © 2010 Tyndale House Foundation. Usada con permiso de Tyndale House Publishers, 351 Executive Dr., Carol Stream, IL 60188, Estados Unidos de América. Todos los derechos reservados.

Las citas bíblicas indicadas con NVI han sido tomadas de la Santa Biblia, *Nueva Versión Internacional,*® *NVI.*® © 1999 por Biblica, Inc.® Usada con permiso. Todos los derechos reservados mundialmente.

Las citas bíblicas indicadas con RVR60 han sido tomadas de la versión Reina-Valera 1960® © Sociedades Bíblicas en América Latina, 1960. Renovado © Sociedades Bíblicas Unidas, 1988. Usada con permiso. Reina-Valera 1960® es una marca registrada de las Sociedades Bíblicas Unidas y puede ser usada solo bajo licencia.

Las citas bíblicas indicadas con RVA-2015 han sido tomadas de la versión Reina Valera Actualizada © 2015 por Editorial Mundo Hispano. Usada con permiso.

Las citas bíblicas indicadas con TLA han sido tomadas de la Traducción en lenguaje actual® © Sociedades Bíblicas Unidas, 2002, 2004.

Para información acerca de descuentos especiales para compras al por mayor, por favor contacte a Tyndale House Publishers a través de espanol@tyndale.com.

Library of Congress Cataloging-in-Publication Data
Names: Díaz, Jorge Enrique, author.
Title: Mujeres de la Biblia hablan hoy : reales, relevantes y radicales /
  Jorge Enrique Díaz, Miryam Picott.
Description: Carol Stream, Illinois, EE.UU. : Tyndale House Publishers,
  Inc., 2020.
Identifiers: LCCN 2019041006 (print) | LCCN 2019041007 (ebook) |
  ISBN 9781496442901 (trade paperback) | ISBN 9781496442918 (kindle edition) |
  ISBN 9781496442925 (epub) | ISBN 9781496442932 (epub)
Subjects: LCSH: Women in the Bible.
Classification: LCC BS575 .D525 2020 (print) | LCC BS575 (ebook) | DDC
  220.9/2082--dc23
LC record available at https://lccn.loc.gov/2019041006
LC ebook record available at https://lccn.loc.gov/2019041007

Impreso en Estados Unidos de America
Printed in the United States of America

26	25	24	23	22	21	20
7	6	5	4	3	2	1

Isabella Joelie

*Nuestra oración es que seas una verdadera mujer,
relevante y radical para la gloria de Dios.*

Contenido

Introducción *1*

Antiguo Testamento
1. Eva, una mujer que aprendió todo por sí misma *3*
2. Sara, una mujer rica en contradicciones *9*
3. Sifra y Fúa, dos mujeres que tuvieron que elegir entre matar, mentir o morir *17*
4. Séfora, una mujer decidida *23*
5. Miriam, una mujer comprometida con la liberación de su pueblo *31*
6. Rahab, una mujer que suplicó por la salvación de su familia *37*
7. Débora, una mujer real, relevante y radical *43*
8. Noemí, una mujer de fe en medio de la amargura *49*
9. Ana, una mujer con tres problemas, tres amores y tres bendiciones *57*
10. Abigail, una mujer fuerte, fiel y flexible *65*
11. Rizpa, una mujer que preguntó: ¿Por qué?, Dios mío, ¿por qué? *73*
12. La reina de Saba, una mujer que buscó sabiduría antes que el poder *79*
13. Ester, una mujer para tiempos de crisis *85*

Nuevo Testamento
14. María, una mujer muy favorecida *93*
15. La Extranjera, una mujer humilde y persistente *107*
16. Marta y María, unas mujeres amigas del Maestro *111*
17. La Samaritana, una mujer inocente hasta que se pruebe lo contrario *119*
18. María Magdalena, una mujer transformada de la noche a la mañana *125*
19. Safira, una mujer que eligió la lealtad equivocada *131*
20. Rode, una mujer joven a quien llamaron loca *139*
21. Lidia, una mujer empresaria cristiana *145*
22. Priscila, una mujer que se atrevió a usar su mente *151*
23. Evodia y Síntique, unas mujeres llamadas a perdonar *157*
24. Febe, una mujer de servicio confiable y responsable *163*
25. Loida, una mujer que impactó a varias generaciones *169*

Reconocimientos *175*

Introducción

Estudiar a las mujeres de la Biblia nos ofrece una oportunidad para comprender mejor el carácter de Dios, entender la historia del pueblo de Dios en el mundo y descifrar la obra de Dios en la vida de cada uno de nosotros hoy en día. Ese es el beneficio de cualquier estudio de la Biblia. Además, mirar a las mujeres de la Biblia, en particular, deja claro el corazón de Dios hacia las mujeres y los planes de Dios para las mujeres de hoy.

Este libro le dará la oportunidad de explorar la vida de 25 mujeres de la Biblia y pensar en maneras creativas de aplicar las enseñanzas de cada mujer a su vida en el mundo actual.

Muchas veces escuchamos a predicadores y maestros de la Biblia usar las historias de las mujeres de la Biblia con el propósito de «ilustrar» los conceptos que están presentando. Es decir, hablan como si las mujeres de los relatos fueran material accesorio y no personas con una vida propia que muchas veces desempeñaron un papel protagónico de vital importancia. Sin embargo, las mujeres en las que nos enfocamos en estos relatos fueron reales. Es decir, vivieron en un momento de la historia y en un lugar específico. Vienen de una extensa variedad de trasfondos y culturas. Tuvieron diferentes personalidades, intereses y deseos, al igual que las mujeres de hoy. Muchas de estas valientes mujeres lucharon contra terribles dificultades. Las mujeres que permitieron a Dios obrar en su vida fueron continuamente transformadas por la gracia de Dios. Algunas fracasaron miserablemente. Fueron mujeres de verdad, mujeres de carne y hueso.

Estas mujeres, además de reales fueron relevantes. De manera grande o pequeña, las mujeres influyeron en los que estaban cerca de ellas: el esposo, los hijos, los amigos, la iglesia o la comunidad, y hasta todo el país. Mujeres como Ana y Loida infundieron en su hijo o nieto un profundo amor por Dios y un carácter íntegro. Otras mujeres, como Débora, lideraron a su pueblo en un momento de crisis. Algunas hicieron tareas muy grandes y significativas, y otras como Rode tuvieron la oportunidad de mostrar valor al abrir una puerta a una calle oscura en medio de la noche. Cada una respondió al momento de su vida.

Las mujeres de estos relatos también fueron radicales. Corrieron riesgos para hacer algo fuera de lo común e hicieron frente a las consecuencias. Sifra y Fúa desobedecieron al rey de Egipto en vez de matar a los niños hebreos. Rahab traicionó a la ciudad que era su hogar porque confiaba en un Dios ajeno. La reina de Saba dejó atrás el poder de su reino e hizo

Introducción

un largo viaje en búsqueda de la sabiduría que solo se encuentra en Dios. Evodia y Síntique escucharon el llamado de Dios a perdonar.

Las historias seleccionadas no son de las mujeres más reconocidas de la Biblia, para no repetir las mismas historias que se encuentran en muchos otros libros y revistas. Al contrario, este libro presta atención a varias mujeres de las que se habla poco; por ejemplo, Rizpa, la esposa del rey Saúl. Es cierto que de algunas de las mujeres de la Biblia sabemos muy poco, como de Séfora, la esposa de Moisés, o la mujer de Samaria con quien habló Jesús, pero a veces podemos aprender mucho de las pocas palabras que se cuentan sobre la vida de una mujer real, relevante y radical.

Cada capítulo presenta un breve perfil de la mujer sobre la que se va a leer, con unos datos básicos para ubicar a dicha mujer en un contexto histórico y geográfico. Luego encontrará el pasaje bíblico que cuenta la narración verídica, el punto de partida para el resto del capítulo. La sección que sigue se titula «Imaginemos la escena», y es una invitación a interpretar la historia de esa mujer a través de la imaginación. Esta parte presenta algunas conjeturas razonables basadas en investigaciones sobre el contexto histórico y el hecho de que la naturaleza humana sigue siendo la misma. Ofrece la oportunidad de pensar en cómo habrá sido la infancia de Sara, por ejemplo, o el matrimonio de Safira, para entender mejor su punto de vista en la historia. Esperamos que estos relatos contribuyan a recuperar el recuerdo de estos personajes y que muestren su participación activa en la comunicación del mensaje redentor de Jesucristo.

Cada capítulo entonces gira 180 grados para mirar qué lecciones prácticas podemos aplicar a nuestra vida hoy en día, para que nosotros también podamos ser reales, relevantes y radicales. Como dice la carta del apóstol Pablo al nieto de Loida: «Toda la Escritura es inspirada por Dios y es útil para enseñarnos lo que es verdad y para hacernos ver lo que está mal en nuestra vida. Nos corrige cuando estamos equivocados y nos enseña a hacer lo correcto. Dios la usa para preparar y capacitar a su pueblo para que haga toda buena obra» (2 Timoteo 3:16-17).

Al final de cada capítulo encontrará preguntas de discusión para que profundice en los temas del capítulo, ya sea conversando con su grupo de estudio o reflexionando en su tiempo a solas. La idea es que usted piense de manera creativa cómo «encarnar» las verdades de la Palabra de Dios en su propia experiencia y vivencia, y que además anime y estimule a otros miembros de su grupo o comunidad a hacer algo juntos. Juntos aprendemos mejor.

Como conclusión encontrará un versículo bíblico que pretende resumir la verdad principal de la historia. Las animamos a hacer un pequeño esfuerzo por memorizar estos versículos «clave» para recordar lo que aprendió de ese relato.

Nuestro deseo y oración al Señor es que la lectura sobre estas mujeres de la Biblia hable a su corazón y la inspiren a ser una persona más real, relevante y radical, conforme al corazón de Dios.

Dr. Jorge Enrique Díaz
Miryam R. Picott

Eva

Una mujer que aprendió todo por sí misma

PERFIL DE EVA
Referencias bíblicas: Génesis 1–4; 5:1-3
Lugar: Jardín de Edén y sus alrededores
Fecha: Desconocida

IMAGINEMOS LA ESCENA

Eva fue la primera mujer en aprender a hacer muchas cosas por sí misma. Fue la primera mujer que caminó por la tierra. Ella fue creada por las manos del Señor, y por lo tanto fue una obra maestra de la artesanía de Dios, la mujer más bella que haya existido. Dios creó un huerto hermoso donde crecía una amplia variedad de alimentos deliciosos. No había lluvia ni mal tiempo en el paraíso, solo una suave llovizna regaba el jardín todas las noches. Era un lugar perfecto para vivir.

Cuando Dios hizo al hombre, usó polvo de la tierra, pero cuando hizo a la mujer la hizo del hueso que tomó de Adán. Luego, como un padre amoroso que ha cuidado y formado a su hija, viene con ella para entregarla en matrimonio a su esposo. Qué extraordinario: era imposible que Eva se equivocara al escoger marido. Adán era el hombre perfecto para ella, ¡porque no había otro hombre! ¿Se imaginan cómo simplificó eso las cosas?

Eva era extraordinaria. *No* tenía pasado. Nunca había tomado malas decisiones. No tenía padres, ni suegros, ni hermanos, ni antiguos enamorados que pudieran acusarla de algo. No tenía experiencias de la vida. No había tenido una niñez difícil. No había pasado por la pubertad. Fue creada por las manos de Dios como una mujer perfecta. También era extraordinaria espiritualmente porque su relación con Dios era perfecta.

SEGÚN LA BIBLIA

Cuando el Señor Dios hizo la tierra y los cielos, no crecían en ella plantas salvajes ni grano porque el Señor Dios aún no había enviado lluvia para regar la tierra, ni había personas que la cultivaran. En cambio, del suelo brotaban manantiales que regaban toda la tierra. Luego el Señor Dios formó al hombre del polvo de la tierra. Sopló aliento de vida en la nariz del hombre, y el hombre se convirtió en un ser viviente.

Después, el Señor Dios plantó un huerto en Edén, en el oriente, y allí puso al hombre que había formado. El Señor Dios hizo que crecieran del suelo toda clase de árboles: árboles hermosos y que daban frutos deliciosos. En medio del huerto puso el árbol de la vida y el árbol del conocimiento del bien y del mal. [...]

El Señor Dios puso al hombre en el jardín de Edén para que se ocupara de él y lo custodiara; pero el SEÑOR Dios le advirtió: «Puedes comer libremente del fruto de cualquier árbol del huerto, excepto del árbol del conocimiento del bien y del mal. Si comes de su fruto, sin duda morirás».

Después, el SEÑOR Dios dijo: «No es bueno que el hombre esté solo. Haré una ayuda ideal para él». Entonces el SEÑOR Dios formó de la tierra todos los animales salvajes y todas las aves del cielo. Los puso frente al hombre para ver cómo los llamaría, y el hombre escogió un nombre para cada uno de ellos. Puso nombre a todos los animales domésticos, a todas las aves del cielo y a todos los animales salvajes; pero aún no había una ayuda ideal para él.

Entonces el SEÑOR Dios hizo que el hombre cayera en un profundo sueño. Mientras el hombre dormía, el SEÑOR Dios le sacó una de sus costillas y cerró la abertura. Entonces el SEÑOR Dios hizo de la costilla a una mujer, y la presentó al hombre.

«¡Al fin! —exclamó el hombre—.

¡Esta es hueso de mis huesos
   y carne de mi carne!
Ella será llamada "mujer"
   porque fue tomada del
     hombre».

Esto explica por qué el hombre deja a su padre y a su madre, y se une a su esposa, y los dos se convierten en uno solo.

Ahora bien, el hombre y su esposa estaban desnudos, pero no sentían vergüenza.

La serpiente era el más astuto de todos los animales salvajes que el SEÑOR Dios había hecho. Cierto día le preguntó a la mujer:

Eva

Pero Eva dudó de la Palabra de Dios y fue seducida por la posibilidad de ser como Dios, de conocer el bien y el mal. Eva y Adán se dieron cuenta de que habían dañado su relación con Dios, que habían perdido el candor y la pureza en la mirada del uno hacia el otro. Se dieron cuenta de que estaban desnudos, de tal manera que buscaron una forma de cubrirse.

Después de un tiempo, Eva concibió y dio a luz a su primer hijo, a quien da un nombre muy descriptivo, Caín. Este nombre era un reconocimiento de que ella había tenido su primer hijo con la ayuda de Dios. Luego Eva dio a luz a su segundo hijo, Abel, y un tiempo después, la primera familia vio el nacimiento de Set.

Adán y Eva tuvieron muchos más hijos e hijas. Alguien ingeniosamente comentó que, siendo que Adán vivió 930 años, y dado que la energía genética humana de aquella época era tan rica, existe la posibilidad de que Eva fuera fértil hasta los 620 años. (La Biblia no dice cuántos años vivió ella). Suponiendo que hubiera tenido un hijo como promedio cada cinco años, significa que tuvo 124 hijos antes de morir.

Sin embargo, su vida cotidiana debe haber sido muy similar a la nuestra. Cada uno de sus hijos requeriría el mismo cuidado que los niños de hoy. Eva cocinaba, lavaba los platos, bañaba al bebé de la familia y hablaba con Adán al atardecer. Ella soñaba, luchaba con la frustración, reía y besaba a su marido para despedirse cuando este se iba a trabajar a los campos cada día. También lo vio envejecer, y ella envejeció con él.

Antes de morir, Adán y Eva lograron ver la primera ciudad, construida por su hijo Caín. También vieron el comienzo del comercio, la industria, las artes y la tecnología, que es la aplicación práctica de los conocimientos. Imagino a Eva, junto a Adán y la familia, escuchando a Jubal, el tataranieto de su bisnieto, tocando el arpa y la flauta.

Adán la llamó *vida*, y Eva en verdad merecía ese nombre. Bebé tras bebé nació y ella lo arrulló en sus brazos, y a cada uno lo amamantó con su pecho, lo guio hacia su adultez y lo lanzó a un mundo nuevo y fresco. Sin embargo, Eva vio algo más. Algo que dio perspectiva a sus habilidades para dar vida. Vio la muerte.

Eva tuvo el dolor de sepultar a su segundo hijo que murió asesinado. Cuando Caín mató a su hermano Abel, Eva perdió prácticamente a sus dos primeros hijos a la vez: a uno porque murió y al otro porque fue expulsado. Y aunque es imposible imaginar todo lo que pasó por su mente, sería lógico que Eva perdiera la esperanza. Abel tenía algo especial. (Todas las madres ven algo especial en cada uno de sus hijos e hijas). Con tristeza Eva también observó la propagación de la violencia en el mundo.

Sin embargo, la historia de Eva no termina allí. Pasaron los años y cuando nació su hijo Set, algo le hizo creer que por medio de ese hijo Dios podría cumplir su promesa de aplastar la cabeza de la serpiente que tan mañosamente la había engañado. Como buena madre, quizás Eva imaginó que un día Dios usaría a alguno de sus descendientes para restaurar la relación de la humanidad con él y que de esa manera los seres humanos volverían a caminar en Edén.

LECCIONES PRÁCTICAS QUE APRENDEMOS DE EVA

Eva tuvo una vida excepcionalmente única y larga como para experimentar los cambios más dramáticos que cualquier mujer puede tener. Algunos de los nombres que se le dan en Génesis reflejan esas variaciones en su vida. La Biblia nos presenta al menos tres nombres de Eva y al reflexionar más en cada uno de ellos podemos profundizar en nuestra propia relación con Dios.

Confiar en que somos una creación especial de Dios

El primer nombre de Eva es el que Dios le dio junto con Adán el día en que los creó: «los llamó "humanos"» (Génesis 5:2). Este nombre es una designación que Dios mismo le dio. Es una descripción, más que un nombre. La palabra *humanos* en ciertas versiones aparece como *Adán*, que significa literalmente «un ser que viene de la tierra». Era casi como si Dios considerara que estos dos seres que había creado eran dos mitades que formaban un todo y que, sin embargo, podían relacionarse con él de manera personal e íntima como individuos. Solo era necesario tener una palabra para identificar esta creación única que era el pináculo de toda su obra y su gran deleite (Proverbios 8:30-31).

Cuando Dios «creó» el universo, el relato en Génesis usa la palabra hebrea *barah* que significa crear de la nada; crear con el poder de su palabra. Mientras que cuando «formó» al hombre y a la mujer se usa la palabra *vayiven*, que significa dar forma como lo hace un artesano. La descripción de este proceso es para enseñarnos que el hombre y la mujer fueron «formados» por la mano de Dios usando materia prima. Para hacer a Adán tomó

—¿De veras Dios les dijo que no deben comer del fruto de ninguno de los árboles del huerto?

—Claro que podemos comer del fruto de los árboles del huerto —contestó la mujer—. Es solo del fruto del árbol que está en medio del huerto del que no se nos permite comer. Dios dijo: "No deben comerlo, ni siquiera tocarlo; si lo hacen, morirán".

—¡No morirán! —respondió la serpiente a la mujer—. Dios sabe que, en cuanto coman del fruto, se les abrirán los ojos y serán como Dios, con el conocimiento del bien y del mal.

La mujer quedó convencida. Vio que el árbol era hermoso y su fruto parecía delicioso, y quiso la sabiduría que le daría. Así que tomó del fruto y lo comió. Después le dio un poco a su esposo que estaba con ella, y él también comió. En ese momento, se les abrieron los ojos, y de pronto sintieron vergüenza por su desnudez. Entonces cosieron hojas de higuera para cubrirse.

Cuando soplaba la brisa fresca de la tarde, el hombre y su esposa oyeron al Señor Dios caminando por el huerto. Así que se escondieron del Señor Dios entre los árboles. Entonces el Señor Dios llamó al hombre:

—¿Dónde estás?

El hombre contestó:

—Te oí caminando por el huerto, así que me escondí. Tuve miedo porque estaba desnudo.

—¿Quién te dijo que estabas desnudo? —le preguntó el Señor Dios—. ¿Acaso has comido del fruto del árbol que te ordené que no comieras?

Eva

El hombre contestó:

—La mujer que tú me diste fue quien me dio del fruto, y yo lo comí.

Entonces el Señor Dios le preguntó a la mujer:

—¿Qué has hecho?

—La serpiente me engañó —contestó ella—. Por eso comí.

Entonces el Señor Dios le dijo [...] a la mujer:

«Haré más agudo el dolor de tu embarazo,
 y con dolor darás a luz.
Y desearás controlar a tu marido,
 pero él gobernará sobre ti». [...]

Después, el hombre —Adán— le puso a su esposa el nombre Eva, porque ella sería la madre de todos los que viven. [...] Ahora bien, Adán tuvo relaciones sexuales con su esposa, Eva, y ella quedó embarazada. Cuando dio a luz a Caín, dijo: «¡Con la ayuda del Señor, he tenido un varón!». Tiempo después, dio a luz al hermano de Caín y le puso por nombre Abel.

Génesis 2:4-9, 15–3:13, 16, 20; 4:1-2

---

del polvo de la tierra; para crear a Eva usó un hueso de Adán. Ambos fueron hechos a imagen de Dios, con la misma naturaleza y, a la vez, con su propia individualidad y la capacidad de relacionarse íntimamente con Dios y entre ellos como seres humanos. Dios los hizo como obras tan perfectas que él mismo ¡vio que eran muy buenas! (Génesis 1:31).

Las mujeres de hoy también son una creación especial como humanos. Fueron formadas como una creación única, con la capacidad especial de relacionarse íntimamente con Dios y con otros humanos.

Ser «ayuda ideal» como mujer

El segundo nombre de Eva le fue dado por su marido el día que se conocieron. Adán la llama «mujer» (Génesis 2:23). Adán ya había dado nombre a todos los animales de la tierra; probablemente los estudió antes de nombrarlos, así que cuando Dios se le acercó con esta nueva criatura, el hombre reconoció al instante una conexión vital e íntima que no había visto en ninguna otra especie. Inmediatamente reconoció que era «hueso de mis huesos y carne de mi carne». Ella era la compañera que lo reflejaba y lo completaba. Con el fin de nombrarla, Adán tomó el nombre que Dios le había dado a él (*ish*, varón) y le añadió el sufijo «ha» para indicar «sacado de». Él dijo: «Ella será llamada "mujer" [*ishá, varona*], porque fue tomada del hombre». La versión Reina-Valera de 1960 lo traduce: «Ésta será llamada Varona, porque del varón fue tomada» (Génesis 2:23).

Eva fue la respuesta anticipada de Dios a la necesidad de Adán. La esposa de Adán estuvo en la mente de Dios mucho antes de que ella estuviera en los brazos de su amado esposo. El matrimonio fue un invento de Dios para el bien de la humanidad. Ni Adán ni Eva tuvieron mucho de dónde escoger a su cónyuge, pues ambos se sabían creados el uno para el otro. Cuántas lágrimas y lamentos nos ahorraríamos si buscáramos a Dios para pedirle que nos guíe para encontrar a la persona que él creó para nosotros. El Salmo 37:4 dice: «Deléitate en el Señor, y él te concederá los deseos de tu corazón».

Génesis da la siguiente razón para la creación de Eva: «No es bueno que el hombre esté solo. Haré una ayuda ideal para él», dice Dios (Génesis 2:18). Esa expresión *ayuda ideal* o *ayuda idónea* es frecuentemente mal interpretada y mal aplicada. La palabra «ayuda» viene de la voz hebrea *ezer*, que describe la fuerza, energía o impulso que viene de alguien superior al que recibe la ayuda. En este caso es Dios quien ayuda al hombre por medio de su mujer. La mujer no es la ayudante del hombre como un peón lo es a su capataz. No es una ayuda subordinada, sino superior, pues es la ayuda que Dios da. La palabra «ideal» es la traducción del vocablo *kenegdo*, que significa «adecuada para...» o «que cumple a cabalidad». La mujer no es igual al hombre, es diferente, es la contraparte. Fue hecha de manera que pueda cumplir el propósito y el plan del Señor.

Al mirar lo que dice Dios de la relación entre esta mujer y su esposo, podemos sacar tres principios que se deben recordar constantemente para mantener un matrimonio saludable y amoroso. Puede ser que usted esté recién casada o que esté por celebrar sus Bodas de Oro; de cualquier manera, puede llegar a ser una «ayuda ideal» para el hombre de su vida. Dice Génesis 2:24: «Esto explica por qué el hombre deja a su padre y a su madre, y se une a su esposa, y los dos se convierten en uno solo». El primer principio es que tanto la mujer como el hombre deben dejar a los padres. Se podría decir que eso es para comenzar, y después hay que dejar otras cosas como el trabajo y los gustos personales para dar prioridad a la relación con el cónyuge. El segundo paso es que se unen en un compromiso de por vida. Literalmente, esto es hasta que la muerte los separe. Puede ser que de cuando en cuando una pareja sufra fuertes ataques y parezca que todo va a derrumbarse. No salga corriendo. Quédese. Usted puede ser la solución. El tercer principio es que serán uno solo. Significa que usted y su cónyuge serán amantes toda la vida. La mujer debe respetar a su marido y el marido debe amar a su esposa. Eso implica tener las mismas metas, compartir los mismos propósitos y avanzar juntos en la misma dirección.

La desobediencia trajo sobre Eva dos condiciones sobre su ser como mujer. Una es que habría mucho sufrimiento en el embarazo y dolor al dar a luz a los hijos. La experiencia de todas las hijas de Eva corrobora el sufrimiento y el dolor del proceso de la maternidad. La segunda consecuencia es que «desearás controlar a tu marido, pero él gobernará sobre ti» (Génesis 3:16). Esta expresión muestra con fuerza la ruptura de la armonía entre la pareja que antes era «uno solo». El impulso natural de ser una con su esposo se convierte en una lucha por el dominio como el que ejerce el dueño o poseedor.

Aquí queremos dirigir unas palabras a los hombres. Los esposos tienen que aprender dos guías: ya que el embarazo y dar a luz produce sufrimiento y dolor en la esposa, hay que apoyarla y acompañarla durante todo el proceso. La otra es que el hecho de que la esposa busque controlar a su marido es una invitación a amarla, más que a tratarla con tiranía y prepotencia. Hay que protegerla, no tratar de abusar de ella de alguna manera.

Dar vida en un mundo de muerte

El tercer nombre, el que más a menudo recordamos, es «Eva», una palabra que significa *vida* (Génesis 3:20), que también le fue dado por su marido. Sería romántico suponer que Adán eligió el nombre porque ella era el centro de su mundo, la fuente de su vida emocional, su felicidad total, como se dicen los enamorados: «vida mía». Pero ese no es exactamente el caso. No cabe duda de que él la amaba con locura, pero no la llamó *vida* debido a su relación con ella. Eva recibió su nombre debido a su capacidad de dar a luz y de alimentar a los niños.

Los hijos de Eva nacerían caídos y marcados, al igual que sus padres, pero con el tiempo Cristo, el Dios que se hizo hombre, vendría como uno de estos humanos. Un día, las cosas serían diferentes. Un día, la cabeza de Satanás sería aplastada. Un día, los seres humanos podrían ser libres de nuevo. Era una promesa de Dios y una esperanza a la que Adán y Eva

Eva

se aferraban confiadamente. Por nuestra lectura del Nuevo Testamento sabemos que por la línea de sangre de Set, hijo de Eva, el Señor cumplió su promesa de restaurar el paraíso perdido (Lucas 3:38; Apocalipsis 21:3-7).

Hemos nacido en un mundo dañado por el pecado. Además, por nuestra sangre corre una inclinación hacia el pecado, y muy temprano en nuestra vida desobedecemos a Dios y pecamos. ¿Cómo romper esa condición de muerte? Hay esperanza. Cristo, el Hijo de Dios, vino para morir en la cruz y dar su vida para salvarnos. Todo lo que tenemos que hacer es creer en Jesucristo y aceptar la salvación y la vida eterna que él nos ofrece. Por medio de él, nosotros hoy en día también podemos ser *vida* en un mundo de muerte.

ALGO PARA PENSAR O CONVERSAR

- *¿Qué significa para usted saber que los humanos en general, y usted en particular, son una creación especial de Dios?*

- *La influencia de Eva sobre Adán fue determinante. En este caso fue para mal: ¡ella lo invitó a desobedecer al Señor! Es innegable el poder que una mujer puede ejercer sobre su marido; por eso dice la Biblia en alarde de una mujer de fe: «Su marido puede confiar en ella, y ella le enriquecerá en gran manera la vida. Esa mujer le hace bien y no mal todos los días de su vida» (Proverbios 31:11-12). Enumere tres áreas en las que podría ser una mejor influencia sobre la vida de su esposo o de las demás personas a su alrededor.*

- *Las verdades bíblicas sobre el matrimonio condenan las prácticas prevalecientes en las sociedades modernas como el divorcio, las relaciones sexuales casuales y el adulterio, los concubinatos y las relaciones clandestinas, la homosexualidad, y la relación de competencia y opresión en el matrimonio. El ideal de Dios se concreta en la íntima, abierta, mutua y total aceptación, así como en un continuo y permanente conocimiento del otro como el que Adán experimentó con su mujer. ¿Hay algo en su conducta que no encaja con este ideal, algo de lo cual necesita arrepentirse? Pídale perdón a Dios ahora. ¿Cómo puede cambiar su forma de vivir para evitar ese pecado en el futuro?*

- *Ahora que sabe que la expresión «ayuda ideal» significa que la mujer es una contraparte del hombre, para cumplir el propósito y el plan del Señor, ¿cómo cambia su idea de sus propias relaciones con los hombres a su alrededor? ¿Cómo puede usted ser una «ayuda ideal» para su esposo o para los otros hombres en su vida (su padre, sus hermanos, sus hijos)?*

- *Hoy en día hablamos mucho de planificación familiar para determinar cuándo y cuántos hijos desea tener una pareja de esposos. También se habla mucho del aborto y de la responsabilidad de la mujer para tomar esa decisión. Eva es llamada vida por su habilidad de dar a luz, pero sabemos que Dios es el creador de la vida. ¿Qué papel puede jugar usted para apoyar la vida en las situaciones en que esté?*

PARA RECORDAR

Así que Dios creó a los seres humanos a su propia imagen.
A imagen de Dios los creó; hombre y mujer los creó.

GÉNESIS 1:27

Sara

Una mujer rica en contradicciones

PERFIL DE SARA

Referencias bíblicas: Génesis 11:27–23:2; Isaías 51:2; Romanos 4:19; 9:9; Gálatas 4:22-31; Hebreos 11:11; 1 Pedro 3:5-7

Lugar: Ur de los caldeos, Harán, Canaán y Egipto

Fecha: Aproximadamente entre los años 2156 y 2029 a. C.

IMAGINEMOS LA ESCENA

Taré, el padre de Sarai, era un rico negociante de ídolos que representaban a la luna. Él y su familia vivían en el corazón de Ur, una de las ciudades más importantes de los caldeos. El nombre de Sarai significaba «Mi princesa», y era una princesa por su belleza, por su risa y también por sus caprichos como la niña de los ojos de su padre. Podía conseguir casi todo lo que deseaba con solo acercarse con una sonrisa en el rostro y rodear el cuello de su orgulloso padre.

Sarai era cada vez más hermosa. Su sonrisa cautivaba a muchos de los jóvenes hijos de los ricos amigos de su padre. Sin embargo, ella ya había puesto sus ojos en un hombre que era unos diez años mayor que ella. Sarai se decía: «Ese es el amor de mi vida». El afortunado se llamaba Abram, y resultaba ser su medio hermano.

En esa época era muy frecuente el matrimonio entre hijos del mismo padre pero de diferente madre, pues eso aseguraba que el patrimonio quedaba dentro de la misma familia. Taré fijó la fecha de la boda y la noticia corrió por toda la ciudad de Ur. Fue una gran celebración.

La luna de miel de Abram y Sarai los mostraba como dos enamorados de por vida. Después, Abram esperaba con ansias la noticia de que pronto sería papá. Algunas

SEGÚN LA BIBLIA

El Señor le había dicho a Abram: «Deja tu patria y a tus parientes y a la familia de tu padre, y vete a la tierra que yo te mostraré. Haré de ti una gran nación; te bendeciré y te haré famoso, y serás una bendición para otros. Bendeciré a quienes te bendigan y maldeciré a quienes te traten con desprecio. Todas las familias de la tierra serán bendecidas por medio de ti».

Entonces Abram partió como el Señor le había ordenado, y Lot fue con él. Abram tenía setenta y cinco años cuando salió de Harán. Tomó a su esposa Sarai, a su sobrino Lot, y todas sus posesiones —sus animales y todas las personas que había incorporado a los de su casa en Harán— y se dirigió a la tierra de Canaán. [...]

Tiempo después, el Señor le habló a Abram en una visión y le dijo:

Sara

—No temas, Abram, porque yo te protegeré, y tu recompensa será grande.

Abram le respondió:

—Oh Señor Soberano, ¿de qué sirven todas tus bendiciones si ni siquiera tengo un hijo? Ya que tú no me has dado hijos, Eliezer de Damasco, un siervo de los de mi casa, heredará toda mi riqueza. Tú no me has dado descendientes propios, así que uno de mis siervos será mi heredero.

Después el Señor le dijo:

—No, tu siervo no será tu heredero, porque tendrás un hijo propio, quien será tu heredero.

Entonces el Señor llevó a Abram afuera y le dijo:

—Mira al cielo y, si puedes, cuenta las estrellas. ¡Esa es la cantidad de descendientes que tendrás!

Y Abram creyó al Señor, y el Señor lo consideró justo debido a su fe.[...]

Ahora bien, Sarai, la esposa de Abram, no había podido darle hijos; pero tenía una sierva egipcia llamada Agar. Entonces Sarai le dijo a Abram: «El Señor no me ha permitido tener hijos. Ve y acuéstate con mi sierva; quizá yo pueda tener hijos por medio de ella». Y Abram aceptó la propuesta de Sarai. Entonces Sarai, la esposa de Abram, tomó a Agar, la sierva egipcia, y la entregó a Abram como mujer. (Esto ocurrió diez años después de que Abram se estableció en la tierra de Canaán.)

Así que Abram tuvo relaciones sexuales con Agar, y ella quedó embarazada; pero cuando Agar supo que estaba embarazada,

veces, su padre le preguntaba con una sonrisa de picardía: «¿Qué esperas para hacerme abuelo?». Al pasar los años, las preguntas pícaras desaparecieron.

Todos admiraban la belleza de Sarai, pero lamentaban que no pudiera tener hijos. «Tener hijos es responsabilidad de la mujer —decían las comadronas de la ciudad—. La pobre Sarai es bella, muy bella pero estéril. ¡Qué tragedia!».

Puede ser que la fábrica de ídolos condujo a Taré y a su familia a darse cuenta de que había un Dios que no podía ser representado por una imagen. Taré sabía cómo se fabricaban los ídolos y que la calidad de su manufactura establecía el precio de venta. Los que tenían algún defecto simplemente se vendían a menor precio. Así que Taré y su familia decidieron adorar a un Dios no conocido. Su nueva fe los condujo a abandonar el negocio y buscar otro lugar para vivir.

Taré tomó a sus hijos Abram y Sarai y a su nieto Lot y salió con ellos de Ur, con el plan de ir a la tierra de Canaán. Sin embargo, cuando pasaron por la ciudad de Harán, hicieron varios negocios con mucho éxito y se establecieron allí hasta que Taré murió a la edad de doscientos cinco años.

Pasaron los años y Abram celebró su cumpleaños de plata: ¡75 años! Sarai hizo una fiesta a la que fueron invitados familiares y amigos. Ella miraba enamorada a su esposo que aún parecía muy fuerte y lleno de vitalidad. Estaba dispuesta a hacer cualquier cosa por verlo feliz y sonriente.

Después de la fiesta, había que volver a ordenar la casa y poner todo en su lugar. Sarai tenía muchos empleados que hacían los oficios domésticos, pero ella tenía que supervisar cada detalle. *¡Es la única manera de que todo quede bien hecho!*, pensaba ella.

Abram había salido a atender sus negocios. De repente, su esposo entró a la casa corriendo, lleno de emoción. Le contó que el Dios al cual adoraban se le había aparecido. Le citó palabra por palabra lo que le había dicho. Cuando terminó su relato, Abram abrazó a Sarai y le preguntó:

—¿Qué piensas?

—Tú eres el amor de mi vida. Iré contigo adondequiera que Dios te guíe —respondió ella sin pensarlo.

Sarai se preparó para el viaje y tuvo que enfrentar a cada paso el dilema de qué llevar y qué dejar. Había muchas cosas que vender o regalar, pues tenían su propio negocio y propiedades, familiares, esclavos y animales. No se podía llevar todo, pero no quería dejar mucho.

Por fin llegó el día fijado para la salida de Harán hacia la región de Canaán. Cruzaron el río Éufrates hacia la zona montañosa de Betel, donde Abram construyó uno de los varios altares que construiría a lo largo de su vida. De allí, avanzaron poco a poco en dirección al desierto del Neguev. Sarai dirigía las operaciones domésticas para asegurar que tanto su esposo como las personas que los acompañaban tuvieran la comida, el agua y lo necesario para cada día. Ella disfrutaba la aventura de vivir como nómada de un lugar a otro.

El hecho de haber sido llamados por Dios para ir a Canaán no significaba ausencia de problemas. En aquel tiempo llegó a faltar comida en toda la región de Canaán. Era tan grave la falta de alimentos que Abram y Sarai se fueron a vivir a Egipto, porque allá sí había qué comer. Es evidente que ninguno de los dos, Abram ni Sarai, buscó la guía de Dios antes de tomar esta decisión. Cuando ya estaban cerca de Egipto, Abram miró el hermoso rostro de su esposa y esos ojos negros llenos de vida y belleza a sus 65 años. Le dijo a Sarai:

«Por lo hermosa que eres, los egipcios me matarán por ser tu esposo. Entonces diles que eres mi hermana. Así me tratarán bien en vez de matarme».

Sarai amaba tanto a su esposo que estaba dispuesta a obedecerlo en todo, inclusive a decir una mentira a medias. *Al fin y al cabo*, pensó ella, *somos medio hermanos*. No se dio cuenta de que Abram la estaba utilizando para sacar provecho. Así que estuvo dispuesta a todo, inclusive a mentir.

Tan pronto como Abram llegó a Egipto, los egipcios vieron que Sarai era muy bonita. Enseguida, el rey ordenó que Sarai fuera llevada a su palacio. De acuerdo con las costumbres, antes de que la mujer fuera llevada a la presencia del rey tenían que someterla a un proceso de purificación y embellecimiento de la piel, el cabello y el cuerpo en general. Mientras tanto, para quedar bien con Abram, el rey le regaló ovejas, vacas, burros, burras, sirvientes, sirvientas y camellos. A Sarai le preocupaba cuál sería su futuro sin su amado Abram y sin la posibilidad de negarse a los deseos del rey. Sin duda, Sarai clamó a Dios pidiendo su intervención. Dios vio lo que estaba pasando y todo esto no le agradó, y por eso mandó graves enfermedades sobre el rey y su familia. De alguna manera, el rey percibió que la razón de comenzó a tratar con desprecio a su SEÑORA, Sarai. Entonces Sarai le dijo a Abram:

—¡Todo esto es culpa tuya! Puse a mi sierva en tus brazos pero, ahora que está embarazada, me trata con desprecio. El SEÑOR mostrará quién está equivocado, ¡tú o yo!

Abram respondió:

—Mira, ella es tu sierva, así que haz con ella como mejor te parezca.

Entonces Sarai comenzó a tratar a Agar con tanta dureza que al final ella huyó. [...]

Cuando Abram tenía noventa y nueve años, el SEÑOR se le apareció y le dijo: «Yo soy El-Shaddai, "Dios Todopoderoso". Sírveme con fidelidad y lleva una vida intachable. Yo haré un pacto contigo, por medio del cual garantizo darte una descendencia incontable».

Al oír eso, Abram cayó rostro en tierra. Después Dios le dijo: «Este es mi pacto contigo: ¡te haré el padre de una multitud de naciones! Además, cambiaré tu nombre. Ya no será Abram, sino que te llamarás Abraham, porque serás el padre de muchas naciones. Te haré sumamente fructífero. Tus descendientes llegarán a ser muchas naciones, ¡y de ellos surgirán reyes!». [...]

Entonces Dios le dijo a Abraham: «Con respecto a Sarai, tu esposa, su nombre no será más Sarai. A partir de ahora, se llamará Sara. Y yo la bendeciré, ¡y te daré un hijo varón por medio de ella! Sí, la bendeciré en abundancia, y llegará a ser la madre de muchas naciones. Entre sus descendientes, habrá reyes de naciones».

Sara

Entonces Abraham se postró hasta el suelo, pero se rio por dentro, incrédulo. «¿Cómo podría yo ser padre a la edad de cien años? —pensó—. ¿Y cómo podrá Sara tener un bebé a los noventa años?». Así que Abraham le dijo a Dios:

—¡Que Ismael viva bajo tu bendición especial!

Pero Dios le respondió:

—No. Sara, tu esposa, te dará a luz un hijo. Le pondrás por nombre Isaac, y yo confirmaré mi pacto con él y con sus descendientes como pacto eterno. Con respecto a Ismael, también a él lo bendeciré, tal como me has pedido. Haré que sea muy fructífero y multiplicaré su descendencia. Llegará a ser padre de doce príncipes, y haré de él una gran nación; pero mi pacto se confirmará con Isaac, quien nacerá de ti y de Sara dentro de un año. [...]

El SEÑOR se le apareció otra vez a Abraham cerca del robledo que pertenecía a Mamre. Un día, Abraham estaba sentado en la entrada de su carpa a la hora más calurosa del día. Entonces levantó la vista y vio a tres hombres de pie cerca de allí. [...]

—¿Dónde está Sara, tu esposa? —preguntaron los visitantes.

—Está dentro de la carpa —contestó Abraham.

Entonces uno de ellos dijo:

—Yo volveré a verte dentro de un año, ¡y tu esposa, Sara, tendrá un hijo!

Sara escuchaba la conversación desde la carpa. Abraham y Sara eran muy ancianos en ese tiempo, y hacía mucho que Sara había pasado la edad de tener hijos. Así que se rio en silencio dentro de sí su enfermedad y la de su familia estaba relacionada con Abram y Sarai. De inmediato, el rey mandó llamar a Abram, y les reprochó a Abram y a Sarai su mala conducta. Después el rey dio órdenes a sus soldados de sacar a Abram y a su esposa de Egipto, junto con todo lo que tenían. Una de las esclavas que el rey le dio a Sarai era una joven hermosa llamada Agar.

Abram tenía ya diez años de vivir en Canaán y, de cuando en cuando, él y Sarai hablaban de la promesa de Dios de darles hijos. Sarai pensó que si Abram tuviera un hijo de su esclava egipcia, que se llamaba Agar, el problema podría resolverse. Así que le propuso a su esposo:

«Abram, tengo una idea, a ver qué te parece. Como Dios no me permite tener hijos, acuéstate con mi esclava y ten relaciones sexuales con ella. Según nuestras costumbres, cuando ella tenga un hijo ese niño será mío, porque ella es mi esclava».

Ni a Abram ni a Sarai se les ocurrió consultar con Dios. De nuevo estaban tomando decisiones por su propia cuenta y haciendo lo que les parecía conveniente para los dos. Dicho y hecho. Cuando Agar se dio cuenta de que iba a tener un hijo, comenzó a despreciar a Sarai. Entonces Sarai le reclamó a Abram.

Abram le respondió:

«Haz con ella lo que quieras, pues Agar es tu esclava».

Fue así como Sarai comenzó a maltratarla. No sabemos qué métodos usó Sarai para hacer sentir miserable a Agar, pero logró que Agar se sintiera obligada a huir.

Cuando Agar llegó al manantial de agua que está en el desierto entre las ciudades de Cades y Bered, Dios salió a su encuentro y le ordenó volver y someterse a su patrona Sarai. Agar reconoce a Dios como el SEÑOR y le puso un nombre al manantial: «Pozo del Viviente que me ve». Agar volvió a la casa de sus amos y se sometió a ellos mientras esperaba el nacimiento de su hijo.

Cuando nació el niño, Abram tenía ochenta y seis años. Abram le puso por nombre Ismael. Era fuerte, sano y muy porfiado.

La relación que se suponía que debía existir entre Ismael y Sarai nunca se estableció. Sarai no pudo aceptar a Ismael como «su hijo» a pesar de que fue su idea original. ¡Una mujer rica en contradicciones! Así pasaron trece años.

Un día, cuando Abram ya tenía noventa y nueve años, el

Mujeres de la Biblia hablan hoy

Señor se le apareció de nuevo para reiterarle sus promesas de cuidarlo y hacerlo prosperar. Además, Dios le cambió el nombre, de Abram a Abraham, que significa «padre de muchas naciones». El Señor también cambió el nombre de Sarai a Sara, que significa «princesa», como si fuera princesa de muchas naciones.

Pero cuando Abraham llegó a su casa no sabía si debía contarle a Sara la conversación que había tenido con Dios. Dios le había dicho que Sara misma iba a darle un hijo, pero el tema de tener hijos había sido un asunto muy sensible entre ellos últimamente. Así que Abraham decidió esperar un poco.

Unos días después, Sara estaba a la entrada de la tienda, detrás de Abraham, escuchando lo que su esposo y sus tres visitantes inesperados conversaban. Cuando escuchó que dentro de un año sería madre, se rio y dijo entre dientes: «Qué linda idea, pero ¿a estas alturas?».

Entonces escuchó a uno de los hombres decir:

—¿Por qué se ríe Sara? ¿Acaso no cree que el Señor puede hacer lo que prometió, incluso hacerla madre, aun a su edad? En un año volveré a visitarte, y Sara tendrá un hijo en brazos.

Sara contuvo el aliento, sintiendo que había sido descubierta. ¿Sería castigada por su incredulidad? Rápidamente lo negó:

—No me reí.

Sin embargo, no podía engañar a este hombre, que era Dios:

—Sí, escuché tu risa. Ya verás.

Después de pocas semanas, Sara comenzó a sentir el crecimiento de su vientre. Todo el proceso de gestación mantuvo a Abraham y a su esposa con una sonrisa impresionante. Justo cuando Abraham cumplió cien años, nació el hijo de la promesa, a quien pusieron por nombre Isaac, que significa, «él ríe».

Después de una larga vida llena de contradicciones —de fe y de desconfianza, de mentiras y de obediencia, de crueldad y de esperanza— la risa incrédula de Sara se tornó en una risa de alegría y agradecimiento a Dios. Dijo:

«¡Dios me dio el regalo de la risa, y todos los que escuchan la historia compartirán la risa conmigo! ¿Quién habría pensado que una mujer de mi edad tendría un hijo así? ¡Qué milagro de la bondad de Dios!».

misma, y dijo: «¿Cómo podría una mujer acabada como yo disfrutar semejante placer, sobre todo cuando mi señor —mi esposo— también es muy viejo?».

Entonces el Señor le dijo a Abraham:

—¿Por qué se rio Sara y dijo: "¿Acaso puede una mujer vieja como yo tener un bebé?"? ¿Existe algo demasiado difícil para el Señor? Regresaré dentro de un año, y Sara tendrá un hijo.

Sara tuvo miedo, por eso lo negó:

—Yo no me reí.

Pero el Señor dijo:

—No es cierto, sí te reíste. [...]

El Señor cumplió su palabra e hizo con Sara exactamente lo que había prometido. Ella quedó embarazada y dio a luz un hijo a Abraham en su vejez. Esto ocurrió justo en el tiempo que Dios dijo que pasaría. Y Abraham le puso por nombre a su hijo, Isaac. Ocho días después del nacimiento, Abraham circuncidó a Isaac, tal como Dios había ordenado. Abraham tenía cien años de edad cuando nació Isaac.

Sara declaró: «Dios me hizo reír. Todos los que se enteren de lo que sucedió se reirán conmigo. ¿Quién le hubiera dicho a Abraham que Sara amamantaría a un bebé? Sin embargo, ¡le he dado a Abraham un hijo en su vejez!». [...]

A la edad de ciento veintisiete años, Sara murió en Quiriat-arba (actualmente se llama Hebrón), en la tierra de Canaán. Allí Abraham hizo duelo y lloró por ella.

Génesis 12:1-5; 15:1-6; 16:1-6; 17:1-6, 15-21; 18:1-2, 9-15; 21:1-7; 23:1-2

Sara

LECCIONES PRÁCTICAS QUE APRENDEMOS DE SARA

Al hablar de Sara, como de cualquier otro personaje de la Biblia, debemos comenzar con Dios. En Sara, Dios derramó su gracia y demostró su poder que desafía toda lógica humana. Él la escogió para ser la portadora del hijo de la promesa (Génesis 17:19). Y por medio de su hijo vendría el Mesías, el Salvador del mundo. Dios convierte a una mujer estéril, avanzada en edad, en la madre de su pueblo Israel. Sara no gozó del favor de Dios porque tuviera algún mérito especial en sí, ni porque su carácter daba un ejemplo incorrupto. Aunque Sara tenía muchas buenas cualidades, también tenía sus fallas que la hacían una mujer real. Dios muestra su bondad, su gracia y su poder al escoger obrar a través de mujeres como Sara. Era una mujer llena de contradicciones; sin embargo, Dios la nombró «Princesa de todas las naciones». Dios siempre es el personaje central de la historia.

A pesar de sus contradicciones, hay al menos tres características positivas y relevantes que podemos aprender de la historia de Sara.

Perseverar en la fe

Sara es la primera mujer que se menciona en la lista de los grandes ejemplos de fe de Hebreos 11. En medio de una situación que parecía imposible, «Ella creyó que Dios cumpliría su promesa» (Hebreos 11:11). Esa fe la sostuvo hasta que a los casi noventa años vio su sueño hecho realidad.

Según la historia de Sara, podemos decir que no tuvo fe en todo momento. Por ejemplo, cuando propuso que Abraham tuviera un hijo con Agar, estaba tratando de «ayudar» a Dios a cumplir su promesa. Esa falta de fe tuvo consecuencias: todavía hoy seguimos viendo las tensiones en el Medio Oriente que tienen sus raíces en la decisión equivocada de Sara de tener un hijo por medio de Agar. Sin importar los momentos de debilidad que vivió Sara, la proclamación de la Biblia es clara: fue una mujer de fe porque le creyó a Dios. Hoy en día, podemos imitar su ejemplo de fe en nuestra propia vida, sin importar lo imposible que podría parecer ni la tentación de «ayudar» a Dios que podríamos sentir de vez en cuando.

Aprender a reírse con Dios

Sara sufrió una de las situaciones más difíciles que podía experimentar una mujer de su época: la tristeza de no poder tener hijos. Implicaba que si su esposo moría antes, ella quedaría desamparada financieramente y sin alguien que la protegiera y la cuidara. Además, en esos tiempos, la infertilidad se consideraba culpa de la mujer, y era una señal de castigo por parte de Dios. Cuántas veces habrá llorado Sara a solas o en los brazos de su esposo por esa incapacidad. Sara también luchaba contra una mezcla de tristeza y enojo que la condujo a tratar a Agar con dureza, y finalmente a echarla de la casa junto con su hijo.

Sara supo reír para ocultar su tristeza, como vemos en Génesis 18:12, cuando se ríe de la promesa de que tendría un hijo. Pero parece que el nacimiento de Isaac cambió su risa amarga a una risa verdadera, de gozo y maravilla. Cuando nació su hijo, lo llamaron *Isaac*, que significa «él ríe». Así, el gozo compartido de Sara se expresaba cada vez que mencionaba o llamaba a su hijo, Isaac.

Obedecer, a pesar de las dificultades

La carta de Primera de Pedro en el Nuevo Testamento nos muestra que Sara se distingue especialmente por la obediencia a su esposo. Sara fue una mujer firme y decidida, pero a

Mujeres de la Biblia hablan hoy

la vez fue un modelo de sumisión y respeto hacia su esposo (1 Pedro 3:5-7). Por ejemplo, cuando Abram dijo que iban a dejar el entorno urbano que conocían y que partirían hacia Canaán, cuando él estaba en la mitad de los 70 y Sarai tenía unos 65 años, ella aceptó la promesa que Dios le había dado a su esposo y aprendió a adaptarse (Génesis 12:2-3).

ALGO PARA PENSAR O CONVERSAR

- *Sara, al igual que otras mujeres de la Biblia, no fue una persona enteramente virtuosa. Este capítulo destaca algunos aspectos muy positivos como también algunas contradicciones de su carácter. Haga una lista de las cualidades positivas y negativas de Sara. ¿Con cuáles cualidades (positivas o negativas) se identifica más? ¿Cuáles desearía desarrollar más en su vida?*

- *Entre la primera vez que Dios le comunicó a Abraham que tendría descendencia y el cumplimiento de la promesa hay más o menos veinticinco años. ¿Por qué cree que Dios se demoró tanto en cumplir esa promesa? ¿Qué hace usted cuando le parece que Dios se tarda demasiado?*

- *Uno podría decir que la obediencia de Sara hacia su esposo le creó problemas; por ejemplo, cuando Abram le pidió que no revelara que estaban casados... no solo una vez, sino dos. ¿Por qué cree que el Nuevo Testamento elogia a Sara por su obediencia como esposa? ¿Hay ocasiones en las que una mujer no debería obedecer? ¿Por qué sí o por qué no? ¿Qué otros versículos de la Biblia hablan de la obediencia o la sumisión en el matrimonio? Haga una lista de versículos con su grupo de estudio y consulte la concordancia de su Biblia.*

- *Sara imaginó un plan para «ayudar» a que Abraham tuviera un hijo. Los resultados fueron desastrosos para todos los personajes de la historia. ¿Ha tratado usted alguna vez de «ayudar» a Dios? ¿Cuál fue su experiencia personal? ¿Qué puede hacer la próxima vez para perseverar en la fe?*

- *¿Qué situaciones en su vida impiden que usted disfrute de la risa verdadera? ¿Qué medidas puede tomar para recordar que Dios quiere que reciba los buenos dones que él le ha dado?*

- *Supongamos que usted es la esposa de Abraham. ¿Qué le diría cuando él propone ir a Egipto en busca de comida y le pide decir que usted es su hermana para que no le hagan daño? ¿Cómo puede practicar la sumisión y el respeto adecuado en su vida hoy en día?*

PARA RECORDAR:

Sara declaró: «Dios me hizo reír. Todos los que se enteren de lo que sucedió se reirán conmigo».

GÉNESIS 21:6

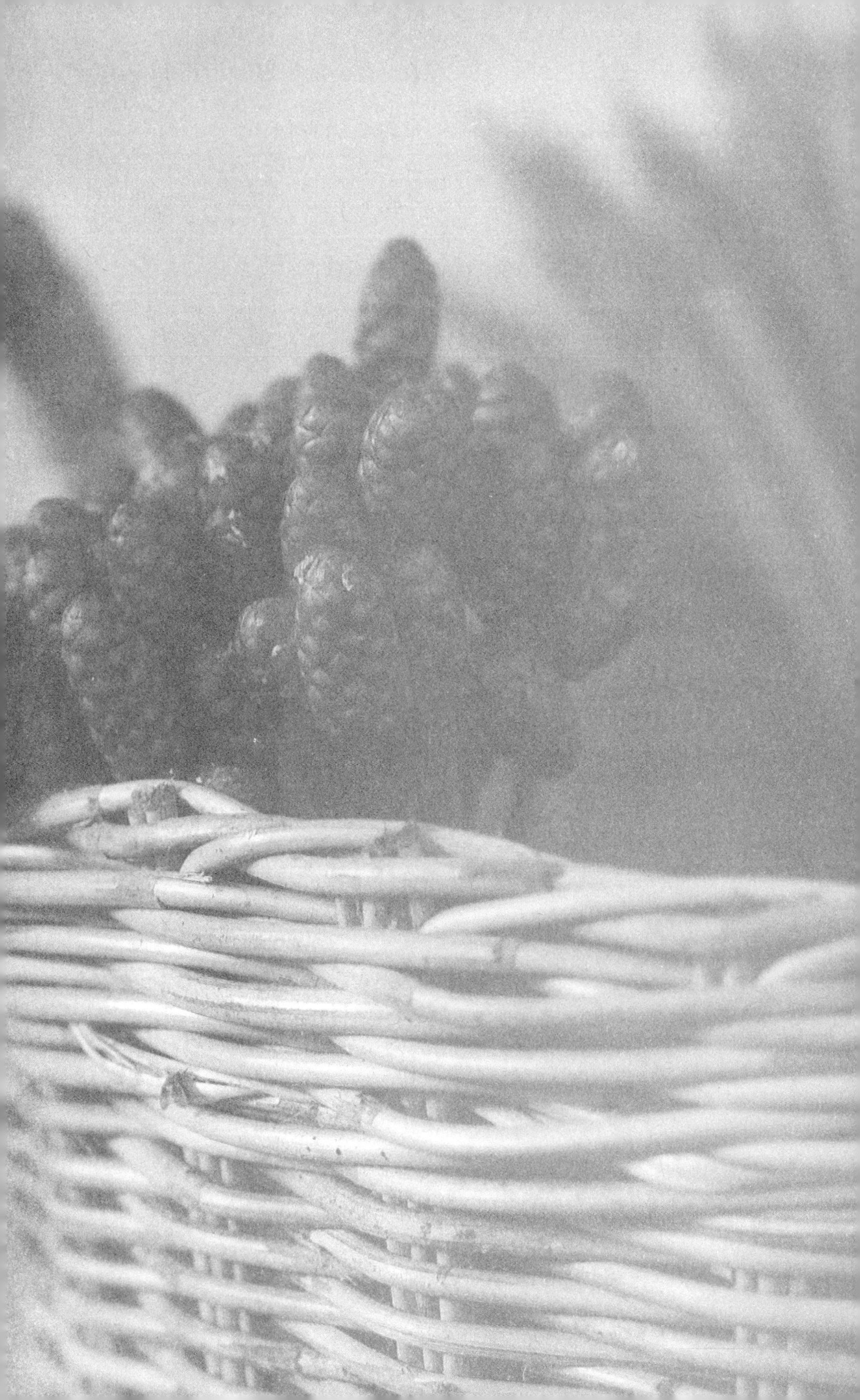

Sifra y Fúa

Dos mujeres que tuvieron que elegir entre matar, mentir o morir

PERFIL DE SIFRA Y FÚA
Referencias bíblicas: Éxodo 1:15-21
Lugar: Egipto
Fecha: Aproximadamente entre los años 1529 y 1526 a. C.

IMAGINEMOS LA ESCENA

Unos ciento cincuenta años después de Sara, sus descendientes se trasladaron a Egipto bajo la administración de su bisnieto José. Con el paso de los siglos, se multiplicaron tanto que se les llegó a considerar como un peligro para la seguridad del imperio egipcio. La tierra de Gosén, donde los israelitas se establecieron, estaba cerca de la frontera y podía ser una puerta abierta para posibles ataques de pueblos invasores. Entonces los egipcios impusieron un tributo laboral más alto, mayor opresión y malos tratos. Pretendían amargarles la vida con trabajo duro y pesado, para doblegarlos y romper su sentido de unidad como pueblo.

Pero aún esclavizados, forzados a realizar tareas onerosas de servidumbre, los israelitas no cambiaron. Seguían siendo un solo pueblo. Forzaban sus cuerpos picando las canteras y moviendo las enormes piedras con las cuales se construían edificios para los egipcios. Parecía que sus espíritus se ensanchaban y nada iba a doblegarlos. La crueldad del faraón fracasó en su intento de quebrantarlos; más bien fortaleció el lazo único, extraño, que mantenía a los descendientes de Jacob aparte, sin mezclarse, unidos aun en su esclavitud.

Los consejeros del faraón le dijeron que tendría que hacer algo más: aumentar la carga de trabajo. Que se construyeran nuevos templos, palacios, casas del tesoro

SEGÚN LA BIBLIA

Murieron José y sus hermanos, y toda aquella generación. Pero los hijos de Israel fueron fecundos y se hicieron muy numerosos; se multiplicaron y llegaron a ser muy poderosos. Y la tierra [de Egipto] estaba llena de ellos.

Después se levantó un nuevo rey en Egipto que no había conocido a José, el cual dijo a su pueblo: «He aquí, el pueblo de los hijos de Israel es más numeroso y fuerte que nosotros. Procedamos astutamente con él para que no se multiplique; no suceda que, en caso de guerra, también se una a nuestros enemigos, luche contra nosotros y se vaya del país».

Entonces les impusieron jefes de tributo laboral que los oprimieran con sus cargas, y edificaron para el faraón las ciudades almacenes de Pitón y Ramesés. Pero cuanto más los oprimían, tanto más se multiplicaban y se propagaban, de manera que los egipcios se alarmaron a causa de los hijos de Israel. Entonces los egipcios los hicieron trabajar con dureza, y amargaron sus vidas con el pesado trabajo de hacer barro y adobes, aparte de todo trabajo en el campo y de todos los tipos de trabajo forzado.

También el rey de Egipto habló a las parteras de las hebreas, una de las cuales se llamaba Sifra y la otra Fúa, y les dijo:

—Cuando asistan a las mujeres hebreas a dar a luz y vean en la silla de parto que es niño, mátenlo; pero si es niña, déjenla vivir.

Pero las parteras temían a Dios y no hicieron como el rey de Egipto les mandó, sino que dejaban con vida a los niños varones. Entonces el rey de Egipto hizo llamar a las parteras y les dijo:

—¿Por qué han hecho esto de dejar con vida a los niños varones?

Las parteras respondieron al faraón:

—Las mujeres hebreas no son como las egipcias. Ellas son vigorosas y dan a luz antes de que llegue a ellas la partera.

Dios favoreció a las parteras, y el pueblo se multiplicó y se fortaleció muchísimo. Y sucedió que, porque las parteras tuvieron temor de Dios, él también les dio a ellas su propia familia.

Entonces el faraón mandó a decir a todo su pueblo: «Echen al Nilo a todo niño que nazca, pero a toda niña consérvenle la vida».

Éxodo 1:6-22, RVA-2015

Sifra y Fúa

y tumbas; que se levantaran diques en los ríos; que se cavaran canales y se hicieran nuevos caminos.

Los capataces egipcios recibieron órdenes de azotar más a menudo y de requerir más horas de trabajo. El odio y el temor del faraón hacia los «extranjeros» aumentaba conforme los veía haciéndose más fuertes y creciendo. Y cada vez veía más niños al lado de sus padres. Tendría que dar otro paso más. Algo que detuviera el crecimiento de la población israelita desde la raíz.

Aquella mañana el faraón pensó en un plan que solo su odio y su maldad podrían haber sugerido. Mandó llamar al funcionario encargado de la salud pública. Cuando este se inclinó frente al monarca, vio una expresión de satisfacción malévola en el rostro del rey y supo que algo grande estaba por ocurrir.

El faraón preguntó:

—¿Cuántas mujeres practicantes están en la escuela de parteras?

—Unas quinientas, mi señor —respondió el funcionario. Y agregó—: Todas están profesionalmente capacitadas para ejercer su oficio donde se necesite.

El faraón se alisó la barba con una mano, su rostro mostró una mueca de complacencia y enseguida preguntó:

—¿Cómo se llaman las directoras de la escuela práctica de parteras?

—Sifra es la directora y Fúa es la subdirectora —respondió preocupado el funcionario. Y agregó—: Esas dos mujeres son sumamente profesionales en su trabajo y en la preparación de las nuevas comadronas de Egipto. Se puede confiar en ellas y en su capacidad docente.

—Tráiganme a esas dos parteras principales inmediatamente —ordenó el faraón.

El funcionario se inclinó delante del faraón diciendo:

—Inmediatamente, mi señor.

En la puerta del gran salón del palacio un asistente esperaba al funcionario. Más por curiosidad que por deseo de cumplir órdenes se acercó y preguntó:

—¿Todo bien, señor ministro de salud?

—Haga venir inmediatamente a Sifra y a Fúa. El rey desea verlas. No envíe a nadie. Vaya usted mismo y manténgame informado —expresó el ministro con un rostro de preocupación.

Mujeres de la Biblia hablan hoy

Al encaminarse presurosas al palacio del faraón, las dos mujeres hablaban entre sí, deseando saber lo que el rey quería de ellas. Habían sido designadas para sus funciones y profesión por el gobierno del faraón, pero nunca se les había pedido una consulta personal ni su opinión sobre algo. Mientras continuaban sin parar por los amplios escalones de mármol de la corte del faraón, Fúa, la subdirectora y la más pequeña y bonita de las dos, preguntó a Sifra:

—¿Crees que ha descubierto que nosotras, siendo egipcias, hemos llegado a creer en el Dios de los israelitas? Si ya lo ha descubierto, ¿lo admitirás?

Fúa se quedó mirando a su colaboradora, una mujer alta y de huesos grandes, esperando una respuesta que tardaba en llegar.

—Esperemos a ver qué nos preguntan —dijo Sifra, jadeando un poco por la prisa que llevaban.

—Espera. Baja un poco el paso, Sifra. No camines tan aprisa. Mis piernas son muy cortas para mantener tu ritmo.

—¿Prefieres que te quiten las piernas o que te quiten la cabeza por no llegar pronto a la presencia del faraón? —preguntó Sifra con sarcasmo mientras rodeaban la sólida escalera y empezaban a caminar por el largo y elegante corredor que brillaba como un espejo hacia la sala del trono del faraón.

Finalmente, en presencia del faraón, las dos mujeres se inclinaron hasta el suelo y luego se pusieron de pie, esperando que él hablara. El faraón estaba sonriente, jugando con sus gruesos brazaletes de oro en una mano, mientras apoyaba la otra sobre su cetro real, sin ninguna prisa. Su rostro joven y su aspecto elegante infundían respeto, pero tenía una expresión que a Sifra no le gustaba. Al fin, el monarca dijo:

—Tranquilícense, mujeres. Lo que tengo que decirles es quizás la orden más importante que hayan recibido en toda su vida. Como cuando doy una orden a cualquier oficial en mi gobierno, ahora les ordeno seguir al pie de la letra lo que voy a mandarles. Se trata de un asunto de interés nacional. Deben oírme muy bien y obedecer exactamente lo que voy a decir.

Sifra y Fúa se miraron entre sí y luego al faraón. A Fúa le dolían los pies por la larga y apresurada caminata. Sifra permaneció inmóvil. Ninguna se atrevió a decir algo.

—De hoy en adelante —dijo el faraón—, todo niño varón israelita debe morir al nacer.

Fúa respiró tan fuertemente que el faraón pareció escucharla y gritó:

—¡Tu opinión sobre mi orden no me importa! —continuó con más calma—: Cuando tú o cualquiera de las que laboran bajo tu supervisión sirvan de parteras a las mujeres hebreas y vean que es un niño varón, lo matan. Si es una niña, que viva. Eso es todo. Pueden retirarse y vayan a cumplir mis órdenes inmediatamente. ¿Está claro? ¡No lo voy a repetir!

En la escuela para comadronas, las quinientas practicantes se hacían muchas conjeturas sobre por qué el faraón habría mandado a llamar con tanta urgencia a las directoras. Unas afirmaban que puesto que algunas mujeres egipcias habían muerto en el parto sin duda iban a culparlas a ellas e iniciar una investigación. Otras más hablaban de que quizás iban a darles más horas de trabajo por el mismo sueldo. Todas estaban pendientes del retorno de sus supervisoras para saber qué era lo que había pasado. Por fin, alguien avisó de que las jefas iban ingresando al salón de reuniones de la escuela y deseaban que todas se reunieran lo más pronto posible, pues tenían algo importante que comunicarles.

Sifra y Fúa

En el camino, Sifra le había explicado a Fúa lo que iban a decir a las parteras. Ambas estuvieron de acuerdo. Sifra pidió a Fúa que fuera ella la que comunicara lo que habían acordado. Cuando se hizo silencio en la sala magna de la escuela, Fúa se puso de pie y con voz dulce, pero firme dijo:

«A partir de hoy vamos a dedicar más tiempo y atención a las mujeres egipcias que estén en el proceso de dar a luz. Tomen el tiempo que sea necesario. No se vayan de la casa de la parturienta hasta estar seguras de que está bien y estable. Deben informarnos a la directora o a mí de cualquier caso especial. Si se trata de atender a las mujeres hebreas, nos avisan a nosotras. Eso es todo. Pueden regresar a sus labores».

Sifra y Fúa se reunieron en la sala de la Dirección General para orar al Dios único y verdadero y pedirle que les diera sabiduría y fortaleza para proteger a los niños de las mujeres hebreas. Pidieron a Dios que las protegiera del faraón cuando se diera cuenta de su plan para mantener con vida a los hijos de Israel, el pueblo que les había enseñado a amar a Dios. El plan era simple: retardar la llegada de las parteras y no matar a los niños varones nacidos de las mujeres hebreas.

Cuando el faraón se dio cuenta de que los niños de los hebreos seguían jugando en las calles de Egipto y que cada vez había más, llamó nuevamente a su presencia a las dos parteras.

—¿Por qué hicieron esto? —rugió—. ¿Por qué dejaron vivir a los niños varones?

Las inteligentes y astutas parteras Sifra y Fúa se habían puesto de acuerdo sobre lo que iban a decirle al rey si es que les daba la oportunidad de hablar. Sifra contestó con pretendida seriedad, como si fuera a expresar una verdad médica poco conocida por el faraón:

—Porque las mujeres hebreas no son como las egipcias. Son más vigorosas y dan a luz con tanta rapidez que siempre llegamos tarde.

Con disgusto, el faraón echó a las dos mujeres de su presencia. Para sí pudo sentenciar:

—Ya encontraré otra forma más efectiva de controlar el crecimiento de los hebreos.

Las parteras siguieron su camino, más fuertes que nunca en su dedicación radical a Dios. Y Dios no las dejó sin bendición por lo que habían hecho al obedecer a Dios antes que a los hombres: más tarde les dio familias propias para recompensarlas por todas las familias que habían resguardado.

LECCIONES PRÁCTICAS QUE APRENDEMOS DE SIFRA Y FÚA

No se sabe mucho de la vida de las dos parteras de Éxodo 1:15-21, pero fueron tan importantes en la historia del pueblo de Dios que sus nombres fueron registrados en la Biblia. Estas fueron mujeres reales, con sus propias vocaciones y temores, y fueron radicales en su valentía al desobedecer al faraón. Sus historias las hacen ejemplos relevantes para las mujeres de hoy en las siguientes maneras:

Actuar según el temor de Dios, no el temor a los hombres

El temor de Dios nos conduce al camino de la obediencia que no siempre es fácil de caminar. Cuando somos llamados a obedecer a Dios antes que a los hombres, nuestra conducta y nuestros valores o principios pueden poner nuestra seguridad personal en alto riesgo. Sifra y Fúa fueron radicales cuando desobedecieron valientemente al faraón a pesar de las posibles consecuencias de castigo o muerte (Éxodo 1:15-19). Dios honró y premió su fidelidad (Éxodo 1:20-21).

La vida cristiana requiere que vivamos creativamente, de acuerdo con nuestro entendimiento de la Palabra de Dios; en armonía con nuestra conciencia y no solamente cumpliendo con ciertas fórmulas. Jesucristo, nuestro modelo, enunció varias veces: «Han oído que a nuestros antepasados se les dijo... Pero yo digo...» y acto seguido rompió las fórmulas y las tradiciones (Mateo 5:21-48). Hizo pedazos los «siempre lo hemos hecho así» para reorientar nuestra vida y conducta de manera creativa, para que seamos guiados por su Santo Espíritu y no por normas y reglamentos. (Pero hay que tener cuidado para no malinterpretarlo: En cada caso en el que Jesús pronunció: «Pero yo digo...», su declaración en cuanto al pecado fue más estricta, no más liberal. El punto *no* es que no hay ninguna definición de correcto e incorrecto, sino que no podemos siquiera saber *qué* es correcto, sin hablar de ponerlo en práctica, sin la ayuda del Espíritu Santo).

El breve relato de Sifra y Fúa nos anima a tener cuidado al no cumplir con las leyes que van en contra de nuestra conciencia y temor de Dios. En la historia encontramos otros casos parecidos. En Alemania, durante el Holocausto, muchas personas salvaron la vida de otras con «mentiras de convicción». También hay casos de cristianos perseguidos que tuvieron que esconderse para salvar su vida. Muchos otros cristianos con valor declararon su fe cuando estaba en contra de la ley, y perdieron su vida como resultado. Por encima de la importancia de obedecer las leyes está la importancia de actuar según el temor de Dios, quien da a conocer su carácter por medio de Jesucristo y la Palabra.

Tomar la decisión difícil y confiar a Dios los resultados

Es interesante que tanto en este caso como en el de Rahab, que veremos más adelante, las protagonistas mintieron y el resultado fue una bendición. ¿Justifican las circunstancias extremas una mentira? Aunque se dice que Sifra y Fúa eran temerosas de Dios, que creían en él, que habían hecho lo correcto para salvar la vida de los niños indefensos, también expresaron una mentira para salvar su propia vida o justificar los hechos. Cuando las autoridades establecidas emiten una ley que va en contra de los principios de Dios, ¿está bien mentir para que no se llegue a conocer nuestra desobediencia? ¿O vale la pena mentir para que podamos seguir haciendo el bien? No hay respuestas fáciles; por lo tanto, cada uno debe pedir la orientación de Dios para ser obediente a las instrucciones de su Santo Espíritu.

Durante nuestra vida aquí en la tierra siempre habrá dilemas que resolver, decisiones que tomar. Me consuela que Dios lo sabe. Estas mujeres tenían que escoger entre mentir, matar o morir: una decisión difícil. Ellas estuvieron en un aprieto y su temor de Dios las condujo a hacer lo que hicieron. Dios conoce nuestros dilemas y nuestro corazón. No tenemos que vivir con miedo del juicio cuando tengamos que tomar una decisión difícil.

Confiar nuestros sueños a Dios y servir a los demás

Éxodo 1:21 dice: «Como las parteras temían a Dios, él les concedió su propia familia». Es evidente que Sifra y Fúa eran solteras, y quizás fue por su temor de Dios que no querían casarse y tener hijos con hombres egipcios. De todos modos, Dios les dio lo que no podían conseguir solas: una familia.

En este caso, como en otros ejemplos de la Biblia, queda claro que la familia y los hijos son bendiciones que vienen de la mano de Dios. Muchas personas hoy sueñan con tener esa

Sifra y Fúa

bendición en particular. Puede haber una pareja de esposos cristianos, temerosos de Dios, que desean pero no pueden tener hijos. Puede haber una mujer que ama al Señor, pero no ha encontrado un hombre apropiado para casarse y tener al menos un hijo. ¿Qué se puede hacer?

En esta historia vemos que Sifra y Fúa se dedicaron a servir a las mujeres que las necesitaban al momento de dar a luz y dieron sus mejores cuidados a los recién nacidos. Su vida tenía un propósito y una dimensión hermosa al servicio de otros. Nuestro consejo es: deje el asunto en las manos de Dios y mientras tanto, haga su mejor esfuerzo para servir a su prójimo.

ALGO PARA PENSAR O CONVERSAR

- Las razones por las cuales el faraón tomó medidas para controlar el crecimiento poblacional del pueblo hebreo fue un asunto de seguridad personal y nacional, con base en el miedo. ¿Qué movimientos sociales ve hoy en día que tienen como fundamento el miedo? ¿Cómo puede responder usted como una persona cristiana, con fe en el Dios del universo?

- Si usted, como Sifra y Fúa, tuviera que decidir entre mentir, matar o morir, ¿cuál sería su decisión y por qué? ¿Qué decisiones difíciles ha tenido que tomar usted en su propia vida? ¿Qué le diría a otra persona en medio de las mismas circunstancias para animarla a dejar en manos de Dios los resultados?

- El hecho de que Dios bendijo a estas dos parteras dándoles su propia familia puede dar la impresión de que Dios siempre va a premiar con una familia a quienes se comportan bien. ¿Qué cosas en su propia vida ha intentado «ganar» a través del mérito? ¿Qué bendiciones ha recibido de Dios que ni siquiera se atrevió a pedirle? ¿Qué le aconsejaría a otra persona con deseos no realizados?

PARA RECORDAR:

Sin embargo, como las parteras temían a Dios, se negaron a obedecer las órdenes del rey, y también dejaron vivir a los varoncitos. [...] Por eso Dios fue bueno con las parteras, y los israelitas siguieron multiplicándose, y se hicieron cada vez más poderosos. Además, como las parteras temían a Dios, él les concedió su propia familia.

ÉXODO 1:17, 20-21

Séfora

Una mujer decidida

PERFIL DE SÉFORA
Referencias bíblicas: Éxodo 2:15-22; 4:18-26; 18:1-27
Lugar: Madián
Fecha: Aproximadamente entre los años 1250 y 1220 a. C.

IMAGINEMOS LA ESCENA

—¿Va a morir nuestro padre? —preguntó Gersón.

—No, no, hijo. Tu padre no se puede morir ahora —dijo Séfora con angustia—. ¿Qué nos pasará a nosotros en un lugar extraño si él muere?

Pero Moisés estaba muriendo y ella lo sabía.

Gersón le preguntó:

—¿Por qué el Señor Dios lo está castigando? ¿Hizo algo malo mi papá?

Séfora se mordió los labios. Aparecieron en su mente las conversaciones que ella y Moisés habían tenido sobre la circuncisión de los hijos en la cultura hebrea. Moisés había dicho: «Es mi deber hacerlo, pero lo haremos después».

Eso era algo que Moisés sabía que debía hacer, pero no lo habían hecho. A Séfora siempre le había parecido innecesario ese detalle de la cultura hebrea y como madre prefería no hacer nada que hiriera a sus queridos hijos.

Séfora era una mujer generalmente callada, sumisa, con sus propias opiniones y a veces, con decisiones muy firmes. Estaba dispuesta a seguir a su esposo y hacer lo que fuera necesario para apoyarlo como lo había hecho durante los cuarenta años que llevaban de casados. Aunque había aprendido mucho de la cultura hebrea y egipcia por medio de su esposo, había ciertas prácticas hebreas

SEGÚN LA BIBLIA

Muchos años después, cuando ya era adulto, Moisés salió a visitar a los de su propio pueblo, a los hebreos, y vio con cuánta dureza los obligaban a trabajar. Durante su visita, vio que un egipcio golpeaba a uno de sus compatriotas hebreos. Entonces Moisés miró a todos lados para asegurarse de que nadie lo observaba, y mató al egipcio y escondió el cuerpo en la arena. [...]

Entonces Moisés se asustó y pensó: «Todos saben lo que hice». Efectivamente, el faraón se enteró de lo que había ocurrido y trató de matar a Moisés; pero él huyó del faraón y se fue a vivir a la tierra de Madián.

Cuando Moisés llegó a Madián, se sentó junto a un pozo. El sacerdote de Madián tenía siete hijas, quienes fueron al pozo como de costumbre para sacar agua y llenar los bebederos para los rebaños de su padre. Pero llegaron

Séfora

unos pastores y las echaron de allí. Entonces Moisés se levantó de un salto y las rescató de los pastores. Luego sacó agua para los rebaños de las muchachas.

Cuando las jóvenes regresaron a la casa de Reuel, su padre, él les preguntó:

—¿Por qué hoy han regresado tan pronto?

—Un egipcio nos rescató de los pastores —contestaron ellas—; después nos sacó agua y dio de beber a nuestros rebaños.

—¿Y dónde está ese hombre? —les preguntó el padre—. ¿Por qué lo dejaron allí? Invítenlo a comer con nosotros.

Moisés aceptó la invitación y se estableció allí con Reuel. Con el tiempo, Reuel le entregó a su hija Séfora por esposa. Más tarde, ella dio a luz un hijo, y Moisés lo llamó Gersón, pues explicó: «He sido un extranjero en tierra extraña».

Con el paso de los años, el rey de Egipto murió; pero los israelitas seguían gimiendo bajo el peso de la esclavitud. Clamaron por ayuda, y su clamor subió hasta Dios, quien oyó sus gemidos y se acordó del pacto que había hecho con Abraham, Isaac y Jacob. Miró desde lo alto a los hijos de Israel y supo que ya había llegado el momento de actuar. [...]

Luego Moisés volvió a la casa de Jetro, su suegro, y le dijo:

—Por favor, permíteme volver a Egipto para visitar a mis parientes. Ni siquiera sé si todavía viven.

—Ve en paz —le respondió Jetro.

Antes de que Moisés saliera de Madián, el Señor le dijo: «Regresa que, según ella, no eran estrictamente necesarias, como eso de la circuncisión de sus hijos. Un poco a regañadientes, había permitido que uno de sus hijos fuera circuncidado, pero el otro ya era un hombre joven y sabía que le iba a doler más. Séfora aún estaba cavilando cuando Gersón le preguntó:

—¿En qué estás pensando, mamá?

Séfora se aclaró la garganta y elaboró una respuesta:

—Probablemente el Dios a quien tu padre adora está enojado con él. Yo estuve en contra de que te circuncidara, Gersón. Creo que el Señor Dios probablemente está esperando que tu padre haga lo que él le ha mandado, que cumpla con este requisito, antes de que vaya a Egipto. Así que, si la vida de tu padre está en peligro por eso, creo que sé lo que tengo que hacer. Te pido que colabores conmigo.

Sin pensar en las implicaciones, Gersón afirmó:

—Cuenta conmigo, mamá. Dime lo que tengo que hacer.

Séfora tomó un cuchillo y cortó el prepucio de Gersón. El muchacho se retorcía de dolor y las lágrimas resbalaban por sus mejillas mientras su madre tomaba el prepucio sangrante. Lo tiró a los pies de Moisés y gritó:

—¡Ahora tú eres un esposo de sangre para mí!

Esa era Séfora, una mujer decidida a hacer lo que había que hacer tanto para agradar a Dios como para salvar la vida de su amado esposo.

Aquella noche Moisés durmió más tranquilo y la fiebre de su cuerpo bajó. Séfora, después de darle a Gersón una bebida que lo ayudara con su dolor, suspiró con alivio al darse cuenta de que había tomado la decisión correcta. Agradó a Dios; ayudó a su esposo y pronto su hijo estaría bien.

La noche parecía tranquila y serena. Luego de un profundo suspiro, recordó aquel día en el que ella y sus hermanas fueron al pozo a sacar el agua para dar de beber a los animales y para los usos de la casa. La apariencia del egipcio que las ayudó era emocionante. Un caballero, que después supo que se llamaba Moisés y que no era egipcio. Ese hombre que tenía alrededor de 40 años salió en su defensa protegiéndolas de unos pastores abusivos. Él, con brazos fuertes, sacó el agua del pozo y dio de beber a los rebaños.

Unos meses después, su padre, Jetro, la había dado por

esposa a Moisés. Qué afortunada, pues Moisés podría haber escogido a alguna otra entre sus hermanas. Séfora había pasado 40 años de su vida junto a su marido, quien siempre se mantuvo bajo el patrocinio de su padre, Jetro, también conocido como Reuel, entre las tribus de Madián. Ahora Séfora y Moisés se encontraban de viaje rumbo a Egipto, pues él tenía una importante misión que cumplir. Ella había tomado la decisión de dejar a su padre, a sus hermanas y su zona de comodidad para cumplir con su deber como esposa y ayudar a su marido.

Gersón era joven y sano, así que en dos o tres días el dolor era menor y estaba dispuesto a continuar el viaje con sus padres y su hermano Eliezer. Cuando Moisés se sintió renovado y con fuerzas para seguir caminando, todos se sentaron a la mesa y Moisés guio la oración de agradecimiento a Dios por los alimentos. Después de comer, Moisés dijo: «Mi querida Séfora, hijos míos, estoy pensando que la misión que debo cumplir es peligrosa. Por razones de seguridad para ustedes quiero pedirles que vuelvan a casa y vivan con su abuelo Jetro».

Todos estuvieron de acuerdo.

Séfora puso las cosas de su marido en una bolsa y cada muchacho metió las suyas en su propia mochila. Al momento de separarse, Séfora le dijo a Moisés: «Te voy a extrañar mucho. Cuídate y haz todo lo que el Señor tu Dios te ha mandado hacer. No te preocupes por nosotros. Estaremos bien con mi papá. Te amo».

Moisés abrazó y besó a su mujer y a sus hijos y los despidió. Él también iba a extrañar a su esposa, una mujer dispuesta a tomar decisiones difíciles y radicales con tal de hacer lo que había que hacer.

El relato de todas las cosas maravillosas que Dios hizo por medio de Moisés lo encontramos en el libro de Éxodo; aquí nos interesa el relato de Séfora.

Jetro, el suegro y protector de Moisés, oyó todas las cosas que Dios había hecho a favor de Moisés. Decidió ir a visitarlo, e invitó a Séfora y a sus dos nietos a que lo acompañaran. Pronto todos iban de camino en dirección al monte Sinaí, donde Dios confirmó el pacto con su pueblo y además les dio los Diez Mandamientos. Cuando Moisés se enteró de la visita de su suegro y su familia, salió para recibirlos y ubicarlos en un lugar cerca de su tienda de campaña.

Mientras los dos hombres conversaban de todo lo que Dios había hecho y cómo los había llevado hasta allí, Gersón y Eliezer fueron a conocer a los otros jóvenes a Egipto, porque ya han muerto todos los que querían matarte».

Así que Moisés tomó a su esposa y a sus hijos, los montó en un burro, y regresó a la tierra de Egipto. En la mano llevaba la vara de Dios.

El Señor le dijo a Moisés: «Cuando llegues a Egipto, preséntate ante el faraón y haz todos los milagros que te he dado el poder de realizar. Pero yo le endureceré el corazón, y él se negará a dejar salir al pueblo. Entonces le dirás: "Esto dice el Señor: 'Israel es mi primer hijo varón. Te ordené: deja salir a mi hijo para que pueda adorarme, pero como te has negado, ¡ahora mataré a tu primer hijo varón!'"».

Rumbo a Egipto, en un lugar donde Moisés se detuvo con su familia para pasar la noche, el Señor enfrentó a Moisés y estuvo a punto de matarlo. Pero Séfora, la esposa de Moisés, tomó un cuchillo de piedra y circuncidó a su hijo. Con el prepucio, tocó los pies de Moisés y le dijo: «Ahora tú eres un esposo de sangre para mí». (Cuando dijo «un esposo de sangre», se refirió a la circuncisión). Después de ese incidente, el Señor lo dejó en paz.

Ahora bien, el Señor le había dicho a Aarón: «Ve al desierto para encontrarte con Moisés». Así que Aarón fue a encontrarse con Moisés en el monte de Dios y lo abrazó. Moisés le contó todo lo que el Señor le había ordenado que dijera y también le contó acerca de las señales milagrosas que el Señor lo mandó a realizar.

Luego Moisés y Aarón regresaron a Egipto y convocaron a todos los ancianos de Israel. Aarón les dijo todo lo que el Señor le había dicho a Moisés, y Moisés realizó

Séfora

las señales milagrosas a la vista de ellos. Entonces el pueblo de Israel quedó convencido de que el SEÑOR había enviado a Moisés y a Aarón. Cuando supieron que el SEÑOR se preocupaba por ellos y que había visto su sufrimiento, se inclinaron y adoraron. [...]

Jetro, el suegro de Moisés y sacerdote de Madián, se enteró de todo lo que Dios había hecho por Moisés y por su pueblo, los israelitas; y oyó particularmente cómo el SEÑOR los había sacado de Egipto.

Anteriormente, Moisés había enviado a su esposa Séfora y a sus dos hijos de regreso a casa de Jetro, y él los había hospedado. (El primer hijo de Moisés se llamaba Gersón, porque cuando el niño nació, Moisés dijo: «He sido un extranjero en tierra extraña». A su segundo hijo lo llamó Eliezer, porque dijo: «El Dios de mis antepasados me ayudó y me rescató de la espada del faraón»). Así que Jetro, el suegro de Moisés, fue a visitarlo al desierto y llevó consigo a la esposa y a los dos hijos de Moisés. Llegaron cuando Moisés y el pueblo acampaban cerca del monte de Dios. Jetro le había enviado un mensaje a Moisés para avisarle: «Yo, tu suegro, Jetro, vengo a verte, junto con tu esposa y tus dos hijos».

Entonces Moisés salió a recibir a su suegro. Se inclinó ante él y le dio un beso. Luego de preguntarse el uno al otro cómo les iba, entraron en la carpa de Moisés. Moisés le contó a su suegro todo lo que el SEÑOR les había hecho al faraón y a los egipcios a favor de Israel. También le habló de todas las privaciones que habían sufrido

y mirar a las chicas del pueblo de Israel. Séfora, por su parte, conversó con Miriam, la hermana de Moisés. ¡Por fin tenía la oportunidad de conocer a la familia de su esposo!

Miriam no parecía tener la misma alegría al conocer a Séfora. No le dirigió una sola palabra, excepto en respuesta a las preguntas que Séfora le hacía. Y cuando le contestaba, ni siquiera la miraba.

Séfora se enteró después de que para Miriam y Aarón el hecho de que Moisés se hubiera casado con una mujer que no era israelita lo descalificaba para ser el único receptor y comunicador de la Palabra de Dios. Ni siquiera la mencionaban por su nombre. La llamaban «cusita», un calificativo que se les daba a los habitantes de algunas tribus de Madián que vivían cerca de Arabia, o a las mujeres que tenían la piel más oscura que la mayoría de los israelitas.

Dios se enojó con Miriam y la castigó con lepra por su manera de socavar el liderazgo de su hermano mayor. Gracias al arrepentimiento de Aarón y a la intercesión de Moisés, el Señor sanó a Miriam después de siete días. Imaginamos que aprendió que debía respetar al líder que Dios había dado al pueblo, e imaginamos que aprendió que la familia del líder debe ser amada y cuidada, independientemente de su origen racial.

Así Séfora terminó como parte del pueblo de Dios, una mujer de diferentes orígenes dentro de un pueblo que nunca habría sido guiado a la libertad por Moisés sin la intervención de ella en un momento decisivo.

LECCIONES PRÁCTICAS QUE APRENDEMOS DE SÉFORA

Varios comentaristas de la Biblia y escritores critican a Séfora por no haber acompañado a Moisés en el cumplimiento de la misión. Interpretan que ese hecho fue el resultado de las relaciones dañadas entre Moisés y Séfora, al grado de hablar de ella como «la esposa inadecuada» o «la mujer que incorrectamente se opuso a su esposo». Además, la acusan de mal carácter y de hablar de manera inapropiada y grosera a su marido mientras le «echaba en cara el haber tenido que cortar a su hijo por causa de él». En esas críticas se puede ver cierto «racismo», porque Séfora no era hebrea y nunca expresa una confesión de fe como otras mujeres de la Biblia que tampoco eran hebreas.

El hecho de que cuando Jetro y Moisés se reúnen un

Mujeres de la Biblia hablan hoy

tiempo después y se habla de la efusividad de Moisés hacia Jetro, sin mencionar en absoluto a Séfora o a sus hijos, es visto como una manera de Moisés de ignorarlos. Ella y sus hijos desaparecen del relato bíblico sin comentarios, pues no se les menciona más en el libro de Éxodo.

A nosotros nos parece que tanta dureza hacia Séfora es más de lo debido; uno tiene que intentar comprender la cultura patriarcal de los pueblos en esos tiempos. Creemos que Moisés era consciente de los peligros que acarreaban las negociaciones y diálogos con el temperamental y obstinado faraón de Egipto, y por eso decidió proteger a su mujer y a sus hijos enviándolos con su sabio y prominente suegro. También creemos que Séfora temía al Señor lo suficiente como para obedecerlo, aun cuando al parecer su esposo había desobedecido la orden de Dios (Éxodo 4:24-26). Cuando ella percibió el peligro que corría la vida de Moisés, decidió ponerlos a él y a sus hijos por encima de sus propios intereses y lo arriesgó todo por salvar la vida de su esposo. Sin duda ella era una mujer real, relevante y radical, y de su vida podemos aprender ciertas lecciones.

Escoger cuidadosamente a los parientes políticos

Alguien ha dicho que cuando uno se casa lo hace con su cónyuge, pero eso incluye a toda la familia. Algunos miembros de la familia adoptan actitudes diferentes: unos aceptan la decisión, otros la critican, a otros parece no importarles. Cuando Séfora y Moisés se casaron, no tenían la menor idea de lo que iba a suceder. Ella siempre estuvo dispuesta a ayudar a su esposo, a cuidar a sus hijos con cariño, a acompañarlo en el cumplimiento de la misión que Dios le había asignado, y su padre fue una fuente de provisión y sabiduría en la vida de Moisés. Pero Séfora no se ganó la aceptación de sus cuñados hasta que Dios intervino. Unos buenos parientes políticos son una gran bendición.

Hoy en día, muchas veces tenemos la oportunidad de conocer a la familia de nuestro amado antes de casarnos. Es bueno, antes de casarse, observar a la familia de nuestro futuro cónyuge para conocer el ambiente en el cual creció y fue formado. Nada garantiza que nuestro cónyuge se guiará por las normas de su familia; sin embargo, es prudente recordar que una se casa con quien una ama, pero eso incluye a su familia.

lo largo del camino y de cómo el Señor había librado a su pueblo de las dificultades. Jetro se alegró mucho al oír de todo el bien que el Señor había hecho por Israel al rescatarlo de las manos de los egipcios.

«¡Alabado sea el Señor! —exclamó Jetro—. Pues los rescató de los egipcios y del faraón. ¡Así es, rescató a Israel del poder de Egipto! Ahora sé que el Señor es más grande que todos los demás dioses, porque rescató a su pueblo de la opresión de los egipcios arrogantes».

Luego Jetro, el suegro de Moisés, presentó una ofrenda quemada y sacrificios ante Dios. Aarón y todos los ancianos de Israel lo acompañaron a comer lo que fue ofrecido en sacrificio en presencia de Dios.

Éxodo 2:11-12, 14-25; 4:18-31; 18:1-12

Séfora

Obedecer a Dios por encima de todo

Aunque Séfora no era israelita, adoraba al Dios verdadero lo suficiente como para obedecerlo. Era una mujer firme y decidida para hacer lo que era necesario. Aceptó volver con sus hijos a la casa de su padre porque esas fueron las instrucciones de su esposo.

A muchas mujeres les cuesta aceptar el lugar que Dios le ha asignado a la mujer en la pirámide familiar: Dios, el esposo, la esposa, los hijos, las familias de ambos. Vivimos en una cultura postmodernista que promueve la individualidad y la libertad para que cada persona haga lo que le gusta, lo que desea y lo que piensa que le conviene más; por eso hablar de obediencia a Dios y al esposo suena como algo fuera del contexto cultural de hoy. Sin embargo, nos guste o no, la Biblia presenta el concepto de la obediencia y del rendimiento de cuentas para cada persona y nos ofrece una «cadena» de amor: de Dios hacia el esposo, que lo comparte con su esposa, para que llegue a los hijos (Efesios 5:21-33).

Pero Séfora también nos enseña que cuando el esposo es negligente en el cumplimiento de las instrucciones del Señor, la esposa puede y debe tomar la decisión de obedecer lo que Dios ha mandado. El resultado siempre será el bienestar de la familia.

Recordemos que la circuncisión es una ceremonia que consiste en cortar el prepucio o la piel exterior de la punta del pene. De acuerdo con el pacto divino con Abraham, los padres hebreos eran los responsables de mantener esta tradición que significaba que los descendientes del patriarca eran parte del pueblo escogido por Dios (Génesis 17:9-14; 34:21-23; Levítico 12:3). En esta narración, Séfora toma la iniciativa y circuncida a su hijo con un cuchillo de piedra. Al final, lo que era más importante para Séfora era la obediencia a Dios por encima de la obediencia a su esposo.

Seguir adelante a pesar de la crítica racial o étnica

A lo largo de la Biblia, aprendemos que Dios integra a personas de diferentes razas y trasfondos culturales para que sean parte de su pueblo. Séfora es un ejemplo de esto. Imaginen la ofensa que debe haber sentido cuando Moisés fue confrontado por sus hermanos por haber escogido a una mujer «cusita» como esposa. No la criticaron por su comportamiento o por no honrar a Dios. De hecho, el único acto de Séfora que se registra en la Biblia es uno de obediencia a Dios. ¡Que Dios nos ayude a estar libres de los prejuicios!

La crítica de Miriam ha hecho pensar a algunos comentaristas en que la «cusita» era otra mujer que Moisés escogió y no una referencia a Séfora. Sin embargo, no existe evidencia alguna de que Moisés haya tenido más de una esposa. Séfora fue criticada por ser «cusita» y usada como argumento para justificar los celos de Aarón y Miriam contra Moisés. En ese momento, Séfora guardó silencio. No sabemos cómo se habrá sentido, ni si logró perdonar a sus cuñados, pero sabemos que la Palabra de Dios nos llama a seguir adelante cuando pasamos por circunstancias parecidas.

Las murmuraciones y las quejas han sido y seguirán siendo un problema delante de Dios. No podemos evitar ser criticados por nuestras diferencias raciales, étnicas, culturales, de idioma o físicas, pero podemos guardar silencio y esperar que Dios tome nuestro caso y lo resuelva, enseñándonos a ser felices con nuestras diferencias y las de las demás personas.

ALGO PARA PENSAR O CONVERSAR

- Moisés era hebreo y Séfora era madianita. Dos razas y culturas diferentes. La familia de Moisés tuvo problemas para aceptar esa diferencia. ¿Conoce usted a parejas con diferencias de educación, de cultura o de idioma? ¿Qué problemas observa? ¿Qué aconsejaría a dos personas que tienen alguna de estas diferencias y están considerando casarse?

- Moisés había postergado la obediencia a Dios de circuncidar a uno de sus hijos. Séfora consideró que había que obedecer al Señor y actuó con decisión. ¿Qué puede hacer una esposa cristiana con un esposo negligente o descuidado en su obediencia al Señor? ¿Cuál debe ser su conducta dadas las circunstancias?

- Séfora tuvo que criar a sus hijos Gersón y Eliezer e inculcarles su fe en el Señor mientras su esposo estaba ausente cumpliendo con la misión que Dios le asignó. Algunas esposas de pastores y líderes de la iglesia experimentan el desafío de enseñar la fe a sus hijos mientras sus esposos cumplen con sus tareas «religiosas» fuera del hogar. Muchas veces, esas esposas y sus hijos viven con cierto resentimiento por que la iglesia les «roba» a su esposo y a su padre. ¿Cómo podemos ayudar a esas mujeres y a sus hijos? Escriba dos ideas que puede poner en práctica inmediatamente.

- ¿Ha experimentado usted alguna vez el rechazo o la crítica por su raza, etnia o cultura? ¿Cómo respondió? ¿Cómo le gustaría responder la próxima vez que le pase?

- Ser la esposa de un líder o pastor de la iglesia tiene implicaciones muy demandantes para la mujer y sus hijos. Es cierto que ser la esposa del pastor es un gran privilegio, bendición y honor; sin embargo, demanda mucha madurez espiritual y una reverencia a la presencia de Dios en la vida del marido. A veces la esposa de un líder llega a ser el blanco de críticas y comentarios crueles por parte de los miembros de la congregación. Escriba algunas maneras de mostrar su apoyo y comprensión hacia la esposa del pastor de su iglesia.

PARA RECORDAR:
*Pero el S*EÑOR *redimirá a los que le sirven; ninguno que se refugie en él será condenado.*

SALMO 34:22

Miriam

Una mujer comprometida con la liberación de su pueblo

PERFIL DE MIRIAM

Referencias bíblicas: Éxodo 2:1-10; 15:20-21; Números 12:1-15; 20:1; 26:59; Deuteronomio 24:9; Miqueas 6:4
Lugar: Egipto y el desierto en ruta a la Tierra Prometida
Fecha: Aproximadamente entre los años 1579 y 1425 a. C.

IMAGINEMOS LA ESCENA

Amram y Jocabed eran esclavos al servicio del faraón de Egipto, junto con sus hijos: Miriam, que para entonces tenía diez años, y Aarón, que tenía tres años. El nacimiento de Moisés los llenó de alegría, especialmente porque era un niño de hermoso semblante. Sin embargo, tenían una gran preocupación, pues el faraón había dado la orden de echar al río Nilo a todos los varones recién nacidos de los hebreos. El Nilo era para los egipcios un río sagrado y en ciertas áreas criaban un tipo de serpientes que eran consideradas como dioses. Así que darles de comer niños cumplía un doble propósito: mantenían bajo control la creciente población del pueblo hebreo y por otra parte adoraban a sus carnívoros dioses. Amram, Jocabed y Miriam decidieron que iban a esconder al niño y evitar que llorara para que nadie supiera de su existencia.

Cuando Moisés cumplió tres meses, parecía imposible ocultarlo por más tiempo. Así que oraron al Dios de los cielos e hicieron un plan de alto riesgo para salvar al niño de la muerte inminente.

Fase uno: Miriam debía observar qué días y a qué hora la hija del faraón y sus doncellas solían ir al río. Fase dos: Amram y Jocabed construirían una canasta pequeña impermeabilizada. Fase tres: Jocabed debía colocar a Moisés en la canasta suficientemente cerca del lugar

SEGÚN LA BIBLIA

En esos días, un hombre y una mujer de la tribu de Leví se casaron. La mujer quedó embarazada y dio a luz un hijo. Al ver que era un niño excepcional, lo escondió durante tres meses. Cuando ya no pudo ocultarlo más, tomó una canasta de juncos de papiro y la recubrió con brea y resina para hacerla resistente al agua. Después puso al niño en la canasta y la acomodó entre los juncos, a la orilla del río Nilo. La hermana del bebé se mantuvo a cierta distancia para ver qué le pasaría al niño.

Al poco tiempo, la hija del faraón bajó a bañarse en el río, y sus sirvientas se paseaban por la orilla. Cuando la princesa vio la canasta entre los juncos, mandó a su criada que se la trajera. Al abrir la canasta la princesa vio al bebé. El niño lloraba, y ella sintió lástima por él. «Seguramente es un niño hebreo», dijo.

Miriam

Entonces la hermana del bebé se acercó a la princesa.

—¿Quiere que vaya a buscar a una mujer hebrea para que le amamante al bebé? —le preguntó.

—¡Sí, consigue a una! —contestó la princesa.

Entonces la muchacha fue y llamó a la madre del bebé.

«Toma a este niño y dale el pecho por mí —le dijo la princesa a la madre del niño—. Te pagaré por tu ayuda». Así que la mujer se fue con el bebé a su casa y lo amamantó.

Años más tarde, cuando el niño creció, ella se lo devolvió a la hija del faraón, quien lo adoptó como su propio hijo y lo llamó Moisés, pues explicó: «Lo saqué del agua». [...]

El pueblo de Israel había vivido cuatrocientos treinta años en Egipto. De hecho, fue precisamente el día en que se cumplían los cuatrocientos treinta años que toda esa gran multitud del SEÑOR salió de Egipto. Esa misma noche, el SEÑOR cumplió su promesa de sacar a su pueblo de la tierra de Egipto. [...]

Entonces la profetisa Miriam, hermana de Aarón, tomó una pandereta, se puso al frente, y todas las mujeres la siguieron, danzando y tocando sus panderetas. Y Miriam entonaba este cántico:

«Canten al SEÑOR,
   porque ha triunfado
     gloriosamente;
arrojó al mar al caballo y al
   jinete». [...]

Éxodo 2:1-10; 12:40-42; 15:20-21

donde la princesa solía bañarse. Fase cuatro: Miriam se escondería a cierta distancia para observar atentamente cada detalle.

Jocabed dio las primeras instrucciones para poner en marcha el plan:

—Amram, mañana cuando vuelvas del trabajo, por favor recoge unos juncos verdes y flexibles de la orilla del río. —Amram asintió con la cabeza. Él sabía que el plan tenía muchos riesgos, pero no se le ocurría nada mejor para proteger a su hijo—. Miriam, trae el barro y prepáralo para que sea fácil de poner dentro de la canasta. Yo voy a tener la brea lista para untarla afuera.

Miriam, también conocida como María, era una niña muy inteligente y creativa. Respondió diciendo:

—Ya he tomado las medidas del largo de mi hermanito y preparé unas cobijas para que se sienta cómodo. —Luego hablando con el bebé le dijo—: Vas a tener que llorar fuerte para que la princesa te escuche. —Y luego agregó como si el niño pudiera comprender—: Yo voy a estar cerca para cuidarte y ver lo que pasará cuando la hija del faraón te descubra.

Moisés fue llevado al palacio y creció como un egipcio. Un día vio cómo un egipcio golpeaba a un hebreo y lo mató. Por ese arranque de enojo, tuvo que huir y refugiarse en la región de Madián, muy cerca del monte Sinaí.

Mientras tanto, conociendo lo que sabemos de Miriam, nos atrevemos a suponer que ella se dedicó a ayudar a la gente de su pueblo, dándoles ánimo y esperanza de que un día Dios los liberaría. Ella era una patriota comprometida con todo su ser. Poco a poco se fue ganando un lugar de reconocimiento entre su pueblo hasta el grado de ser conocida como «la profetisa Miriam». Eso significaba que, de cuando en cuando, Dios le revelaba en sueños o por medio de alguna visión asuntos de interés para personas, familias o el pueblo en general. La palabra *profetisa* significa «quien habla en nombre de Dios». Llegó a ser reconocida no solo como la hermana de Moisés y Aarón, sino por derecho propio.

Pasaron los años, y Miriam tenía un poco más de noventa años cuando su hermano Aarón trajo de vuelta a su otro hermano, Moisés, con quien se había encontrado en el camino al Sinaí. Los tres hermanos se abrazaron y conversaron. Moisés les explicó el plan del Señor de liberar a los hebreos de la esclavitud y llevarlos a la Tierra Prometida. Juntos se comprometieron a ser los instrumentos en las manos de Dios para cumplir con tan noble pero demandante tarea.

Cuando Dios liberó al pueblo de Israel al abrirles un camino por el mar Rojo y destruir a sus enemigos de manera milagrosa, Miriam expresó su gozo espontáneamente dirigiendo a las mujeres de Israel en una danza de alabanza y celebración a las orillas del mar Rojo. Se ha dicho que su canto fue el primer himno nacional de Israel.

Esta talentosa líder, la primera mujer patriota y cantante registrada en la Biblia, también era un ser humano con fallas y debilidades. Algún tiempo después de cruzar el mar Rojo, Miriam experimentó una grave depresión espiritual. Comenzó a mostrar celos y amargura contra su hermano Moisés. Sus quejas eran porque él tenía una esposa que en apariencia no era israelita, pero en realidad era porque estaba celosa de la posición de liderazgo de su hermano. Miriam comenzó a usar su fuerte personalidad para influir en Aarón y juntos comenzaron a hablar públicamente en contra de Moisés, indisponiendo al pueblo contra él. Dios se enojó con Miriam y Aarón, pero como Miriam fue la instigadora, Dios la castigó a ella con lepra y a Aarón, no. Dios se disgustó mucho por su ataque verbal contra el líder. Fue únicamente a través de los ruegos y oraciones de su hermano Moisés, de quien ella había murmurado, que Dios sanó a Miriam, restaurando no solo su salud física, sino su fe clara y equilibrada en Dios.

El pueblo de Israel demostró su respeto y devoción hacia Miriam al negarse a seguir adelante en su viaje hacia la Tierra Prometida hasta que Miriam pasó sus siete días de exilio por lepra y pudo reunirse con ellos.

Al igual que Moisés y Aarón, Miriam murió antes de que su pueblo llegara a la Tierra Prometida, pero la tradición hebrea nos dice que su funeral se celebró de la manera más solemne y reverente durante treinta días en el desierto de Zin, cerca de Hebrón. Miriam murió sin conocer marido ni tener hijos, pues toda su vida estuvo dedicada al bienestar de su nación. Consecuentemente, el pueblo de Israel la celebró como una liberadora, una líder relevante y radical.

LECCIONES PRÁCTICAS QUE APRENDEMOS DE MIRIAM

Miriam era una mujer con una causa, un ideal, un sueño mucho más grande que sus propias necesidades

Mientras estaban en Hazerot, Miriam y Aarón criticaron a Moisés porque se había casado con una cusita. Dijeron: «¿Ha hablado el Señor solamente por medio de Moisés? ¿Acaso no ha hablado también a través de nosotros?». Y el Señor los oyó. (Ahora bien, Moisés era muy humilde, más que cualquier otra persona en la tierra).

Así que, el Señor llamó de inmediato a Moisés, a Aarón y a Miriam y les dijo: «¡Vayan los tres al tabernáculo!»; y los tres fueron allí. Entonces el Señor descendió en la columna de nube y se detuvo en la entrada del tabernáculo. «¡Aarón y Miriam!», llamó él. Ellos dieron un paso al frente y el Señor les habló: «Escuchen lo que voy a decir:

»Si hubiera profetas entre ustedes,
 yo, el Señor, me revelaría en visiones;
 les hablaría en sueños.
Pero no con mi siervo Moisés.
 De toda mi casa, él es en quien confío.
Yo le hablo a él cara a cara,
¡con claridad y no en acertijos!
 Él ve al Señor como él es.
¿Entonces, por qué no tuvieron temor
 de criticar a mi siervo Moisés?».

El Señor estaba muy enojado con ellos y se fue. Cuando la nube dejó de estar encima del tabernáculo, allí estaba Miriam, con su piel tan blanca como la nieve, leprosa. Cuando Aarón vio lo que había pasado con ella, clamó a Moisés: «¡Oh, mi señor! ¡Por favor, no nos castigues por este pecado que tan neciamente cometimos! No dejes que ella sea como un bebé que nace muerto y que ya está en descomposición».

Entonces Moisés clamó al Señor:

—¡Oh Dios, te suplico que la sanes!

Pero el Señor le dijo a Moisés:

—Si el padre de Miriam tan solo la escupiera en la cara, ¿no duraría su contaminación siete días? Por lo tanto, mantenla fuera del campamento durante siete días y después podrá ser aceptada de nuevo.

Así que Miriam permaneció fuera del campamento durante siete días, y el pueblo esperó hasta que la trajeron para continuar su viaje. [...]

El primer mes del año, toda la comunidad de Israel llegó al desierto de Zin y acampó en Cades. Mientras estaban allí, Miriam murió y la enterraron.

Números 12:1-15; 20:1

Miriam

personales. En contra de la cultura de su época, cuando las mujeres no tenían una ocupación profesional fuera de la casa, Miriam fue una mujer de carrera. Parece que nunca se casó ni tuvo hijos. La promesa de Dios de dar a su pueblo una nueva tierra y formar una nación llenó toda su vida y sus horizontes. De ella podemos aprender cómo usar nuestros dones naturales para servir al pueblo de Dios cuando estamos totalmente comprometidos con él.

Usar los dones que Dios nos dio

Fácilmente se podría decir que Miriam era una niña inteligente, creativa, responsable y con cualidades de liderazgo. Es impresionante la habilidad de Miriam para saber en qué momento colocar a su hermano entre los juncos. Luego, para saber en qué momento acercarse a la hija del faraón para ofrecerle los servicios de una nodriza que la ayudara a criar al niño. Claro que todos los acontecimientos fueron dirigidos por la mano del Señor para preservar la vida de Moisés, pero Miriam tuvo el privilegio de participar en el plan de Dios porque estuvo dispuesta a usar los dones naturales que Dios le dio.

Cuando consideramos a las mujeres en la Biblia teniendo un papel de liderazgo, nuestra mente salta a mujeres como Miriam o Débora. Se dice que fue profetisa, la única de todas las israelitas que participaron en el éxodo. Además, todas las mujeres la siguieron cuando alabó al Señor, algo que hace pensar que quizás ya estaban acostumbradas a seguirla.

Miriam también usó sus dones musicales: tocaba la pandereta y cantaba para la gloria de Dios. A través de la historia se cree que el glorioso cántico de Moisés y Miriam fue uno de los más espléndidos, espontáneos y naturales que hayan sido escritos. Se ha dicho que este canto fue el primer himno nacional de Israel.

Debido a que Miriam estaba dispuesta a usar sus dones para el bien del pueblo de Dios, fue uno de los instrumentos más importantes que Dios usó para liberar a su pueblo de la esclavitud en Egipto, como dice Dios al pueblo de Israel en el libro del profeta Miqueas: «Yo te saqué de Egipto y te redimí de la esclavitud. Envié a Moisés, a Aarón y a Miriam para ayudarte» (Miqueas 6:4).

Ser una mujer de compromiso

Miriam nos enseña lo que significa «compromiso». Compromiso es respaldar las palabras con acciones que pueden requerir sacrificio personal, valentía, audacia y determinación para seguir adelante hasta cumplir con lo propuesto, como lo hizo Miriam al entregar su vida en búsqueda del cumplimiento de la promesa de Dios de liberar a su pueblo de la esclavitud en Egipto. Miriam tenía unos buenos noventa años de vida ya cumplidos cuando el pueblo de Israel salió de Egipto. Sin embargo, no permitió que su edad le impidiera cumplir con su llamado de servicio al pueblo de Dios.

Compromiso es integridad de carácter. Es hacer lo que se ha dicho que se hará. Por eso se dice: «Palabra dada». Es ser proactivos para sacar adelante la tarea, cueste lo que cueste. Compromiso es seguir adelante a pesar de que a veces las cosas no van bien o que hemos cometido algún error o falta personal. Compromiso es reconocer la falta, pedir perdón, aceptar las consecuencias y ponerse de pie confiando en la gracia de Dios que sana, restaura y ofrece nuevas oportunidades. Quizás usted necesita comprometerse de nuevo con Dios, con su cónyuge, con sus hijos, con su familia, con su iglesia, con su comunidad, con su país.

El peligro de la murmuración

La vida de Miriam nos enseña acerca del carácter de Dios. Dios es un padre amoroso y muy generoso que nos cuida y guía en todo momento. Sin embargo, Dios también es justo y se enoja cuando pecamos al murmurar y criticar a personas en posiciones de liderazgo, ya sea el pastor, el esposo, el jefe en el trabajo o a quienes nos gobiernan. Dios intervino inmediata y radicalmente en el pueblo de Israel cuando Miriam empezó a murmurar. Así, Dios evitó que el virus de la murmuración se propagara entre todo el pueblo. Las palabras que hablamos contra nuestros líderes son muy peligrosas, y no pasan desapercibidas para Dios.

El problema principal con la murmuración es que se basa en suposiciones más que en datos o hechos reales. Por otro lado, muchas veces la usamos para cubrir otro motivo. En este caso eran los celos que Miriam tenía del ministerio de su hermano menor, Moisés. Los celos y la amargura en el corazón conducen a la murmuración. Esa murmuración es contagiosa y otros comienzan a repetir las palabras «corregidas y aumentadas».

Lo que debemos hacer para enfrentar la murmuración puede ser, primero, revisar los hechos para estar seguros de que tenemos información fidedigna. Segundo, debemos revisar nuestros motivos para verificar que no hay un sentimiento de celos que nos impulsa a hablar. Tercero, llevar el asunto delante de Dios para saber cómo debemos hablar del mismo. Puede ser que haya base para las sospechas y que los motivos sean buenos; entonces conviene hablar con Dios y proceder apropiadamente según el consejo que dio Jesús sobre cómo tratar asuntos de honor: hablar a solas con la persona, hablar con dos o tres que conocen el asunto, y luego invitar a la iglesia a hacer sus mejores esfuerzos para restaurar al hermano (Mateo 5:23-25; 18:15-17).

La importancia del arrepentimiento

Dios ofrece la oportunidad para el arrepentimiento, la confesión y un nuevo comienzo a quienes han pecado. Cuando Miriam se arrepintió, fue sanada físicamente y restaurada a su posición como líder de su pueblo. ¡Qué bella ilustración de la gracia perdonadora de Dios!

Cuando nos sentimos abrumados por las consecuencias de nuestras malas decisiones, la historia de Miriam puede darnos ánimo y fe. No tardemos en postrarnos ante Dios para pedirle perdón y volver a entregarle nuestra vida.

Miriam

ALGO PARA PENSAR O CONVERSAR

- ¿Qué dones tiene usted que Dios ha usado para el bien de su pueblo? ¿Qué otros dones tiene que todavía no se han expresado completamente? ¿Cuál es un paso que le gustaría dar para entregar sus dones más completamente a Dios?

- Si tuviera que calificar el compromiso en su vida de 0 a 10, ¿qué calificación le daría? Pensando en el compromiso con Dios, con su cónyuge, con sus hijos, con su familia, con su iglesia, con su comunidad y con su país, ¿qué área de compromiso le parece más fuerte en su vida? ¿En qué área le gustaría crecer más? ¿Cuál es un paso que puede dar hoy para aumentar su compromiso?

- Notamos que a Miriam lamentablemente se le recuerda más por su pecado que por su gran ministerio. Moisés y Aarón también pecaron y no llegaron a la Tierra Prometida, pero de ellos se suele hablar solamente lo positivo. ¿Por qué cree usted que prestamos más atención a los defectos que a las virtudes de un líder? ¿Se juzga igual a líderes que son hombres que a líderes que son mujeres? ¿Cómo podemos ayudar a nuestros líderes en vez de murmurar contra ellos?

- ¿Qué podemos hacer para poner fin inmediatamente a una murmuración en contra de uno de nuestros líderes si no tiene fundamento? ¿Qué podemos hacer si la murmuración sí tiene fundamento? ¿Cómo se sabe si una queja tiene fundamento o no? ¿Cómo identificamos si tenemos otras motivaciones detrás de las murmuraciones, como los celos de Miriam?

- ¿De qué pecados en su vida podría estar Dios llamándole a arrepentirse, para que pueda experimentar su restauración? Dedique un momento para hacer esa oración ahora.

- El cuerpo de Miriam fue sepultado en el oasis de Cades, en el camino de entrada a la Tierra Prometida. De Aarón se dice que murió en el monte Hor, pero no se recuerda su sepulcro (Números 33:38); de Moisés se dice que murió y fue sepultado en la tierra de Moab, pero nadie conoce el lugar de su sepultura (Deuteronomio 34:5-6). ¿De qué manera podemos recordar y agradecer a las mujeres que han sido y que son líderes en nuestras iglesias?

PARA RECORDAR:

Entonces la profetisa Miriam, hermana de Aarón, tomó una pandereta, se puso al frente, y todas las mujeres la siguieron, danzando y tocando sus panderetas. Y Miriam entonaba este cántico:
«Canten al Señor,
porque ha triunfado gloriosamente;
arrojó al mar al caballo y al jinete».

ÉXODO 15:20-21

Rahab

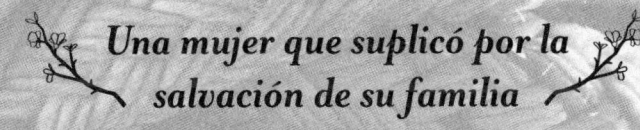

Una mujer que suplicó por la salvación de su familia

PERFIL DE RAHAB

Referencias bíblicas: Josué 2:1-21; 6:17, 22-25; Mateo 1:5-6; Hebreos 11:31; Santiago 2:25
Lugar: Jericó, una de las ciudades grandes de Canaán
Fecha: Aproximadamente 1406 a. C.

IMAGINEMOS LA ESCENA

Mientras Booz jugaba con unas espigas de trigo y otras de cebada que uno de los trabajadores de su padre le había dado, Rahab y Salmón se sentaron junto al fuego para tomar una bebida caliente que ella había preparado. Rahab se recostó sobre el pecho de su esposo Salmón y le rogó:

—Amor, cuéntame una vez más la historia de cómo fue que Josué los envió a ti y a Caleb a espiar la ciudad de Jericó. ¿Cómo fue que llegaron a mi casa? ¿Qué pensaste de mí esa primera vez que me viste?

—¿Quieres que Booz escuche la historia? Si es así, llámalo —respondió el fuerte y valiente guerrero de Israel a quien Josué le había dado la misión de espiar la ciudad de Jericó.

Rahab llamó a Booz para que escuchara la historia que su padre iba a contar. Booz había aprendido acerca del cuidado de Dios hacia el pueblo de Israel por medio de su padre. Le encantaba. Tomó un sorbo de la bebida de su mamá, se acomodó y animadamente dijo:

—¡Ahora sí! ¡Estoy listo!

Salmón les contó cómo fue que Josué los escogió a él y a Caleb, otro muy experimentado guerrero, para ir a Jericó a observar con cuidado cómo eran los habitantes, cuáles eran las calles principales y si los soldados estaban bien

SEGÚN LA BIBLIA

Josué envió en secreto a dos espías desde el campamento israelita que estaba en la arboleda de Acacias y les dio la siguiente instrucción: «Exploren bien la tierra que está al otro lado del río Jordán, especialmente alrededor de la ciudad de Jericó». Entonces los dos hombres salieron y llegaron a la casa de una prostituta llamada Rahab y pasaron allí la noche.

Pero alguien le avisó al rey de Jericó: «Unos israelitas vinieron aquí esta noche para espiar la tierra». Entonces el rey de Jericó le envió una orden a Rahab: «Saca fuera a los hombres que llegaron a tu casa, porque han venido a espiar todo el territorio».

Rahab, quien había escondido a los dos hombres, respondió: «Es cierto, los hombres pasaron por aquí, pero yo no sabía de dónde venían. Salieron de la ciudad al

Rahab

anochecer, cuando las puertas estaban por cerrar. No sé hacia dónde fueron. Si se apresuran, probablemente los alcancen». (En realidad, la mujer había llevado a los hombres a la azotea de su casa y los había escondido debajo de unos manojos de lino que había puesto allí). Entonces los hombres del rey buscaron a los espías por todo el camino que lleva a los vados del río Jordán. Y justo después que los hombres del rey se fueron, cerraron la puerta de Jericó.

Esa noche, antes de que los espías se durmieran, Rahab subió a la azotea para hablar con ellos. Les dijo:

—Sé que el Señor les ha dado esta tierra. Todos tenemos miedo de ustedes. Cada habitante de esta tierra vive aterrorizado. Pues hemos oído cómo el Señor les abrió un camino en seco para que atravesaran el mar Rojo cuando salieron de Egipto. Y sabemos lo que les hicieron a Sehón y a Og, los dos reyes amorreos al oriente del río Jordán, cuyos pueblos ustedes destruyeron por completo. ¡No es extraño que nuestro corazón esté lleno de temor! A nadie le queda valor para pelear después de oír semejantes cosas. Pues el Señor su Dios es el Dios supremo arriba, en los cielos, y abajo, en la tierra.

»Ahora júrenme por el Señor que serán bondadosos conmigo y con mi familia, ya que les di mi ayuda. Denme una garantía de que, cuando Jericó sea conquistada, salvarán mi vida y también la de mi padre y mi madre, mis hermanos y hermanas y sus familias.

—Te ofrecemos nuestra propia vida como garantía por la tuya

armados. Debían averiguar si había lugares estratégicos que debían ser considerados cuando lanzaran el ataque a Jericó para conquistarla. Jericó era una ciudad bien fortificada, con unos dos mil habitantes más o menos. Era conocida como la ciudad de las palmeras y estaba localizada a unos veinticuatro kilómetros de Jerusalén.

Salmón siguió diciendo:

—Mientras inspeccionábamos una de las fortalezas, nos dimos cuenta de que algunos hombres nos miraban con sospecha. Comenzamos a alejarnos del lugar, pero nos siguieron. Teníamos que encontrar un lugar para escondernos. Nos pareció que fueron a darle la noticia a los guardias de la ciudad, pues en poco tiempo un grupo venía detrás de nosotros, persiguiéndonos. Cuando entramos a la ciudad, mi amigo Caleb observó que había una casa construida sobre las dos gruesas murallas de la ciudad; esa casa se usaba como un hospedaje para peregrinos y también como un lugar para entretenimiento "solo para hombres". Si lográbamos llegar a ese hospedaje quizás podríamos saltar por el muro hacia afuera de la ciudad y huir de nuestros perseguidores. Tocamos desesperadamente la puerta. La persona que nos abrió nos explicó las condiciones y los servicios del hospedaje. Solo pedimos el servicio de posada para una noche. Nuestra idea era que al amanecer buscaríamos la manera de saltar hacia afuera del muro de la ciudad. Caleb y yo nos preguntábamos si la dueña del hospedaje nos entregaría a los soldados de Jericó. No pasaron muchas horas antes de que todo el mundo en Jericó supiera que estábamos en la ciudad para explorarla.

»Tu mami nos hizo subir por unas gradas a la azotea y nos escondió debajo de unos manojos de lino que tenía ordenados para hacer las telas que luego vendía a los que se hospedaban en su casa.

»¿Por qué no le cuentas tú a Booz lo que pasó en ese momento? —le dijo Salmón a Rahab.

Rahab sonrió y le contó a su hijo cómo les había mentido a los mensajeros del rey de Jericó. Continuó:

—Esperé a que se fueran. Tomaron el camino del Jordán hacia los vados. Cuando había pasado suficiente tiempo, subí a la azotea donde estaban tu papá y Caleb y les dije: "Sé que esta tierra ya es suya, porque el Señor su Dios es Dios de todo lo que hay. Por favor júrenme por el Señor que mostrarán misericordia a mí y a la familia de mi padre por el hecho de que les salvé la vida".

Caleb le había dicho que no debía hablar del asunto con

Mujeres de la Biblia hablan hoy

nadie y que debía atar un cordón rojo a la ventana. Y le prometió que el Señor le mostraría misericordia.

—¿Cómo se fueron de la casa? —preguntó Booz, quien parecía imaginar cada detalle del relato.

Salmón contó que Rahab los había ayudado a descender por la ventana con la misma cuerda que serviría de señal.

Rahab continuó diciendo que inmediatamente después de que Caleb y Salmón soltaron la cuerda, ella la subió y la aseguró firmemente a la ventana. Después se fue a su cuarto y comenzó a reflexionar sobre lo que había pasado aquella noche en toda la ciudad, pero particularmente en su casa. Recordó que ella les había prometido a los dos espías de Israel, Salmón y Caleb, que mantendría el secreto de su próximo ataque.

Por muchos años, Rahab había escuchado el milagro de las aguas del mar Rojo, cuando el Dios de los israelitas había conducido a su pueblo con seguridad hacia el otro lado. Todos en Jericó habían escuchado la historia, pero Rahab la creía.

Rahab contó cómo había revisado la gruesa cuerda todos los días y cómo había mirado hacia el horizonte anticipando la llegada de los israelitas. Esa cuerda escarlata ahora era un símbolo de promesa de ambas partes: de parte de ella, guardar silencio y esperar; de parte de ellos, salvarlos a ella y a su familia el día en que Jericó cayera en sus manos.

Cuando al fin llegaron, la estrategia de ataque por parte de los israelitas fue muy diferente a lo que los soldados de Jericó estaban anticipando. Ese método de ataque les alteró los nervios a todos los que estaban dentro de la ciudad con esas dobles paredes fuertemente fortificadas. Fue un ataque lento, lleno de tensión, extraño, original y temible para los hombres fuertes de Jericó. Los israelitas llegaron hasta la ciudad en una procesión silenciosa y lenta. ¿Cómo podrían los gigantes de Jericó defenderse del silencio y mostrar resistencia militar? ¡Increíble! Los pocos hombres que marchaban a la cabeza del desfile de los hebreos portaban lanzas y flechas. Algunos llevaban largas túnicas, mientras cargaban un extraño objeto de madera, cubierto con cortinas atadas a cuatro astas. Otros sostenían con firmeza en sus manos objetos largos y curvados. La línea de peregrinos parecía venir desde Gilgal, como a ocho kilómetros de distancia, y poco a poco se acercaba a la alta ciudad amurallada, cuyas puertas cerradas ahora parecían inútiles para casi todos los ciudadanos nerviosos que observaban desde los altos muros.

—le prometieron ellos—. Si no nos delatas, cumpliremos nuestra promesa y seremos bondadosos contigo cuando el Señor nos dé la tierra.

Entonces, dado que la casa de Rahab estaba construida en la muralla de la ciudad, ella los hizo bajar por una cuerda desde la ventana.

—Huyan a la zona montañosa —les dijo—. Escóndanse allí de los hombres que los están buscando por tres días. Luego, cuando ellos hayan vuelto, ustedes podrán seguir su camino.

Antes de partir, los hombres le dijeron:

—Estaremos obligados por el juramento que te hemos hecho solo si sigues las siguientes instrucciones: cuando entremos en esta tierra, tú deberás dejar esta cuerda de color escarlata colgada de la ventana por donde nos hiciste bajar; y todos los miembros de tu familia —tu padre, tu madre, tus hermanos y todos tus parientes— deberán estar aquí, dentro de la casa. Si salen a la calle y los matan, no será nuestra culpa; pero si alguien les pone la mano encima a los que estén dentro de esta casa, nos haremos responsables de su muerte. Sin embargo, si nos delatas, quedaremos totalmente libres de lo que nos ata a este juramento.

—Acepto las condiciones —respondió ella.

Entonces Rahab los despidió y dejó la cuerda escarlata colgando de la ventana.

Los espías subieron a la zona montañosa y se quedaron allí

tres días. Los hombres que los perseguían los buscaron por todas partes a lo largo del camino pero, al final, regresaron sin éxito.

Luego, los dos espías descendieron de la zona montañosa, cruzaron el río Jordán y le informaron a Josué todo lo que les había sucedido: «El Señor nos ha dado el territorio —dijeron—, pues toda la gente de esa tierra nos tiene pavor». [...]

Entonces Josué reunió a los sacerdotes y les dijo: «Tomen el arca del pacto del Señor y asignen a siete sacerdotes para que caminen delante de ella, cada uno con un cuerno de carnero». Después, dio estas órdenes al pueblo: «Marchen alrededor de la ciudad, los hombres armados irán al frente, delante del arca del Señor». [...]

El séptimo día, los israelitas se levantaron al amanecer y marcharon alrededor de la ciudad como lo habían hecho los días anteriores; pero esta vez, dieron siete vueltas alrededor de la ciudad. En la séptima vuelta, mientras los sacerdotes daban el toque prolongado con los cuernos, Josué les ordenó a los israelitas: «¡Griten, porque el Señor les ha entregado la ciudad! Jericó y todo lo que hay en la ciudad deben ser destruidos por completo como una ofrenda al Señor. Solo se les perdonará la vida a Rahab, la prostituta, y a los que se encuentren en su casa, porque ella protegió a nuestros espías.

»No se queden con ninguna cosa que esté destinada para ser destruida, pues, de lo contrario, ustedes mismos serán destruidos por completo y traerán desgracia

Rahab

La tensión aumentó a medida que la extraña línea de conquistadores se acercaba lo suficiente como para que Rahab pudiera ver que los objetos curvados eran los instrumentos musicales: shofares y trompetas. Sin embargo, todos marchaban en silencio; nadie lanzó una sola flecha, nadie arrojó ninguna lanza, nadie gritó una consigna de guerra. De repente, los hombres que llevaban los instrumentos musicales se los llevaron a la boca y rompieron el silencio como una explosión que pareció sacudir los cimientos de la poderosa ciudad. Luego, en silencio, se marcharon y volvieron a su campamento en Gilgal.

Durante seis días se llevó a cabo el mismo espectáculo aterrador. Dentro de la ciudad cerrada, los grandes hombres de Jericó se estremecían y algunos parecían enloquecer por el temor. Rahab simplemente esperó. Su familia estaba con ella. El grueso cordón escarlata estaba firmemente en su lugar.

En el séptimo día, la fila de hombres marchando volvió a aparecer. Todo parecía igual. El gemido de tres notas del shofar provocaba terror, pero esta vez dieron siete vueltas a la ciudad. Josué, su líder, exclamó el grito de victoria que todos repitieron al unísono. Las trompetas y los shofares sonaron como nunca. Y las enormes paredes de Jericó comenzaron a derrumbarse como si fueran de papel.

Caleb y Salmón vieron la cuerda escarlata, entraron a la casa y encontraron a Rahab y a su familia esperando para ser rescatados. Uno por uno, se deslizaron por la cuerda escarlata. Las promesas se mantuvieron de ambos lados. Rahab y su familia se fueron con los conquistadores y salieron de la ciudad por encima de las paredes derrumbadas, rumbo a Gilgal.

—Esa noche, cuando nos acercábamos al campamento hebreo —dijo Rahab a su pequeño hijo—, a mi familia y a mí nos costó creer que estábamos vivos y a salvo. Pero Dios fue fiel con nosotros.

»¿Ves, hijo? Había creído durante mucho tiempo en el Dios cuyo nombre no conocía, y en ese momento me encontraba frente a una nueva oportunidad, frente a una nueva vida como creyente en el Dios de Israel.

LECCIONES PRÁCTICAS QUE APRENDEMOS DE RAHAB

La Biblia nos dice que un tiempo después de los hechos de Josué 2, Rahab se casó con Salmón y se convirtió en prosélita hebrea. Fue la madre de Booz, quien se casó con Rut, cuyo hijo dio a luz a Isaí, el padre de David, por cuya línea nació Jesús (Mateo 1:5-6).

De esta mujer real, relevante y radical podemos aprender por lo menos tres lecciones de vida:

Buscar a Dios tal como estamos

Todos los habitantes de Jericó habían escuchado de las obras maravillosas que Dios había hecho con el pueblo de Israel. Algunos quizás se burlaron y la gran mayoría no las creyó. Sin embargo, Rahab, que no conocía a ese Dios, creyó en sus poderosas obras y afirmó que él podría salvarlos a ella y a su familia por medio de los espías. Dios conocía el estilo de vida que llevaba Rahab, pero no la castigó cuando ella lo buscó; al contrario, Dios aceptó su fe y cambió a «una mujer de mala reputación» en una creyente fiel.

Es tan cierto hoy como ayer: «Dios amó tanto al mundo que dio a su único Hijo, para que todo el que crea en él no se pierda, sino que tenga vida eterna» (Juan 3:16). Todos debemos estar seguros de que esto es cierto: Jesús vino al mundo para salvar a los pecadores. Al Señor no le preocupa nuestro pasado, pero sí está muy interesado por salvarnos del pecado.

La experiencia de Rahab muestra que Dios no espera que mejoremos nuestra conducta primero, para luego ofrecernos la salvación. Ninguno de nosotros califica para recibir la salvación por nuestro propio mérito ni los esfuerzos que hacemos para ser «buenos». Eso es pura arrogancia. Rahab reconoció su necesidad de Dios y confesó su fe en el Dios de Israel siendo aún «pecadora». El momento para buscar a Dios es hoy, exactamente como nos encontramos con nuestra vida manchada y hecha pedazos por el pecado.

Asumir un riesgo por fe

Rahab fue una prostituta, pero por haber inclinado su corazón hacia Dios y haber puesto su fe en él, su nombre aparece en la lista de los héroes de la fe (Hebreos 11:31). Su fe fue una fe activa. Esa fe la puso en acción para negociar con los espías por su salvación y la de aquellos a quienes amaba.

La fe es algo más que una sumisión pasiva a lo que hemos oído o visto; la fe implica actuar. Si Rahab no se hubiera arriesgado a dar ese paso de fe, habría muerto junto con su familia y el resto de Jericó. En el momento debe haber parecido más peligroso confiar en estos al campamento de Israel. Todo lo que esté hecho de plata, de oro, de bronce o de hierro pertenece al Señor y por eso es sagrado, así que colóquenlo en el tesoro del Señor».

Cuando el pueblo oyó el sonido de los cuernos de carnero, gritó con todas sus fuerzas. De repente, los muros de Jericó se derrumbaron, y los israelitas fueron directo al ataque de la ciudad y la tomaron. Con sus espadas, destruyeron por completo todo lo que había en la ciudad, incluidos hombres y mujeres, jóvenes y ancianos, ovejas, cabras, burros y todo el ganado.

Mientras tanto, Josué les dijo a los dos espías: «Cumplan su promesa con la prostituta. Vayan a su casa y sáquenla de allí junto con toda su familia».

Entonces los hombres que habían sido espías entraron en la casa y sacaron a Rahab, a su padre, a su madre, a sus hermanos y a todos los demás parientes que estaban con ella. Trasladaron a toda la familia a un lugar seguro, cerca del campamento de Israel.

Luego los israelitas quemaron la ciudad y todo lo que había en ella. Solo conservaron las cosas hechas de plata, de oro, de bronce y de hierro para el tesoro de la casa del Señor. Así que Josué le perdonó la vida a la prostituta Rahab y a los parientes que estaban en su casa, porque ella escondió a los espías que él había enviado a Jericó. Y Rahab vive con los israelitas hasta el día de hoy.

Josué 2:1-24; 6:6-7, 15-25

Rahab

desconocidos y darle la espalda a su propio pueblo, pero Rahab puso su futuro en juego con base en lo que conocía de Dios. Hoy también podemos dar un paso adelante confiando en el poder y la bondad de Dios hacia nosotros, sean cuales sean las razones por las que no tiene sentido asumir un arriesgado paso adelante.

Confiar en Dios para nuestro futuro

También podemos aprender que Dios es un Dios que ofrece nuevas oportunidades (Lamentaciones 3:23). Rahab llegó a formar parte del pueblo de Israel al casarse con Salmón y procrear a Booz, quien fue el esposo de Rut la moabita. Rahab se menciona en la genealogía de nuestro Señor en Mateo 1:5-6. ¡Tanto honor y dignidad para alguien a quien literalmente Dios rescató de las ruinas de Jericó! Solo es posible por la gracia y el amor que sobrepasa todo entendimiento (Filipenses 4:7).

Cuando parece que la catástrofe se acerca, cuando nuestro futuro es un vacío total, cuando no tenemos idea de cómo suplir nuestras necesidades y las de nuestra familia, podemos recordar la vida de Rahab. Si Dios le fue fiel a ella, seguramente también nos será fiel a nosotros.

ALGO PARA PENSAR O CONVERSAR

- *¿Alguna vez se ha sentido «descalificada» para ser parte del pueblo de Dios? ¿Qué fue lo que le causó ese sentimiento? La próxima vez que sienta lo mismo, ¿qué puede hacer para recordar que no hay nada que podrá jamás separarnos del amor de Dios (Romanos 8:38)?*

- *Rahab solo tenía la promesa que los espías le habían hecho: si ella guardaba silencio y colocaba el cordón escarlata bien atado a la ventana, ellos la salvarían. ¿Piensa usted que había otro factor que sostenía la fe de Rahab? ¿Qué tipo de garantía pide usted normalmente antes de actuar con fe?*

- *Rahab estuvo dispuesta a arriesgar su vida para proteger a los espías. ¿A qué clase de riesgos se ha expuesto usted para expresar su confianza en Dios? Mencione al menos dos.*

- *Rahab intercedió con vehemencia a favor de la salvación de su familia. Varias veces expresó que los espías debían comprometerse a protegerlos y salvarle la vida. ¿Hacemos nosotros la misma súplica apasionada de Rahab a favor de la salvación eterna de nuestros seres queridos? ¿Qué otros pasos de fe podemos dar con respecto a este tema?*

- *¿Cuál es el área de su futuro en la que más le cuesta confiar en Dios? ¿Qué acciones puede tomar para recordar la fidelidad de Dios para su futuro?*

PARA RECORDAR:

*El S*EÑOR *su Dios es el Dios supremo arriba, en los cielos, y abajo, en la tierra. Ahora júrenme por el S*EÑOR *que serán bondadosos conmigo y con mi familia, ya que les di mi ayuda.*

JOSUÉ 2:11-12

Débora

Una mujer real, relevante y radical

PERFIL DE DÉBORA

Referencias bíblicas: Jueces 4-5; Hebreos 11:32-34
Lugar: La palmera de Débora en la zona montañosa de Efraín y la ribera del río Cisón
Fecha: Aproximadamente entre los años 1280 y 1050 a. C.

IMAGINEMOS LA ESCENA

«¡Jabín, Jabín!», gritaba uno de los vigilantes. Todos los hombres hebreos corrieron a esconder sus cosechas. Por más de veinte años los soldados de Jabín, el rey de Canaán, habían demostrado extrema crueldad y violencia hacia los hijos de Israel.

«¡Jabín, Jabín!», gritaba una mujer, alertando a las otras mujeres. Todas corrieron a esconderse de los soldados comandados por Sísara, quienes deshonraban a las mujeres hebreas y mataban o robaban los pocos animales domésticos que poseían.

«Jabín» y «Sísara», eran símbolo de muerte pues los soldados se divertían matando con sus lanzas a los niños hebreos mientras jugaban y corrían.

El sufrimiento, el dolor, la impotencia y la angustia guiaron al pueblo israelita a darse cuenta de que sus circunstancias eran la consecuencia de haberse alejado de Dios. El Señor los había sacado de la esclavitud en la tierra de Egipto para traerlos a la Tierra Prometida, y se habían olvidado de él. Con lágrimas en sus mejillas y con el corazón arrepentido, le suplicaron a Dios que los salvara.

En el monte de Efraín, en el camino entre Ramá y Betel, vivía una mujer llamada Débora. En medio de los quehaceres de cada día, Débora buscaba la oportunidad para componer la letra y la música de canciones que

SEGÚN LA BIBLIA

Los israelitas volvieron a hacer lo malo a los ojos del Señor. Entonces el Señor los entregó a Jabín, un rey cananeo de Hazor. El comandante de su ejército era Sísara, que vivía en Haroset-goim. Sísara, quien tenía novecientos carros de guerra hechos de hierro, oprimió a los israelitas sin piedad durante veinte años, hasta que el pueblo de Israel clamó al Señor por ayuda.

Débora, la esposa de Lapidot, era una profetisa que en ese tiempo juzgaba a Israel. Solía sentarse bajo la Palmera de Débora, entre Ramá y Betel, en la zona montañosa de Efraín, y los israelitas acudían a ella para que los juzgara. Un día Débora mandó a buscar a Barac, hijo de Abinoam, quien vivía en Cedes, en el territorio de Neftalí y le dijo:

—El Señor, Dios de Israel, te ordena: reúne en el monte Tabor a diez mil guerreros de las tribus de Neftalí y de Zabulón. Y yo haré que Sísara, el comandante del ejército de Jabín, vaya al río Cisón

Débora

animaban la fe en el Dios de Israel. También cantaba algunos salmos y cánticos espirituales. Cada día se sentaba bajo la palmera que estaba en el patio al frente de su casa y dedicaba algunas horas para ayudar a su pueblo con sus preocupaciones de la vida diaria. Por crecer recta y por su follaje verde, la palmera ha llegado a ser un símbolo de justicia y rectitud.

Débora se unió al clamor de su pueblo. Día tras día, cuando los oprimidos hebreos de la planicie subían hasta el patio de su casa para pedir su consejo bajo la sombra de una palmera, Débora los aguijoneaba para que hicieran algo en contra de la opresión. Lo primero que debían hacer era empezar a honrar al Señor Dios que los había sacado de Egipto. Con todo su ardiente e intrépido corazón, Débora creía que, si ellos lo hacían, Dios los rescataría una vez más. Esta convicción ardía dentro de su corazón cada minuto del día y de la noche. Una y otra vez ella culpaba a los hombres de Israel de ser muy cobardes y no proporcionar el liderazgo que sus familias y el pueblo tanto necesitaban.

Los hombres, tanto como las mujeres, se congregaban bajo la palmera de Débora para aprovechar su fortaleza interior y su espíritu fuerte. Y cuando ella empezó a ver que algo de su propio entusiasmo por enfrentar a sus enemigos aparentemente invencibles había empezado a hacerse popular, decidió dar el primer paso. Había estado esperando que alguno de los hombres tomara la iniciativa. Ninguno se había ofrecido a hacerlo. No vio otra opción.

Débora llamó a Barac, uno de los oficiales militares más astutos de Israel que vivía en Cedes, un pueblo en la tierra de Neftalí. La primera pregunta que le hizo fue esta:

—¿Tienes miedo de Sísara y de sus novecientos carros de hierro?

Barac se quedó en silencio un momento y luego sonrió y dijo tímidamente:

—No he podido encontrar alguna manera de pelear contra ellos y derrotarlos. Son un ejército muy numeroso y muy bien armado.

Esto era todo lo que Débora necesitaba. Procedió a darle a Barac un resumen de la historia de Israel, recordándole cómo Dios los había sacado de Egipto, a través del mar Rojo, quebrantando la casa misma del odiado faraón.

—Ahora estamos en la tierra prometida de Canaán que

junto con sus carros de guerra y sus guerreros. Allí te daré la victoria sobre él.

Barac le dijo:

—Yo iré, pero solo si tú vienes conmigo.

—Muy bien —dijo ella—, iré contigo. Pero tú no recibirás honra en esta misión, porque la victoria del Señor sobre Sísara quedará en manos de una mujer.

Así que Débora fue con Barac a Cedes. En Cedes, Barac reunió a las tribus de Zabulón y de Neftalí, y diez mil guerreros subieron con él. Débora también lo acompañó.

Ahora bien, Heber el ceneo, un descendiente de Hobab, cuñado de Moisés, se había separado de los demás miembros de su tribu y armó su carpa junto al roble de Saananim, cerca de Cedes.

Cuando le dijeron a Sísara que Barac, hijo de Abinoam, había subido al monte Tabor, mandó llamar a sus novecientos carros de guerra hechos de hierro y a todos sus guerreros, y marcharon desde Haroset-goim hasta el río Cisón.

Entonces Débora le dijo a Barac: «¡Prepárate! Hoy es el día en que el Señor te dará la victoria sobre Sísara, porque el Señor marcha delante de ti». Así que Barac descendió las laderas del monte Tabor al frente de sus diez mil guerreros para entrar en batalla. Cuando Barac atacó, el Señor llenó de pánico a Sísara y a todos sus carros de guerra y a sus guerreros. Sísara saltó de su carro de guerra y escapó a pie. Entonces Barac persiguió a los carros y al ejército enemigo hasta Haroset-goim, y mató a todos los guerreros de Sísara. Ni uno solo quedó con vida.

Mujeres de la Biblia hablan hoy

Dios dijo que era nuestra. ¿Sí o no, Barac? —Antes de que él pudiera contestar, ella continuó—: Sí, aquí estamos, pero ninguno de nosotros está actuando como si viviera bajo el poder del Señor Dios de Israel. Estoy cansada de hombres doblegados por el temor. Vamos a hacer algo. Actuaremos decisivamente y lo haremos ahora.

Barac empezó a animarse mientras escuchaba las emocionadas y decididas palabras de Débora. Sus hombros se enderezaron. Débora pudo darse cuenta de que había logrado reavivar su fe. Así que, antes de que él la dejara apagarse nuevamente, declaró:

—No es solamente una mujer quien te habla. Yo, Débora, soy sierva de Dios. Te comunico lo que Dios me ha mandado a decirte: «El Señor, Dios de Israel, te ordena: reúne en el monte Tabor a diez mil guerreros de las tribus de Neftalí y de Zabulón. Y yo haré que Sísara, el comandante del ejército de Jabín, vaya al río Cisón junto con sus carros de guerra y sus guerreros. Allí te daré la victoria sobre él».

Barac hizo una larga pausa y quedó de pie frente a Débora, en silencio. Por fin dijo tímidamente:

—Iré solamente si tú me acompañas. Si no vas conmigo, no iré.

—Está bien, te acompañaré— respondió Débora con firmeza.

Evidentemente Débora había esperado que él dijera eso y cumplió su palabra. Juntos, ella y Barac llamaron a los diez mil hombres a las armas como ella lo había ordenado y de acuerdo con la promesa que Dios le había dado.

Sísara los encontró justo en las faldas del monte Tabor listos para la batalla. Por un momento, Barac debe haber pensado que los enemigos eran muchos y estaban muy bien armados. Débora vio el rostro titubeante de Barac. Era el momento de actuar. Así que le gritó:

—¡En marcha, que hoy Dios te dará la victoria sobre Sísara! ¡Y Dios mismo va al frente de tu ejército!

¡Así fue! El Señor iba delante de ellos y Barac y Débora salieron victoriosos. Sísara, vencido y temeroso por su vida, huyó a pie solo para encontrarse con la muerte a manos de otra mujer israelita.

Después de la victoria, Débora compuso un canto de alabanza a Dios como el verdadero campeón victorioso que le permitió a Israel conquistar a su enemigo. De una manera muy apropiada guio al pueblo para dar gracias a Dios por la misión cumplida.

Mientras tanto, Sísara corrió hasta la carpa de Jael, la esposa de Heber, el ceneo, porque la familia de Heber tenía amistad con el rey Jabín, de Hazor. Jael salió al encuentro de Sísara y le dijo:

—Entre en mi carpa, señor. Venga. No tenga miedo.

Así que él entró en la carpa, y ella lo cubrió con una manta.

—Dame un poco de agua, por favor —le dijo él—. Tengo sed.

Así que ella le dio leche de una bolsa de cuero y volvió a cubrirlo.

—Párate en la puerta de la carpa —le dijo a ella—. Si alguien viene y pregunta si hay alguien adentro, dile que no.

Pero cuando Sísara se durmió por tanto agotamiento, Jael se le acercó en silencio con un martillo y una estaca en la mano. Entonces le clavó la estaca en la sien hasta que quedó clavada en el suelo, y así murió.

Cuando Barac llegó en busca de Sísara, Jael salió a su encuentro y le dijo: «Ven, te mostraré al hombre que buscas». Entonces él entró en la carpa tras ella, y allí encontró a Sísara muerto, tendido en el suelo con la estaca atravesada en la sien.

Por lo tanto, ese día Israel vio a Dios derrotar a Jabín, el rey cananeo. Y a partir de entonces, Israel se hizo cada vez más fuerte contra el rey Jabín hasta que finalmente lo destruyó.

Ese día, Débora y Barac, hijo de Abinoam, entonaron el siguiente cántico:

«Los líderes de Israel tomaron el mando,

    y el pueblo los siguió con gusto.

¡Alabado sea el Señor!».

Jueces 4:1–5:2

Débora

La historia de Débora termina en Jueces 5:31, donde se nos relata que toda la tierra tuvo paz por cuarenta años. ¡Qué legado! En un tiempo de problemas terribles de pobreza material, moral y espiritual, surge una mujer para proponer y participar en un cambio de la historia de su nación.

LECCIONES PRÁCTICAS QUE APRENDEMOS DE DÉBORA

Nadie puede dudar que Débora fue una mujer real, relevante y radical. No solamente era sabia desde un punto de vista humano; también era fuerte, y usó su determinación interior para asirse de la fuerza misma del Señor Dios. La fe de Débora era todavía más fuerte que su voluntad. Años después, el autor de la carta a los Hebreos menciona a Barac entre varios héroes de Israel y dice: «Por la fe esas personas conquistaron reinos, gobernaron con justicia y recibieron lo que Dios les había prometido» (Hebreos 11:33).

Tanto Débora como Barac son presentados como instrumentos en las manos de Dios (Jueces 5). Débora es la Juana de Arco de la historia de Israel. (Juana de Arco fue una joven campesina francesa que, asegurando recibir voces de Dios, guio al ejército francés contra Inglaterra). Ambas fueron mujeres que pudieron vivir una vida común y corriente, pero que decidieron poner sus capacidades al servicio de Dios y de su pueblo.

No creemos que debamos sentirnos mal y castigarnos si no somos, por naturaleza, tan decididas como Débora. De hecho, un mundo lleno de «Déboras» podría llegar a ser un poco incómodo o difícil. Lo que vemos que podemos aprender de este dramático episodio en la vida de esta mujer excepcional es que ella sirvió a Dios en medio de su vida cotidiana, como una mujer real, y comunicó la Palabra de Dios a su círculo de influencia, como una mujer relevante. Además, Débora escuchó la dirección de Dios cuando él la llamó a hacer algo radical.

Servir a Dios en medio de la vida cotidiana

Débora era una mujer real: estaba casada, con todas las implicaciones que conlleva ser esposa. No era una mujer soltera que pudiera dedicar toda su vida al ministerio fuera de su casa. Tenía un esposo a quien respetar y atender. No podía pasar por alto las tareas que requieren tiempo y energía de las mujeres. Aun así, Débora fue un instrumento importante en manos de Dios porque le ofreció a él sus talentos y capacidades.

Es digno de mencionar y reconocer que el esposo de Débora le permitió seguir las instrucciones de Dios y ayudar a su pueblo con toda libertad. Lapidot no se enojó cuando Débora decidió acompañar a Barac y a todos los hombres que iban a la guerra. No le hizo una escena de celos ni expresó dudas sobre las decisiones de su mujer. Ese caballero debe haber sido un hombre muy seguro de sí mismo.

Comunicar la palabra de Dios a nuestro círculo de influencia

Débora era una mujer relevante: servía como juez para ayudar a resolver los problemas familiares entre los vecinos y otros asuntos propios de la sociedad en formación. Recordemos que cuando las tribus de Israel fueron establecidas en Canaán se nombraron a jueces que debían ser personas de rectitud e integridad (Éxodo 18:25-26). Además, Débora era una profetisa, es decir, alguien que recibía el mensaje del Señor para comunicarlo al pueblo. El propósito del mensaje de un profeta es declarar lo que Dios espera de su pueblo, animarlo a vivir en el temor del Señor y darle esperanza de un futuro mejor si obedece la palabra de Dios.

Débora fue escogida por Dios para comunicar su palabra al pueblo rebelde y terco. Hoy,

Mujeres de la Biblia hablan hoy

usted y nosotros hemos sido llamados para comunicar el mensaje de Jesucristo a nuestro pueblo. Tenemos la ayuda constante del Espíritu Santo y el mensaje mismo en la Palabra escrita, la Biblia. Dios espera que seamos sensibles, que escuchemos su voz y seamos obedientes. Puede ser que nuestro círculo de influencia no sea tan grande como el de Débora, pero sea cual sea nuestra situación, tenemos el mismo llamado a comunicar la palabra de Dios a quienes estén a nuestro alrededor.

Escuchar a Dios cuando su llamado es a algo radical

Débora era una mujer radical que sufría por las condiciones sociales y económicas de su pueblo. Pero ella no se limitó a lamentar la situación. Animó a otros a hacer algo, y al momento de ir a la guerra estuvo dispuesta a acompañar a los hombres. Ser radical no es solo hablar de la situación o decir lo que se debería hacer; es ponerse al frente y hacer lo que hay que hacer.

Quizás se pregunte: ¿cómo puedo saber lo que Dios quiere que yo haga a favor de mi pueblo? Débora tenía una línea de comunicación directa con el Señor e hizo uso de ella. Hoy en día podemos tener ese mismo tipo de comunicación si nos mantenemos receptivos y en comunión constante con Dios por medio de la oración, la lectura de la Biblia y la fraternidad con otros creyentes en Jesucristo.

ALGO PARA PENSAR O CONVERSAR

- *Aun por su propia cuenta, Débora fue una mujer notable dados sus talentos y capacidades. Por eso es mucho más admirable que insistiera en dar a Dios el crédito por las cosas impresionantes que ella dirigía. Elabore una lista de los talentos que tiene usted. Pregunte a los miembros de su grupo si ellos ven en usted esos talentos y, tal vez, algún otro. ¿Cómo puede servir a Dios con esos talentos en medio de su vida cotidiana?*

- *Identifique por lo menos tres círculos sociales donde usted tiene algo de influencia. ¿Qué puede hacer hoy para comunicar la palabra de Dios en esos círculos de influencia?*

- *La actuación de Débora como juez, profetisa y líder patriota de su pueblo fue muy radical para una mujer de esa época. También levanta algunas preguntas acerca del rol de las mujeres dentro de la sociedad en general. El hecho de que Débora fue llamada a desempeñar un rol como líder público y político, ¿cambia el rol de las mujeres en general? ¿Por qué sí o por qué no?*

- *¿Alguna vez ha sentido el llamado de Dios a hacer algo fuera de lo normal, tal vez fuera de su zona de comodidad? ¿Cómo respondió? ¿Cómo le gustaría responder la próxima vez que escuche el llamado?*

PARA RECORDAR:
«¡Escuchen, ustedes reyes!
¡Presten atención, ustedes gobernantes poderosos!
Pues cantaré al SEÑOR;
tocaré música para el SEÑOR, Dios de Israel.

JUECES 5:3

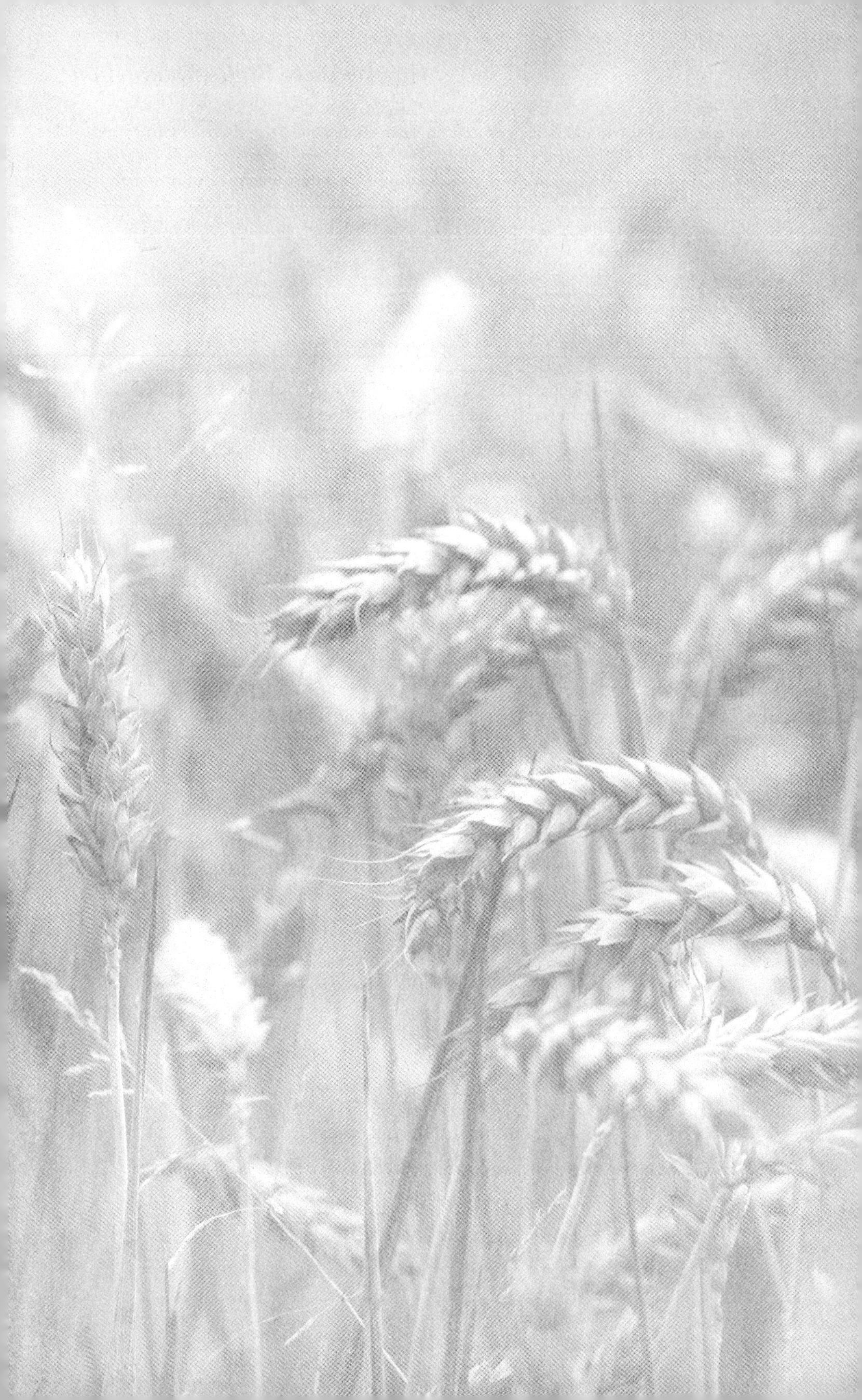

Noemí

Una mujer de fe en medio de la amargura

PERFIL DE NOEMÍ

Referencias bíblicas: Rut; Mateo 1:5
Lugar: La aldea de Belén cerca de Jerusalén y Moab
Fecha: Aproximadamente entre los años 1350 y 1050 a. C.

IMAGINEMOS LA ESCENA

Noemí advirtió inmediatamente la cara de preocupación que tenía su esposo, Elimelec, cuando volvió a la casa. ¿Había pasado algo más? Varios días atrás habían conversado sobre la situación tan difícil que atravesaba el país en general. El pueblo culpaba a los jueces de ser unos corruptos que se aprovechaban de su posición para vivir bien sin importarles lo grave de la situación. Por su parte, los jueces le echaban la culpa a la falta de lluvias y al largo e inclemente verano.

—¡Qué ironía! —decía Noemí—. Nuestra aldea se llama "casa de pan", pero eso es lo que más escasea.

Elimelec y Noemí se sentaron a cenar junto con sus hijos Mahlón y Quelión, que ya eran adolescentes. Los muchachos cenaron y salieron a jugar con sus amigos, mientras el sol se escondía tras las colinas. Los padres siguieron conversando sobre lo que podrían hacer como familia si las cosas se ponían peor. Elimelec afirmaba que debían emigrar a la región de Moab donde, según contaban algunos peregrinos, las tierras eran muy fértiles.

Noemí le recordó a Elimelec, cuyo nombre significa «Dios es Rey», que debían confiar en las promesas de Dios, quien les había dado esa tierra. Él, además, había hecho la promesa de suplir todas sus necesidades. Pero Elimelec ya lo había decidido.

SEGÚN LA BIBLIA

En los días en que los jueces gobernaban Israel, un hambre severa azotó la tierra. Por eso, un hombre de Belén de Judá dejó su casa y se fue a vivir a la tierra de Moab, junto con su esposa y sus dos hijos. El hombre se llamaba Elimelec, y el nombre de su esposa era Noemí. Sus dos hijos se llamaban Mahlón y Quelión. Eran efrateos de Belén, en la tierra de Judá. Así que cuando llegaron a Moab se establecieron allí.

Tiempo después murió Elimelec, y Noemí quedó sola con sus dos hijos. Ellos se casaron con mujeres moabitas. Uno se casó con una mujer llamada Orfa y el otro con una mujer llamada Rut. Pero unos diez años después murieron tanto Mahlón como Quelión. Entonces, Noemí quedó sola, sin sus dos hijos y sin su esposo.

Estando en Moab, Noemí se enteró de que el Señor había bendecido a su pueblo en Judá al volver a darle buenas cosechas. Entonces Noemí y sus nueras se prepararon para salir de Moab y regresar a su tierra natal. Acompañada por sus dos nueras, partió del lugar donde vivía y tomó el camino que las llevaría de regreso a Judá.

Sin embargo, ya puestas en camino, Noemí les dijo a sus dos nueras:

—Vuelva cada una a la casa de su madre, y que el Señor las recompense por la bondad que mostraron a sus esposos y a mí. [...]

Entonces volvieron a llorar juntas y Orfa se despidió de su suegra con un beso, pero Rut se aferró con firmeza a Noemí.

—Mira —le dijo Noemí—, tu cuñada regresó a su pueblo y a sus dioses. Tú deberías hacer lo mismo.

Pero Rut respondió:

—No me pidas que te deje y regrese a mi pueblo. A donde tú vayas, yo iré; dondequiera que tú vivas, yo viviré. Tu pueblo será mi pueblo, y tu Dios será mi Dios. Donde tú mueras, allí moriré y allí me enterrarán. ¡Que el Señor me castigue severamente si permito que algo nos separe, aparte de la muerte!

Cuando Noemí vio que Rut estaba decidida a irse con ella, no insistió más.

De modo que las dos siguieron el viaje. Cuando entraron a Belén, todo el pueblo se conmocionó por causa de su llegada.

—¿De verdad es Noemí? —preguntaban las mujeres.

—No me llamen Noemí —contestó ella—. Más bien llámenme Mara, porque el Todopoderoso me ha hecho la vida muy amarga. [...]

Un día Noemí le dijo a Rut:

—Hija mía, es tiempo de que yo te encuentre un hogar permanente

Noemí

La familia llegó a Moab. Estaba a solo cuarenta y ocho kilómetros de Belén, pero era un viaje bastante largo en aquellos tiempos, cuando el caminar y el andar en animal eran los únicos medios de transporte. Sin embargo, la distancia real tenía que ver con la manera en que su llegada a las nuevas tierras pondría a prueba su relación con Dios. Moab era una tierra con dioses falsos, una cultura ajena y sincretismo religioso intolerable. ¡Qué sentimientos tan perturbadores tendría Noemí cuando se vio junto con su familia en una tierra extraña, desconocida y en un medio tan alejado de su fe en el Dios de Israel!

En esta tierra extraña murió Elimelec. Mahlón y Quelión se casaron con dos mujeres moabitas, a pesar de que el Señor había prohibido a su pueblo casarse con personas de comunidades paganas. Diez años después de enterrar a su esposo, Noemí también enterró a sus dos hijos.

Si una mujer pierde a su esposo se le dice «viuda», y si una hija pierde a sus padres se le dice «huérfana», pero, ¿cómo se le llama a una madre que pierde a sus hijos? Noemí estaba literalmente desamparada, sin el apoyo de su esposo, ni de sus hijos y con dos nueras que dependían de ella. Y como si fuera poco, estaba en una tierra extraña, sin recursos y sin ayuda alguna. Noemí aconsejó a sus nueras que volvieran a su tierra y a la casa de su madre hasta que encontraran un marido, pues ella no tenía nada más que ofrecerles.

Belén era la tierra natal de Noemí y allí estaban todos sus parientes y amigos. Noemí estaba decidida a regresar sola a Belén, pero sus nueras querían acompañarla, tal vez entusiasmadas con la idea de un nuevo comienzo en una nueva tierra. Sin embargo, cuando en el horizonte se perdía la región de Moab, Noemí se detuvo y les suplicó a Rut y a Orfa que regresaran. Sabía lo que significaría para ellas, como moabitas, cruzar la frontera, e hizo énfasis en que en Canaán no tendrían muchas perspectivas para encontrar esposo. Qué momento crucial debe haber sido para aquellas tres viudas, pues era el lugar de la despedida. Orfa, después de llorar y reflexionar, besó a Noemí y luego a su cuñada, y regresó a su pueblo. Pero Rut se aferró a Noemí y le suplicó que la llevara con ella a Belén.

El amor no está limitado por el tipo de relación entre dos personas. El amor encuentra sus raíces más sólidas en la comprensión humana. No nos sorprende el profundo amor entre dos amigos, entre un esposo y una esposa, entre padres e hijos, pero una relación de amor entre una suegra y su nuera es sumamente rara. Las bromas sobre la hostilidad entre suegras y nueras son muy repetidas en todo el mundo. Sin embargo, aquí hay una relación amorosa única entre una mujer y la esposa de su hijo.

¿Fue culpa de Orfa que por no gozar de esta calidad de amor volvió a su propia gente? Creo que no fue culpa de Orfa, más bien es una maravilla, algo extraordinario, que el corazón de Rut tuviera tanta capacidad de amar. Orfa todavía era bastante joven y fácilmente podría haber decidido que esta mujer mayor ya no tenía qué ofrecerle. ¿Por qué debía ella arruinar su vida quedándose en una situación sin esperanza alguna?

Orfa no era excepcionalmente egoísta, sino que Rut era inusualmente desinteresada. Este momento decisivo define el corazón de Rut: abierto, sumiso y dotado de la capacidad que da Dios para amar a otra persona. La devoción de Noemí al Dios de Israel había llegado al corazón de esta joven mujer que venía de una cultura pagana. Orfa regresó a los dioses de su pueblo, y Rut inició una aventura encaminándose hacia el Dios de Abraham. De vez en cuando, pero solo de vez en cuando, escuchamos de tal devoción al Señor. Rut había llegado a Dios por Noemí, quien había vivido para poder alcanzar a través de su corazón creyente el corazón oscurecido de su nuera.

Mientras Noemí y Rut entraban juntas a la ciudad, los pensamientos de cada una eran diferentes. A Noemí le volvieron los recuerdos de una juventud feliz y una vida en paz con Dios, pensamientos que tendían a agravar su desolación. Pero para Rut todo era nuevo y extraño en un pueblo diferente, una lengua que no entendía del todo y la búsqueda de una nueva aventura, una nueva oportunidad.

La llegada de Noemí a la antigua comunidad causó sensación. Enseguida se corrió la voz de que la famosa, bella y agradable mujer que se había marchado hacía como diez años, estaba de regreso. Ella lloraba mientras toda la ciudad la saludaba: «¿No es esta Noemí?». ¿Por qué le daban la bienvenida en forma de pregunta? ¿Acaso notaban un cambio radical en su apariencia y su vestuario?

La repetición de su nombre la irritaba. Noemí no podía soportar la contradicción entre su nombre, que significaba *dulce*, y la persona que era. Los diez años en Moab, con toda su angustia, y además la pérdida de comunión con Dios y con su pueblo, habían opacado sus mejores

para que tengas un porvenir asegurado. Booz es nuestro pariente cercano, y él ha sido muy amable al dejarte recoger grano con las jóvenes. Esta noche estará aventando cebada en el campo de trillar. Mira, haz lo que te digo. Báñate, perfúmate y vístete con tu ropa más linda. Después baja al campo de trillar pero no dejes que Booz te vea hasta que termine de comer y de beber. Fíjate bien dónde se acuesta; después acércate a él, destapa sus pies y acuéstate allí. Entonces él te dirá lo que debes hacer.

—Haré todo lo que me dices —respondió Rut. [...]

Cuando Rut volvió a donde estaba su suegra, Noemí le preguntó:

—¿Qué sucedió, hija mía?

Rut le contó a Noemí todo lo que Booz había hecho por ella y agregó:

—Me dio estas seis medidas de cebada y dijo: "No vuelvas a tu suegra con las manos vacías".

Entonces Noemí le dijo:

—Ten paciencia, hija mía, hasta que sepamos lo que pasa. El hombre no descansará hasta dejar resuelto el asunto hoy mismo. [...]

Así que Booz llevó a Rut a su casa y la hizo su esposa. Cuando se acostó con ella, el Señor permitió que quedara embarazada y diera a luz un hijo. Entonces las mujeres del pueblo le dijeron a Noemí: «¡Alabado sea el Señor, que te ha dado ahora un redentor para tu familia! Que este niño sea famoso en Israel. Que él restaure tu juventud y te cuide en tu vejez. ¡Pues es el hijo de tu nuera que te ama y que te ha tratado mejor que siete hijos!».

Rut 1:1-8, 14-20; 3:1-5, 16-18; 4:13-15

Noemí

sentimientos. Una vez «dulce», ahora Noemí estaba amargada y culpaba a Dios por la pobreza y la desolación en que se encontraba.

Pero, ¿por qué hacerle reproches a Dios? Si se hubiera quedado en su propia tierra y hubiera mantenido su confianza en Dios a pesar del hambre, él se habría encargado de ella y de su familia, y los habría sacado adelante. El viaje a Moab fue un viaje que la alejó de Dios, y, por lo tanto, su amargura era el fruto de dicho acto de desobediencia. Sin embargo, Dios tenía un plan y un propósito para ella.

—La temporada de cebada acaba de comenzar. Por favor, déjame ir al campo y recoger las espigas de cereal para nuestra comida, querida Noemí— pidió Rut—. Vamos a hacer una nueva vida juntas aquí en tu tierra. Prometo no permitir que el prejuicio en mi contra me haga daño. Tu Dios es ahora mi Dios.

Noemí tocó la mano de Rut tiernamente mientras la animaba diciéndole:

—Sí, ve, hija mía. Dios te acompañe.

Dios guio a Rut desde el momento en que se alejó de Noemí esa primera mañana para unirse a las otras mujeres que iban detrás de los segadores en el campo. Ellas iban recogiendo lo que dejaban los espigadores, según era la costumbre para las mujeres que no tenían otro medio de sustento. Sucedió que Rut recogió en los campos de Booz, un pariente rico del esposo de Noemí. En la noche Rut le contó a Noemí todo sobre lo que le había pasado.

El tono de voz de Rut le provocó curiosidad a Noemí. Así que le preguntó:

—¿Estás interesada en Booz, hija mía? —Noemí sonrió y sus ojos cansados, que habían llorado por tanto tiempo, brillaron un poco.

Rut se sonrojó. Luego respondió:

—Él fue amable conmigo —dijo Rut. Respiró y siguió contando—: Me dijo que podía quedarme en su campo y me aseguró que había ordenado a los trabajadores que me dejaran en paz. También dijo que cuando tuviera sed, podía beber de los recipientes que sus hombres usan.

La mujer mayor sonrió mientras comentaba:

—No es de extrañar que tus cestas estén tan llenas de grano.

Pasaron algunos días. Al volver Rut del campo, le contaba a su suegra lo que le había ocurrido durante el día. En una de esas charlas, de repente Noemí se puso de pie. Una idea había capturado su mente y su corazón. Con mucha emoción le dijo a Rut su plan.

Booz fue incluso más amable de lo que Rut había esperado y, además, muy considerado con su reputación. Cuando la encontró a sus pies, no encendió ninguna lámpara, por temor a que alguien la viera y «chismorreara». Booz ya amaba a la bella y devota joven.

—Fue amable, ¡y quiere casarse conmigo! —informó Rut a Noemí—. Pero, aunque es un pariente cercano, hay otro hombre con más derecho, y antes de que Booz pueda reclamarme como su esposa, tiene que observar una costumbre que tiene que ver con tu único campo restante, Noemí.

—Ah, sí, lo sé —la anciana frunció el ceño y luego sonrió—, conozco la costumbre. El que compra cualquier cosa vendida por una viuda tiene la responsabilidad de mantenerla.

—¿Qué pasa si el otro pariente lo compra, Noemí? Entonces, ¿qué?

—No te preocupes. Estoy segura de que Booz sabrá cómo enfrentar con éxito a ese otro pariente.

Noemí conocía bien a ese pariente, que tenía prejuicios contra las personas no hebreas.

La anciana Noemí estaba en lo cierto. Booz era tan amado y respetado, incluso por aquellos que odiaban a Rut, que la gente se apiñaba alrededor de él diciendo: «Que el Señor haga que la mujer que entrará en tu casa sea como Raquel y como Lea, que juntas construyeron la casa de Israel».

Booz y Rut se casaron, y cuando su hijo Obed nació, Noemí alabó a Dios, quien al final no la dejó sin una familia y sin hijos para amar. Incluso sus vecinos dijeron: «¡Alabado sea el Señor, esta nuera Rut significa más que siete hijos».

LECCIONES PRÁCTICAS QUE APRENDEMOS DE NOEMÍ

Noemí había pasado por un cambio de cultura, el cambio de esposa a viuda, el cambio de madre a desamparada, a abuela. En medio de todas estas dificultades, aun cuando se sentía amargada por la vida, Noemí persistió en la fe en el Señor Dios soberano. Al final de la historia, la fe de Noemí en Dios aparece fortalecida, comparada con la del comienzo de la historia, y ella luce confiada en su plan para Rut. Esa fe que Noemí y Rut tienen en común ha creado un lazo de amor muy fuerte entre ellas. Noemí quiere ver que Rut sea protegida, y hace lo que puede para ayudarla. Así vemos que Noemí fue una mujer real y relevante que hizo algo radical al poner en juego la reputación de Rut; sin embargo, ella permitió que la guiaran el amor y la fe.

Atravesar los momentos difíciles con fe

Creerle a Dios cuando todo marcha bien es fácil, pero creerle cuando las cosas van mal no resulta tan sencillo. Como vemos en la vida de Noemí, muchas veces las circunstancias difíciles y el noble deseo de proteger a la familia parecen justificar un desvío de la voluntad de Dios. Pero Noemí comprendió que desobedecer las promesas de Dios para resolver las circunstancias difíciles solo trae más amargura a la vida.

Dios no nos abandona cuando más lo necesitamos, y Dios es fiel aun cuando nosotros no lo somos. Como dice 2 Timoteo 2:13: «Si somos infieles, él permanece fiel, pues él no puede negar quién es». Nada que hagamos puede separarnos del amor de Dios, pero podemos evitar más dificultades en nuestra vida si confiamos en la fidelidad de Dios aun en medio de la amargura del momento.

Luego de la muerte de su esposo y de sus hijos, Noemí estuvo dispuesta a volver a su tierra, a su gente y a su adoración al Dios de Israel a pesar de las circunstancias tan difíciles. Primero nos volvemos a Dios, y dejamos que él cambie o no las circunstancias. A fin de cuentas, Noemí no rechazó a Dios a causa de los momentos difíciles. Cuando no tenía nada más en qué apoyarse, Noemí decidió poner sus esperanzas en Dios. Es importante notar que Noemí no se quedó sentada esperando que Dios obrara para después poder decir que

Noemí

si sus circunstancias no cambiaron entonces Dios no era real. Tampoco esperó a ver si Dios cambiaría sus circunstancias para luego decidir que lo seguiría si a ella le gustaban los resultados. Así como Noemí, nosotros también debemos primero volvernos a Dios y confiarle las dificultades de nuestras circunstancias.

Recordemos que no importa que tan grande haya sido nuestro pecado o fracaso, debemos volvernos a Dios, confesarle todo a él, arrepentirnos, pedir su perdón y así restaurar nuestra relación con él. Nunca es demasiado tarde. Él espera con brazos abiertos. Él perdona, restaura y lo soluciona todo en nuestra vida como lo hizo en la vida de Noemí.

Compartir la fe a pesar de los resultados

Para muchas mujeres, el hecho de amar a la esposa de su hijo, como Noemí evidentemente amaba tanto a Rut como a Orfa, es una prueba de salud espiritual. Esto puede llevar varios años en algunos casos, pero puede suceder. El amor mismo nunca está limitado por las circunstancias de una relación, porque Dios mismo nunca se queda al límite, excepto de un corazón cerrado. Cualquiera que sea la relación difícil en nuestra vida, Dios nos llama a compartir nuestra fe y mostrar el amor que él tiene para esa persona.

Pero los resultados no están garantizados. Noemí compartió su fe con sus dos nueras, tratándolas por igual. Una se dio la vuelta y se fue a adorar a sus dioses como antes. La otra hizo una hermosa confesión de fe: «Tu Dios será mi Dios» (Rut 1:16). Nuestra responsabilidad es compartir nuestra fe y esperar que las personas respondan según lo decidan.

El libro de Rut es el único libro del Antiguo Testamento que lleva el nombre de una mujer gentil. Además, Rut llegó a ser una mujer en el linaje de Jesús, y fue incluida en la genealogía de Jesús, una de solo cinco mujeres mencionadas (Mateo 1:5). Eso no habría sido posible si Noemí no hubiera compartido su fe en Dios con su nuera.

Cambiar la desesperanza por esperanza

Cuando Noemí volvió de Moab y la llamaban «dulce», ella pidió que la llamaran *Mara*, que significa «amarga». Sus experiencias habían sido dolorosas y le habían cambiado su perspectiva de la vida. Cuando Rut volvió el primer día, después de ir al campo para buscar los granos para comer y le contó a Noemí cómo había sido bendecida, Noemí comenzó a ver de nuevo un rayo de esperanza, y renovó su relación y fe en el Señor su Dios.

La fe conduce a la esperanza y la esperanza conduce al amor, y el amor renueva todas nuestras actitudes y respuestas a las circunstancias. Muchas veces las circunstancias cambian cuando nosotros cambiamos la manera de verlas y administrarlas. En el caso de Noemí sabemos que la renovación de su esperanza condujo a sus vecinos a reconocer en ella a una mujer genuinamente feliz. Entonces las mujeres del pueblo le dijeron a Noemí: «¡Alabado sea el SEÑOR, que te ha dado ahora un redentor para tu familia! Que este niño sea famoso en Israel. Que él restaure tu juventud y te cuide en tu vejez. ¡Pues es el hijo de tu nuera que te ama y que te ha tratado mejor que siete hijos!» (Rut 4:14-15).

En medio de nuestras desesperanzas, desilusiones, fracasos y sentimientos de derrota, corramos a Dios. Recordemos que «Dios es nuestro refugio y nuestra fuerza; siempre está dispuesto a ayudar en tiempos de dificultad» (Salmo 46:1).

Mujeres de la Biblia hablan hoy

ALGO PARA PENSAR O CONVERSAR

- ¿Alguna vez ha pasado por un momento difícil que le hizo dudar de Dios? ¿Cómo respondió? ¿Cuáles son algunas actividades que puede hacer para mantener la fe la próxima vez que pase por un momento difícil y sienta la tentación de desobedecer?

- Para usted, ¿cuáles son las personas más difíciles con quien debe compartir el amor de Dios? ¿Cuáles son algunas maneras prácticas de compartir su fe con esas personas? ¿Cuál de esas ideas puede comenzar a poner en acción inmediatamente?

- Escriba cinco consejos que usted le puede dar a una persona que ha perdido toda esperanza para su futuro. ¿Qué podría hacer esa persona para recordar que Dios siempre es fiel, como lo fue con Noemí?

- ¿Qué pueden hacer usted y su familia para ayudar a alguna viuda anciana que no tiene a nadie para cuidarla?

PARA RECORDAR:

Entonces las mujeres del pueblo le dijeron a Noemí: «¡Alabado sea el SEÑOR, que te ha dado ahora un redentor para tu familia! Que este niño sea famoso en Israel. Que él restaure tu juventud y te cuide en tu vejez. ¡Pues es el hijo de tu nuera que te ama y que te ha tratado mejor que siete hijos!».

RUT 4:14-15

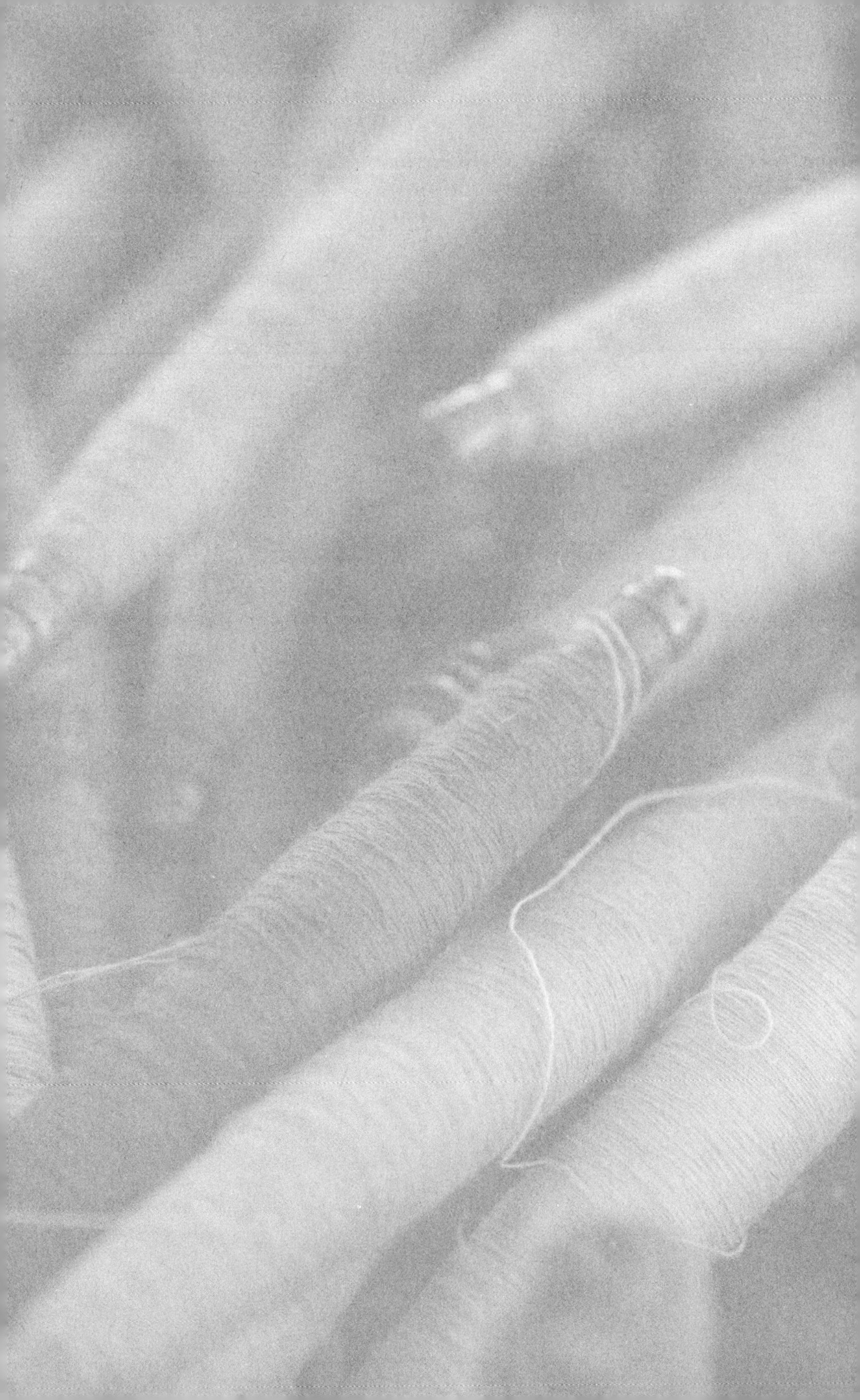

Ana

Una mujer con tres problemas, tres amores y tres bendiciones

PERFIL DE ANA

Referencias bíblicas: 1 Samuel 1:1–2:11; 3:20
Lugar: Silo, unos 50 kilómetros al norte de Jerusalén entre Betel y Siquem
Fecha: Aproximadamente 1105 a. C.

IMAGINEMOS LA ESCENA

Era la época de la cosecha, el tiempo para que el sacerdote Elcana llevara a su familia desde su ciudad natal de Ramá a través de las colinas de Efraín vestidas con los hermosos colores de otoño, hasta el templo en Silo para adorar al Señor y llevarle ofrendas.

Los burros rebuznaban, los niños gritaban y los criados ataban los fardos y bolsas con seguridad a los pequeños animales de carga mientras Elcana y sus dos esposas, Penina y Ana, se preparaban para salir a la peregrinación anual. Ana estaba lista antes que todos. Como era usual, ella trataba de ayudar con los niños, aunque ninguno de ellos era suyo.

—¡Ana, ten más cuidado! —gritó Penina. Ante su aguda voz, todos se quedaron en silencio y quietos por un momento. Penina continuó su reclamo—: Se necesita ser madre para cuidar a los niños. ¡Monta a tu bestia y deja a mis hijos conmigo!

Elcana se acercó a Ana. Le tomó la mano brevemente para consolarla, diciéndole:

—Ya la conoces. Recuerda que yo te amo.

Lo mismo ocurría todos los años cuando hacían la peregrinación a Silo. Penina odiaba a Ana porque Elcana la amaba con todo su corazón, a pesar de que

SEGÚN LA BIBLIA

Había un hombre llamado Elcana que [...] tenía dos esposas: Ana y Penina. Penina tenía hijos, pero Ana no.

Cada año Elcana viajaba a la ciudad de Silo para adorar al Señor de los Ejércitos Celestiales y ofrecerle sacrificios en el tabernáculo. Los sacerdotes del Señor en ese tiempo eran los dos hijos de Elí: Ofni y Finees. Cuando Elcana presentaba su sacrificio, les daba porciones de esa carne a Penina y a cada uno de sus hijos. Sin embargo, a Ana, aunque la amaba, solamente le daba una porción selecta porque el Señor no le había dado hijos. De manera que Penina se mofaba y se reía de Ana porque el Señor no le había permitido tener hijos. Año tras año sucedía lo mismo: Penina se burlaba de Ana mientras iban al tabernáculo. En cada ocasión, Ana terminaba llorando y ni siquiera quería comer.

«¿Por qué lloras, Ana? —le preguntaba Elcana—. ¿Por

Ana

qué no comes? ¿Por qué estás desanimada? ¿Solo por no tener hijos? Me tienes a mí, ¿acaso no es mejor que tener diez hijos?».

Una vez, después de comer lo que fue ofrecido como sacrificio en Silo, Ana se levantó y fue a orar. El sacerdote Elí estaba sentado en su lugar de costumbre junto a la entrada del tabernáculo. Ana, con una profunda angustia, lloraba amargamente mientras oraba al Señor e hizo el siguiente voto: «Oh Señor de los Ejércitos Celestiales, si miras mi dolor y contestas mi oración y me das un hijo, entonces te lo devolveré. Él será tuyo durante toda su vida, y como señal de que fue dedicado al Señor, nunca se le cortará el cabello».

Mientras Ana oraba al Señor, Elí la observaba y la veía mover los labios. Pero como no oía ningún sonido, pensó que estaba ebria.

—¿Tienes que venir borracha? —le reclamó—. ¡Abandona el vino!

—¡Oh no, señor! —respondió ella—. No he bebido vino ni nada más fuerte. Pero como estoy muy desanimada, derramaba ante el Señor lo que hay en mi corazón. ¡No piense que soy una mujer perversa! Pues he estado orando debido a mi gran angustia y a mi profundo dolor.

—En ese caso —le dijo Elí—, ¡ve en paz! Que el Dios de Israel te conceda lo que le has pedido.

—¡Oh, muchas gracias! —exclamó ella.

Así que se fue, comenzó a comer de nuevo y ya no estuvo triste.

Temprano a la mañana siguiente, la familia se levantó y una vez más fue a adorar al Señor. Después regresaron a su casa en Ramá. Ahora bien, cuando Elcana se acostó con Ana, el Señor se acordó de la súplica de ella, y a su debido tiempo dio a luz un hijo a quien le

ella no tenía hijos. Aunque Penina bien podría haberse no burlado o ridiculizado a Ana a fin de contribuir a una feliz celebración para el Señor Dios, la mezquindad de su alma no daba para eso. Ana siempre llegaba a Silo nerviosa y molesta por las burlas e insultos de Penina.

Ana no pudo encontrar palabras para responder a la poca ayuda que podía darle su amable esposo, quien la amaba profundamente. Después de que todos comieron y bebieron, tan pronto como se dio cuenta de que podía escapar sin ser vista por algún miembro del grupo familiar, corrió al templo para orar.

Cuando llegó al templo, Ana oró al Señor con amargura en el alma, diciendo:

«Oh Señor, si te dignas mirar mi aflicción y me das un hijo varón, entonces te lo dedicaré por todos los días de su vida».

Mientras Ana oraba con intensidad delante del Señor, el sacerdote Elí la observaba desde su silla de costumbre junto al marco de la puerta del templo. Elí vio que se movían sus labios, pero por más que se esforzaba no oía su voz. Creyó que estaba ebria. Con una voz temblorosa pero con autoridad, interrumpió la concentración y la oración de Ana y le llamó la atención.

Ana levantó la cabeza, y con el borde de su manto se secó las abundantes lágrimas que salían de sus bellos ojos y rodaban sobre sus mejillas. Se aclaró la garganta y con voz tierna y amable respondió:

—¡No piense que soy una mujer perversa! Pues he estado orando debido a mi gran angustia y a mi profundo dolor.

Elí se acercó a ella y la vio de frente por un momento. Era como si estuviera tratando de comprobar la veracidad de sus palabras y la sinceridad de su corazón. La voz de Elí se volvió amable y pastoral y le dijo:

—Ve en paz, hija mía, y que el Dios de Israel te conceda la petición que le has hecho.

Una sonrisa, tan profunda como había sido su angustia, brotó lentamente del tierno rostro de Ana. Sintió la seguridad de que su oración había sido escuchada por el Señor. Se pasó la mano por el cabello, acomodó sus vestidos y salió del templo llena de gozo y alegría. Al llegar adonde se hospedaban, comió y sintió que le había pasado el peso de la tristeza. El camino de regreso a su casa, a su pequeño pueblo llamado Ramá en la región montañosa de Efraín, fue como nunca antes.

Las dos esposas de Elcana regresaron a sus lugares cotidianos y todo volvió a la normalidad. Y Dios respondió a la oración de Ana. Concibió y dio a luz un hijo y le puso por nombre Samuel.

Pasaron los meses, y llegó de nuevo el otoño. Otra vez era tiempo de ir a Silo para ofrecer las ofrendas de gratitud al Señor. Elcana, no de muy buena gana, estuvo de acuerdo con que Ana se quedara en casa, ya que su precioso hijo, Samuel, aún no había sido destetado.

—Mi amado, gracias por tu comprensión. Tan pronto como Samuel sea destetado, lo llevaré para presentarlo ante el Señor y que se quede allí para siempre.

—Haz como bien te parezca —Elcana respondió a Ana, y agregó—: Que el Señor te ayude a cumplir tu promesa.

Cuando Samuel recién había cumplido tres años, lo llevaron al templo. Ana había enseñado a su hijo a valerse por sí mismo y, sobre todo, a obedecer. ¡Ana iba a cumplir su promesa! Con la ayuda de uno de sus criados, amarró un becerro de tres años a la montura de uno de los burros, y en unas bolsas puso varios kilos de harina y una vasija de vino. Todo era su ofrenda de gratitud a Dios.

Después de ofrecer el becerro, buscaron al sacerdote Elí para entregarle al niño. Con una voz firme y una sonrisa reflejada en su rostro, Ana le dijo a Elí:

—Soy aquella misma mujer que estuvo aquí hace varios años orando al Señor. Le pedí al Señor que me diera este niño, y él concedió mi petición. Ahora se lo entrego al Señor.

Samuel no comprendía del todo, pero percibió un tono especial en la voz de la madre, así que levantó la vista para ver su rostro. El corazón de Ana latía acelerado y el amor de madre se hizo presente. Sin embargo, el amor y el compromiso con Dios inclinaron la balanza. La decisión estaba tomada. Samuel estaría dedicado a servir al Señor todos los días de su vida.

puso por nombre Samuel, porque dijo: «Se lo pedí al Señor».

Al año siguiente, Elcana y su familia hicieron su viaje anual para ofrecer sacrificio al Señor y para cumplir su voto. Pero Ana no los acompañó y le dijo a su esposo:

—Esperemos hasta que el niño sea destetado. Entonces lo llevaré al tabernáculo y lo dejaré allí con el Señor para siempre.

—Haz lo que mejor te parezca —acordó Elcana—. Quédate aquí por ahora, y que el Señor te ayude a cumplir tu promesa.

Así que ella se quedó en casa y amamantó al niño hasta que lo destetó.

Cuando el niño fue destetado, Ana lo llevó al tabernáculo en Silo. Ellos llevaron un toro de tres años para el sacrificio, una canasta de harina y un poco de vino. Después de sacrificar el toro, llevaron al niño a Elí. «Señor, ¿se acuerda de mí? —preguntó Ana—. Soy aquella misma mujer que estuvo aquí hace varios años orando al Señor. Le pedí al Señor que me diera este niño, y él concedió mi petición. Ahora se lo entrego al Señor, y le pertenecerá a él toda su vida». Y allí ellos adoraron al Señor. [...]

Samuel, aunque era solo un niño, servía al Señor; vestía una túnica de lino como la del sacerdote. Cada año su madre le hacía un pequeño abrigo y se lo llevaba cuando iba con su esposo para el sacrificio. Antes de que ellos regresaran a su casa, Elí bendecía a Elcana y a su esposa diciendo: «Que el Señor les dé otros hijos para que tomen el lugar de este que ella entregó al Señor». Entonces el Señor bendijo a Ana, y ella concibió y dio a luz tres hijos y dos hijas. Entre tanto, Samuel crecía en la presencia del Señor.

1 Samuel 1:1-28; 2:18-21

Ana

LECCIONES PRÁCTICAS QUE APRENDEMOS DE ANA

Imaginamos que usted ya ha identificado los tres problemas de Ana.

1. Su marido tenía otra mujer. Uno fácilmente puede decir que era una costumbre de la época cuando los hombres de clase media y ricos tenían dos o más esposas. También se permitía para asegurar la descendencia y para conseguir mano de obra para las tareas agrícolas. Sin embargo, cuando uno lee la vida de los patriarcas de la Biblia que tuvieron más de una esposa, todos se vieron involucrados en graves problemas. Es muy claro que el plan de Dios para el matrimonio es la monogamia: un hombre para una mujer y una mujer para un hombre.

2. Su rival la mortificaba. Penina, la otra esposa de Elcana, buscaba cualquier oportunidad para hacer sentir miserable a Ana. Ya era un gran conflicto que su marido tuviera otra mujer, pero era insoportable convivir con alguien que se aprovechaba de la situación para humillarla.

3. Su esterilidad. La incapacidad para tener hijos era vista como algo muy desafortunado para una mujer. El deseo de procrear es parte de la naturaleza de muchas mujeres, y cuando la concepción no ocurre viene la frustración.

También imaginamos que a través del relato ha detectado los tres grandes amores de Ana.

1. Ana amaba a su marido. Es fácil observar que la relación entre Elcana y Ana era de amor, respeto y cuidado mutuo, a pesar de que Elcana no comprendía del todo las emociones de su mujer y cuando la ve llorando le dice: «¿No soy yo mejor que diez hijos?». Sin duda son amores diferentes el que una mujer siente hacia su esposo y el que siente hacia sus hijos, pero quién sabe cuántas veces en la intimidad Ana llamó a Elcana «mi hijo».

2. Ana amaba a Dios. Cuando fue a Silo para entregar y dedicar a Samuel, hizo una oración de acción de gracias impresionante. Literariamente es una joya de la poesía hebrea, pero además es la expresión de alabanza y gratitud a Dios por una bendición tan especial.

3. Ana amaba a su familia. Cada año, cuando iba a visitar el templo, Ana llevaba un abrigo hecho a mano para Samuel (1 Samuel 2:19)

¿Ya sabe cuáles son las tres bendiciones que vemos en la vida de Ana?

1. Recibió respuesta a su oración. Ana recibió un hijo, tal como le había suplicado a Dios.

2. Vio a su hijo Samuel sirviendo a Dios. Uno puede preguntarse qué le produce más gozo a una madre: ¿tener a su hijo en casa o tener a su hijo en la Casa de Dios?

3. Su hijo Samuel llegó a ser un juez de Israel, un sacerdote y un profeta. Alguien dijo sabiamente: «Ana necesitaba un hijo, Dios necesitaba un juez, un sacerdote y un profeta».

Mujeres de la Biblia hablan hoy

Ana fue una mujer real, cuyos problemas, amores y bendiciones son relevantes para nosotros hoy. También fue una mujer radical por su fe y su obediencia, al cumplir el voto que había hecho de entregar a Dios a su tan esperado hijo. De ella podemos aprender cómo vivir para Dios en medio de nuestros propios problemas, amores y bendiciones.

Llevar los deseos de nuestro corazón a Dios

Ana le pidió algo al Señor que desde la perspectiva humana parecía una «misión imposible»: tener un hijo para dedicarlo al Señor. Dios ve los motivos del corazón de la persona que ora, y él responde de acuerdo con su voluntad y soberanía.

Estudiemos un poco más de cerca cómo fue la oración de Ana pidiendo un hijo (1 Samuel 1:10-18). Fue:

1. Una oración silenciosa (versículo 13)
2. Una oración con una petición específica: un hijo (versículo 11)
3. Una oración intensa y extensa (versículo 10)
4. Una oración de compromiso genuino (versículo 11)
5. Una oración de fe en Dios: después «ya no estuvo triste» (versículo 18)

Puede ser que usted haya estado orando por algún asunto y aún no haya recibido la respuesta; nuestra sugerencia es revisar los verdaderos motivos detrás de su oración. Recuerde: «Lo que es imposible para los seres humanos es posible para Dios», como dijo Jesús (Lucas 18:27). Cuando Dios se demora en responder a una de nuestras peticiones no es porque no pueda o no quiera hacerlo. Muchas veces Dios se demora para que nosotros crezcamos espiritualmente. Al revisar nuestros verdaderos motivos para tal petición, podemos ser renovados mental y emocionalmente. Nuestro Dios es sabio y aprovecha las circunstancias de nuestra vida para acercarse a nosotros de manera personal y única.

Ser fiel en medio de nuestros problemas

La conducta de Penina hacia Ana dejaba mucho que desear, pues constantemente buscaba maneras de irritarla y hacerla sentir mal. Ana por su parte mantuvo una actitud de silencio prudente y buscó refugio en el Señor. Puede ser que usted se encuentre en un matrimonio en el cual su esposo haya tenido a otra mujer e hijos. O puede ser que tenga otro problema igual de complicado. La actitud de Ana de buscar refugio en el Señor y guardar silencio es, sin duda, eficaz.

Vale la pena mencionar que Ana no pidió un hijo para poder competir con Penina, su rival. Ella pidió un hijo para educarlo y dedicarlo a Dios. Sus sentimientos por las críticas inapropiadas de «la otra» bien pudieron conducirla a querer un hijo para hacerse valer contra Penina. Pero Ana prometió hacer otra cosa, y actuó consistentemente de acuerdo con lo que había prometido.

Cuando Ana dedicó a su hijo para que sirviera al Señor, quizás nunca imaginó que Samuel iba a ser el último juez de Israel, y que él facilitaría la transición del caos y el desorden a una situación política más estable. Como sacerdote, fue la persona designada

Ana

para ungir a los reyes. Como profeta, fue la persona que recibía el mensaje de Dios y lo comunicaba al pueblo. Dios no solo concedió la oración de Ana de darle un hijo, sino que hizo mucho más de lo que ella pudiera haber imaginado. Como dice la carta de Efesios: «Que toda la gloria sea para Dios, quien puede lograr mucho más de lo que pudiéramos pedir o incluso imaginar mediante su gran poder, que actúa en nosotros» (Efesios 3:20).

Adorar al Señor por las bendiciones que nos da

La oración que hace Ana en 1 Samuel 2:1-10 nos puede servir de modelo para la oración. Veamos más de cerca qué resalta Ana cuando reconoce la grandeza y majestad de Dios:

1. Dios es el único en quien puede regocijarse (versículos 1-2)
2. Dios es como una «roca» firme y segura (versículo 2)
3. Dios está cercano y nos conoce bien (versículo 3)
4. Dios es suficiente para todos los que lo buscan (versículos 4-9)
5. Dios saca al necesitado del basurero y lo coloca en los asientos de honor (versículo 8)
6. Dios es el que garantiza la victoria final (versículo 10)

Con un Dios tan grande y majestuoso, Ana proclama un nuevo estilo de vida. Podemos descansar en la Roca firme (versículo 2). Podemos confiar en que la vida está en manos de Dios Creador y Sustentador de todas las cosas (versículos 6-7). Podemos vivir con seguridad la esperanza de la promesa de un Redentor (versículo 10).

Así como Ana, podemos adorar a Dios por la vida que nos dio, por su misericordia para con nosotros, por la alegría de nuestra salvación, por el misterio de la maternidad, por la bondad de nuestro Señor y Salvador, por el gozo de dedicar a nuestros hijos al servicio de Dios, por la belleza de nuestro Señor que se evidencia en todos los confines de la tierra. ¡Hay muchos motivos para la adoración!

Mujeres de la Biblia hablan hoy

ALGO PARA PENSAR O CONVERSAR

- La esterilidad, uno de los tres problemas de Ana, también fue una lucha para Sara, en el capítulo 2 de este libro, y para varias otras mujeres de la Biblia. Si tuviera que nombrar un gran problema o deseo incumplido que caracteriza su vida, ¿qué mencionaría? ¿En qué se parece su reacción ante este problema a la de Ana ante la esterilidad? Escriba algunos consejos y ayuda de la Palabra de Dios que usted podría compartir con otra persona en esa misma situación.

- Ana dedicó su hijo al Señor aun antes de que naciera. ¿Tiene usted un hijo que le gustaría dedicar y educar para el Señor? Escriba su nombre y comience a orar sobre esa petición.

- Dedique unos momentos a leer y meditar sobre el canto de Ana (1 Samuel 2:1-10). Escriba las palabras o frases que más la impacten. ¿En qué la hacen pensar?

- Elabore una canción de siete líneas basada en la canción de adoración de Ana. Puede incluir los siguientes temas de adoración:

    1. la vida que Dios nos dio
    2. la misericordia de Dios para con nosotros
    3. nuestra salvación
    4. el misterio de la maternidad
    5. la bondad del Señor y Salvador
    6. el gozo de dedicar nuestros hijos al servicio de Dios
    7. la belleza de nuestro Señor que se ve por todos los confines de la tierra

PARA RECORDAR:

«Le pedí al SEÑOR que me diera este niño, y él concedió mi petición. Ahora se lo entrego al SEÑOR, y le pertenecerá a él toda su vida». Y allí ellos adoraron al SEÑOR.

1 SAMUEL 1:27-28

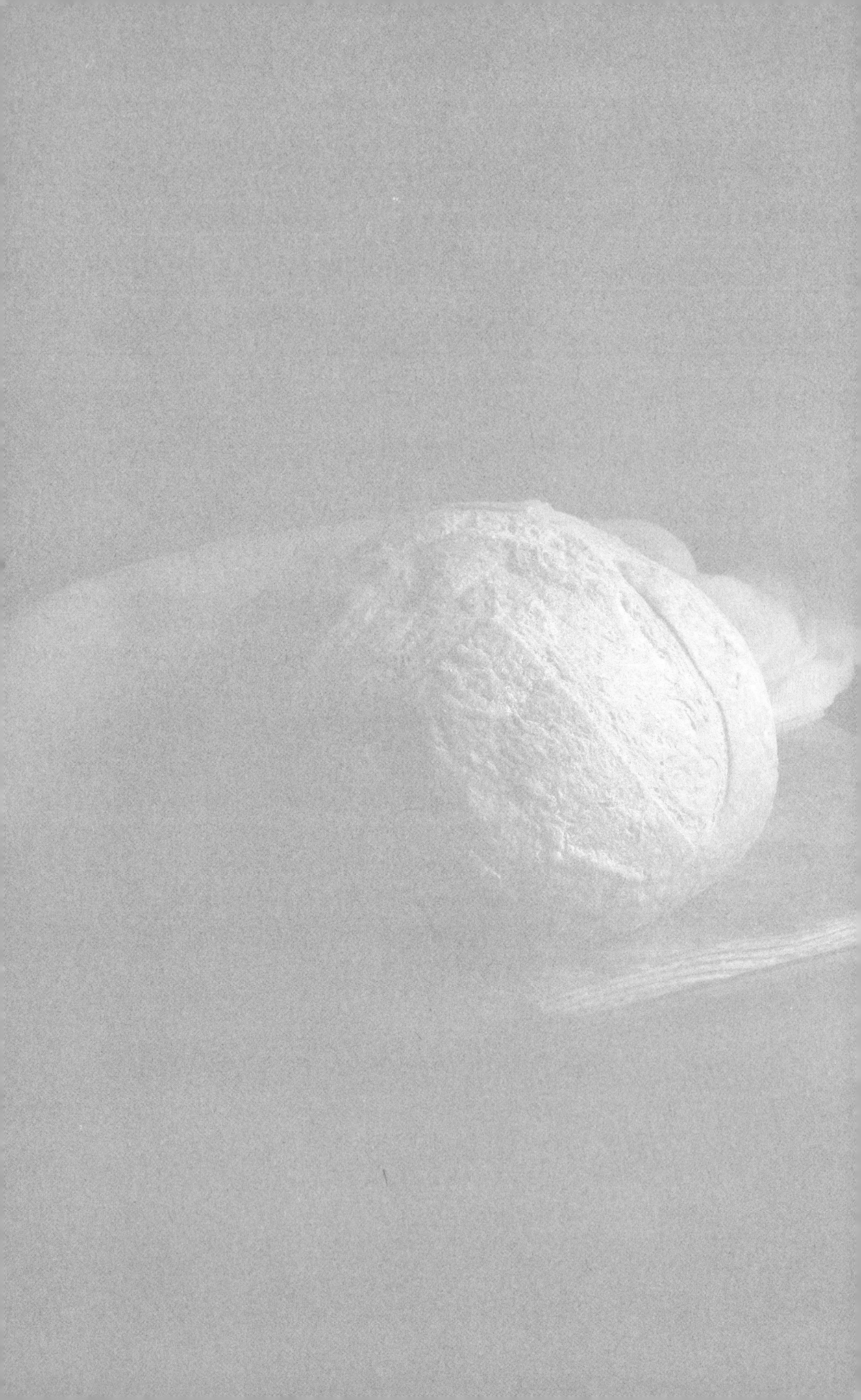

Abigail

Una mujer fuerte, fiel y flexible

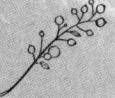

PERFIL DE ABIGAIL

Referencias bíblicas: 1 Samuel 25; 30:5; 2 Samuel 2:2; 3:3; 1 Crónicas 3:1-9
Lugar: Carmelo, Hebrón y Jerusalén
Fecha: Aproximadamente 1005 a. C.

IMAGINEMOS LA ESCENA

Familiares y amigos se habían reunido en la casa de los padres para celebrar la llegada de una nueva niña. La madre estaba bien y contenta. El padre lucía exaltado de alegría mientras mostraba a su hermosa y preciosa hija a cada visitante. Una de las mujeres expresó un comentario usando la palabra hebrea *Abigail* que significa: «El gozo de su padre».

—Exactamente —afirmó la madre—. Esa niña es la alegría de su padre.

«Abigail» fue el nombre con el cual esa niña hermosa e inteligente llegó a ser conocida. Pasaron los años y Abigail creció. Un día, se presentó a la puerta de la casa un enorme grupo de personas, muchas de ellas conocidas y de mucho renombre, pues eran de la familia de Caleb, el fundador de la ciudad de Hebrón. Venían para pedir la mano de Abigail para darla al joven Nabal, quien demostraba ser un hombre hábil para los negocios, con un carácter firme y una conducta demandante. Después de una larga conversación entre los padres de Nabal y Abigail, llegaron al acuerdo de unir a sus hijos en matrimonio después de un año. Mientras tanto, Nabal iba a preparar una casa para su esposa y Abigail aprendería de su madre cómo ser una «ayuda ideal» para su esposo en todos los aspectos de la vida familiar.

La casa que Nabal construyó para Abigail era muy

SEGÚN LA BIBLIA

Había un hombre rico de Maón que tenía propiedades cerca de la ciudad de Carmelo. Tenía tres mil ovejas y mil cabras, y era el tiempo de la esquila. Este hombre se llamaba Nabal, y su esposa, Abigail, era una mujer sensata y hermosa. Pero Nabal, descendiente de Caleb, era grosero y mezquino en todos sus asuntos.

Cuando David se enteró de que Nabal esquilaba sus ovejas, envió a diez de sus hombres jóvenes a Carmelo con el siguiente mensaje para Nabal: «¡Paz y prosperidad para ti, para tu familia y para todo lo que posees! Me dicen que es el tiempo de la esquila. Mientras tus pastores estuvieron entre nosotros cerca de Carmelo, nunca les hicimos daño y nunca se les robó nada. Pregunta a tus propios hombres, y te dirán que es cierto. Así que, ¿podrías

Abigail

ser bondadoso con nosotros, ya que hemos venido en tiempo de celebración? Por favor, comparte con nosotros y con tu amigo David las provisiones que tengas a la mano». Los hombres le dieron este mensaje a Nabal en nombre de David y esperaron la respuesta.

«¿Quién es ese tipo David? —les dijo Nabal con desdén—. ¿Quién se cree que es este hijo de Isaí? En estos días hay muchos siervos que se escapan de sus amos. ¿Debo tomar mi pan, mi agua y la carne que destacé para mis esquiladores y dárselos a un grupo de bandidos que viene de quién sabe dónde?».

De modo que los hombres de David regresaron y le dijeron lo que Nabal había dicho. «¡Tomen sus espadas!», respondió David mientras se ceñía la suya. Enseguida David salió con cuatrocientos hombres, mientras doscientos se quedaron cuidando las pertenencias.

Entre tanto, uno de los siervos de Nabal fue a decirle a Abigail: «David envió mensajeros desde el desierto para saludar a nuestro amo, pero él les respondió con insultos. Estos hombres nos trataron muy bien y nunca sufrimos ningún daño de parte de ellos. Nada nos fue robado durante todo el tiempo que estuvimos con ellos. De hecho, día y noche fueron como un muro de protección para nosotros y nuestras ovejas. Es necesario que usted lo sepa y decida qué hacer, porque habrá problemas para nuestro amo y toda la familia. ¡Nabal tiene tan mal genio que no hay nadie que pueda hablarle!».

grande y con áreas designadas para las varias actividades de la vida familiar cotidiana, así como para los negocios y la celebración de las frecuentes fiestas. Había un lugar exclusivo para los vinos y un área de cocina al aire libre que no dejaba nada que desear.

Nabal era un rico terrateniente y ganadero con grandes rebaños que le producían importantes ingresos. Cada año contrataba un mayor número de trabajadores para que cuidaran sus grandes rebaños de ovejas y los millares de cabras que producían leche y pieles para otros negocios. Había un buen número de trabajadores designados para cuidar y mantener la casa y toda su hacienda.

Abigail, como la mayoría de las mujeres hebreas, había aprendido a hornear el pan, a cocinar, tejer, diseñar y elaborar la ropa, y a trabajar en el campo. Abigail sabía cómo hacer todas estas cosas, pero Nabal le había pedido que solo supervisara a la servidumbre y lo ayudara a vigilar la buena marcha de los asuntos domésticos cuando él se lo pidiera. Inclusive le asignó varias doncellas para que estuvieran a su lado, la acompañaran y le sirvieran en cualquier asunto.

Pronto Abigail demostró ser una mujer muy inteligente. Había aprendido de sus padres que ser una «ayuda ideal» significaba tener la capacidad de ser fuerte, fiel y flexible, y de adaptarse a las necesidades de su esposo. En este caso, Abigail vio que la mejor manera de hacerlo era ganándose la confianza de los trabajadores dentro de la casa y de los capataces que vigilaban a los hombres que trabajaban con los animales y en el campo. No había tardado mucho en aprender por experiencia dolorosa que su marido era un hombre de muy mal carácter, que se aprovechaba de sus trabajadores y que tenía una conducta que dejaba mucho que desear. Nabal malgastaba sus recursos en fiestas y borracheras. Y como rico hacendado apoyaba al gobernante que estaba de turno, que en ese entonces era el rey Saúl.

Abigail se dio cuenta de que se había casado con un hombre muy complicado, brutal, violento y egoísta. Muchas veces quiso conversar con él sobre su conducta, pero era imposible hacerlo. Ese hombre era como un niño maleducado, grosero, caprichoso y soberbio. Evidentemente no era temeroso del Dios de Israel. Vivía una vida desenfrenada y a su manera. Sin embargo, Abigail hacía su mejor esfuerzo para serle fiel y leal.

Un día, una de las mujeres mayores que siempre la acompañaban la vio llorando. Con mucho cuidado se le acercó y le dijo:

Mujeres de la Biblia hablan hoy

—Mi señora está llorando por la conducta de su esposo, ¿verdad?

Abigail se secó las lágrimas, abrazó a su criada y con cierta tristeza en su voz comentó:

—Mi marido les dice a todos que el significado de su nombre es "ingenioso", pero los hombres en el campo dicen que ellos lo cambian a "malgenioso". No los culpo. Nabal es así, "malgenioso". Pero es mi marido y debo respetarlo.

Después continuó con un tono de voz que le era más característico:

—¿Qué te parece si colocamos un enorme ramo de flores en el centro de la sala de negocios? Mi esposo va a celebrar lo bien que han progresado sus negocios este año. Sin duda vendrán muchos de los vendedores y compradores importantes. Yo tengo otros asuntos que atender, pero deseo que todo se vea limpio, bonito y atractivo.

Era la época de la esquila de ovejas. Los hombres trabajaban arduamente bajo el sol durante el día, y al caer la tarde todos comían y disfrutaban de estar juntos. Nabal, por su parte, se reunía con sus «socios» vendedores y compradores para celebrar y congratularse por el éxito alcanzado.

Uno de los caporales se acercó a Nabal para informarle que había un grupo de diez hombres jóvenes que deseaban saludarlo y entregarle un mensaje especial.

—¿Desean comprar o vender? ¿O andan buscando trabajo? —preguntó Nabal de muy mala gana.

—No lo sé mi señor, pero puedo ir y averiguar —dijo el capataz con la cabeza inclinada.

—¡Hazlos pasar! —ordenó, mientras tomaba el último sorbo del fino vino que quedaba en la copa.

Los diez jóvenes se presentaron como mensajeros de David y con toda cortesía le comunicaron el mensaje que traían de parte de él. Uno de los jóvenes expresó:

«Que Dios te bendiga y que siempre le vaya bien a tu familia. Que cada día tengas más propiedades. Aquí en Carmelo tus pastores han estado entre nosotros cuidando tus ganados. Los hemos ayudado, protegido y facilitado su trabajo. Nunca les hemos robado nada. Puedes preguntarles a ellos y confirmar que digo la verdad.

»Me he enterado de que tus pastores están esquilando a tus ovejas y por eso estás celebrando. Yo te ruego que nos des lo que sea tu voluntad. Te lo piden

Sin perder tiempo, Abigail juntó doscientos panes, dos cueros llenos de vino, cinco ovejas destazadas y preparadas, treinta y seis litros de trigo tostado, cien racimos de pasas y doscientos pasteles de higo. Lo cargó todo en burros y les dijo a sus siervos: «Vayan adelante y dentro de poco los seguiré». Pero no le dijo a su esposo Nabal lo que estaba haciendo.

Así que, montada en un burro, Abigail entraba a un barranco de la montaña cuando vio a David y a sus hombres acercándose a ella. En ese momento, David decía: «¡De nada sirvió ayudar a este tipo! Protegimos sus rebaños en el desierto y ninguna de sus posesiones se perdió o fue robada. Pero él me devolvió mal por bien. ¡Que Dios me castigue y me mate si tan solo un hombre de su casa queda con vida mañana por la mañana!».

Cuando Abigail vio a David, enseguida bajó de su burro y se inclinó ante él hasta el suelo. Cayó a sus pies y le dijo:

—Toda la culpa es mía en este asunto, mi señor. Por favor, escuche lo que tengo que decir. Sé que Nabal es un hombre perverso y de mal genio; por favor, no le haga caso. Es un necio, como significa su nombre. Pero yo ni siquiera vi a los hombres que usted envió.

»Ahora, mi SEÑOR, tan cierto como que el SEÑOR vive y que usted vive, ya que el SEÑOR impidió que usted matara y tomara venganza por su propia mano, que todos sus enemigos y los que intenten hacerle daño sean tan malditos como lo es Nabal. Aquí tengo un regalo que yo, su sierva, le he

Abigail

traído a usted y a sus hombres. Le ruego que me perdone si lo he ofendido en alguna manera. El Señor seguramente lo recompensará con una dinastía duradera, porque pelea las batallas del Señor y no ha hecho mal en toda su vida.

»Aun cuando lo persigan aquellos que buscan su muerte, su vida estará a salvo al cuidado del Señor su Dios, ¡segura en su bolsa de tesoros! ¡Pero la vida de sus enemigos desaparecerá como piedras lanzadas por una honda! Cuando el Señor haya hecho todo lo que prometió y lo haya hecho líder de Israel, que esta no sea una sombra en su historial. Entonces su conciencia no tendrá que llevar la pesada carga de derramamiento de sangre y venganza innecesarios. Y cuando el Señor haya hecho estas grandes cosas para usted, por favor, ¡acuérdese de mí, su sierva!

David le respondió a Abigail:

—¡Alabado sea el Señor, Dios de Israel, quien hoy te ha enviado a mi encuentro! ¡Gracias a Dios por tu buen juicio! Bendita seas, pues me has impedido matar y llevar a cabo mi venganza con mis propias manos. Juro por el Señor, Dios de Israel, quien me ha librado de hacerte daño, que si no te hubieras apresurado a venir a mi encuentro, mañana por la mañana ninguno de los hombres de Nabal habría quedado con vida.

Entonces David aceptó su regalo y le dijo:

—Vuelve a tu casa en paz. Escuché lo que dijiste y no mataremos a tu esposo.

humildemente estos servidores tuyos, y también yo, David, que me considero como un hijo tuyo».

Los jóvenes vieron cómo Nabal se acomodaba inquieto y malhumorado en su lujoso sillón mientras esperaban la respuesta. Nabal se aclaró la garganta y con voz despectiva contestó:

«¿Quién es ese tipo David? ¿Quién se cree que es este hijo de Isaí? En estos días hay muchos siervos que se escapan de sus amos. ¿Debo tomar mi pan, mi agua y la carne que destacé para mis esquiladores y dárselos a un grupo de bandidos que viene de quién sabe dónde?».

¡Cómo no iba a saber Nabal quién era David! La victoria de David sobre los filisteos, cuando derrotó al gigante Goliat, y otras victorias ganadas con alto riesgo de su vida eran noticias que trascendían las fronteras. Todo el mundo sabía que el profeta, sacerdote y juez Samuel ya lo había ungido como el sucesor de Saúl. Todos sabían que Saúl, al darse cuenta de su situación delante de Dios, había desatado una despiadada persecución para matar a David.

David, por su parte, había formado un ejército con unos 600 hombres que lo acompañaban y ayudaban en sus batallas. Sus luchas no eran contra las tribus de Israel, más bien eran para defenderlas de los enemigos que venían para atacarlos y robarles. A cambio, David pedía comida y espacio para él y sus hombres.

Nabal posiblemente no sabía que a pesar de que él apoyaba el reinado de Saúl, pues convenía a sus negocios y lo protegía del mal trato que daba a sus empleados, David había cuidado, dado protección y ayuda a sus trabajadores en los valles de Carmelo. Por eso David le sugiere que les pregunte a sus empleados para comprobar la veracidad de sus palabras.

Bien dice la Biblia que «el sabio teme al Señor y se aparta del mal, pero el necio es arrogante y se pasa de confiado» (Proverbios 14:16, NVI). Nabal tenía una cabeza grande, pero era espacio perdido pues solo se ocupaba de cosas pequeñas. En lo único que pensaba era en el sabor de la comida y el vino, si su nueva túnica era lo suficientemente elegante, si sus haberes estaban mejor que antes. ¡Su cabeza se iba quedando cada vez más vacía mientras su cintura iba aumentando!

Los mensajeros regresaron adonde estaba David, y le contaron con detalle lo sucedido. Cuando repitieron el insulto de Nabal hacia él, David se enfureció y sin pensarlo mucho dijo a sus hombres:

Mujeres de la Biblia hablan hoy

—No dejaremos un solo hombre de la familia de Nabal con la cabeza sobre sus hombros. ¡Vamos! ¡En marcha, muchachos!

Sin que nadie se diera cuenta, un trabajador de Nabal que admiraba mucho a David había ido detrás de los diez jóvenes para ver y quizás saludar a David. Él estaba presente y escuchó cuando David dio las instrucciones a sus ayudantes. Pensó por un momento. Admiraba a David, pero también a Abigail y a sus compañeros de trabajo. Corrió a toda velocidad hasta que llegó a la casa. Buscó a Abigail y casi sin poder respirar le dijo:

—David envió a unos mensajeros a nuestro amo con un saludo amistoso. Pero él los insultó... —Tomó aire antes de seguir diciendo—: David ha decidido atacarnos y matarnos a todos. Yo no me atrevo a hablar con el amo, pues tiene tan mal genio que nadie se atreve a decirle nada. ¡Por favor, señora, haga usted algo!

Abigail no perdió tiempo. De inmediato dio órdenes a sus cocineros y sus ayudantes para que reunieran suficiente comida para 600 hombres y la colocaran cuidadosamente sobre unos burros. Dijo a los arrieros que se adelantaran y que ella los alcanzaría más tarde en cierto lugar.

Abigail retocó su peinado y se puso un vestido adecuado. Esta era una misión que requería acciones radicales. Tomó unos momentos para pedirle a Dios sabiduría y gracia delante de David. Ordenó a los trabajadores no decir ni una palabra a Nabal ni a ninguno de los trabajadores. Con la ayuda de un empleado, se subió a uno de los burros y comenzó su viaje. Mientras iba por el camino, estudió lo que le iba a decir a David en cuanto tuviera la oportunidad.

David venía bajando por una montaña y Abigail por la montaña al frente. El encuentro ocurrió justo en la pequeña planicie entre ambas montañas, donde se formaba un pequeño arroyo de agua cristalina. Cuando estuvieron cerca, Abigail se bajó de su cabalgadura, dio unos pasos frente a David y se inclinó con respeto y reverencia. Le dijo:

—Toda la culpa es mía en este asunto, mi señor. Sé que Nabal es un hombre perverso y de mal genio; por favor, no le haga caso. Aquí tengo un regalo que yo, su sierva, le he traído a usted y a sus hombres. Le ruego que me perdone si lo he ofendido en alguna manera. El Señor seguramente lo recompensará con una dinastía duradera, porque pelea las batallas del Señor y no ha hecho mal en toda su vida.

Cuando Abigail llegó a su casa, encontró a Nabal dando una gran fiesta digna de un rey. Estaba muy borracho, así que no le dijo nada sobre su encuentro con David hasta el amanecer del día siguiente. Por la mañana, cuando Nabal estaba sobrio, su esposa le contó lo que había sucedido. Como consecuencia tuvo un derrame cerebral y quedó paralizado en su cama como una piedra. Unos diez días más tarde, el Señor lo hirió y murió.

Cuando David oyó que Nabal había muerto, dijo: «Alabado sea el Señor, que vengó el insulto que recibí de Nabal y me impidió que tomara venganza por mí mismo. Nabal recibió el castigo por su pecado». Después David envió mensajeros a Abigail pidiéndole que fuera su esposa.

Cuando los mensajeros llegaron a Carmelo, le dijeron a Abigail:

—David nos ha enviado para que la llevemos a fin de que se case con él.

Entonces ella se inclinó al suelo y respondió:

—Yo, su sierva, estaría encantada de casarme con David. ¡Aun estaría dispuesta a ser una esclava y lavar los pies de sus siervos!

Así que enseguida se preparó, llevó a cinco de sus siervas como asistentes, se montó en su burro, y fue con los mensajeros de David. Y se convirtió en su esposa. David también se casó con Ahinoam de Jezreel, así que las dos fueron sus esposas. Mientras tanto, Saúl había dado a su hija Mical, esposa de David, a un hombre de Galim llamado Palti, hijo de Lais.

1 Samuel 25:2-44

Abigail

»Cuando el Señor haya hecho todo lo que prometió y lo haya hecho líder de Israel, que esta no sea una sombra en su historial. Entonces su conciencia no tendrá que llevar la pesada carga de derramamiento de sangre y venganza innecesarios. Y cuando el Señor haya hecho estas grandes cosas para usted, por favor, ¡acuérdese de mí, su sierva!

David se quedó muy impresionado con la fuerza y la sabiduría de la mujer que tenía frente a él y le respondió a Abigail:

—¡Gracias a Dios por tu buen juicio! Bendita seas, pues me has impedido matar y llevar a cabo mi venganza con mis propias manos.

Cuando Abigail regresó a casa con la promesa de que David concedería su petición, el sol estaba ocultándose en el horizonte. Nabal se estaba dando un lujoso banquete. Estaba borracho y muy alegre. A Abigail le preocupaba cuál iba a ser la reacción de su esposo por haber salido de la casa sin su aprobación y, sobre todo, por haber ido a conversar con David, a quien él había insultado.

Cuando Nabal estuvo sobrio, Abigail le dijo lo que había hecho. Mientras Nabal escuchaba el relato, parecía que sus ojos se iban a salir de sus órbitas y su boca se fue abriendo en expresión de sorpresa, pero solo emitió un gruñido semejante a un quejido. Su boca se torció hacia un lado de la cara y, como si fuera una piedra, su cuerpo cayó sobre el diván. No ayudaron ni las palabras, ni los quejidos de angustia de su esposa, ni los primeros auxilios que sus mejores servidores le dieron…nada ayudó. Abigail mandó llamar a los mejores curanderos de la región. Ella misma se hizo cargo de cuidar a su moribundo esposo con dedicación y empeño. Pero unos diez días después, el Señor hizo que Nabal muriera.

Abigail experimentó una mezcla de tristeza y alivio. Aunque ya no iba a tener que soportar las necedades de su marido, sentía su presencia en todas partes, como si el recuerdo de su vida fuera a perdurar para siempre. Ahora recaía sobre sus hombros la responsabilidad de administrar los bienes de su esposo, cumplir con los negocios y resolver los asuntos laborales. Todas las tareas de una viuda.

Cuando David se enteró de que Nabal había muerto, alabó al Señor por la evidencia de su justicia. Unas semanas después, David le envió un mensaje a Abigail pidiéndole que se casara con él. Abigail respondió a los mensajeros que estaría encantada.

Unos días después, Abigail se preparó y se fue con los mensajeros de David.

Así, Abigail cambió a su esposo necio y cruel por el hombre que ella estaba segura de que llegaría a ser el rey de Israel. Abigail incluso llegó a ser madre de un hijo al cual David llamó Daniel, que significa «Dios es mi juez».

LECCIONES PRÁCTICAS QUE APRENDEMOS DE ABIGAIL

Abigail fue una mujer con problemas reales y relevantes, y su valentía ante su situación desesperada la hizo una mujer radical. Hoy también podemos seguir sus pasos para ser más fuertes, fieles y flexibles.

Ser fuerte a pesar de circunstancias desastrosas

Admirablemente, a pesar de su mal matrimonio, Abigail no sucumbió al resentimiento y a la amargura. Su matrimonio no quebrantó su espíritu ni arruinó su buena naturaleza. No se deprimió ni se desalentó. Aun en su desengaño, ella hacía el bien: cuidaba de sus siervos, ayudaba a su esposo, y, para evitarle problemas más adelante, confrontó apropiadamente a David.

Desafortunadamente, muchas personas que se encuentran en situaciones difíciles o matrimonios que no son ideales, permiten que su desesperación dé lugar a la amargura, la amargura al odio, el odio a la desesperanza, y la desesperanza a la depresión.

Quizás usted o alguien a quien conoce esté viviendo una circunstancia complicada en su matrimonio. Observe lo que hizo Abigail. Primero, afirmó y mantuvo su confianza en Dios. Segundo, actuó proactivamente buscando el bienestar de su esposo y de las personas que dependían de él. Tercero, habló claramente con su esposo sobre su conducta y las consecuencias para todos los que vivían en su casa. Podemos emular a Abigail en su fuerza.

Ser fiel en medio de las dificultades

Nabal era un hombre insensato, y de muy mal carácter y conducta. Abigail era una mujer inteligente y muy agradable. Evidentemente esta pareja no era un «matrimonio ideal». Sin embargo, Abigail luchó por su matrimonio aun cuando parecía destinado al fracaso. Ella estaba decidida a sacar lo mejor de una mala situación.

Puede ser que usted, una amiga o una hija esté casada con un hombre que quizás pueda competir con Nabal y hasta ganarle en lo terco y obstinado en su mala conducta, y con el agravante de que no tiene dinero ni para la comida de su familia. O puede ser que usted o alguien a quien conoce esté viviendo con un hombre violento, golpeador, y que maltrata a su mujer y a sus hijos. La fidelidad no necesariamente significa ser pasiva, como demuestra la historia de Abigail. Entonces, ¿qué pueden hacer las que se encuentran en una situación así?

Primero, una mujer debería pedirle a Dios que le provea sabiduría y gracia para enfrentar la situación con el hombre. Segundo, debe buscar un momento apropiado, cuando el hombre esté sobrio y se pueda hablar con él. Tercero, debe explicar claramente el daño que él está haciendo al actuar con violencia y tiene que decirle con firmeza que esa conducta no será tolerada. Cuarto, la mujer debe advertirle con claridad que si vuelve a actuar con violencia se irá a pedir ayuda a las autoridades para protegerse y a sus hijos. Quinto, haga lo que dijo que haría si la conducta se repite. La fidelidad a veces significa luchar por el matrimonio. También puede significar comunicar claramente qué comportamientos son insoportables, y luego ser fiel a su palabra para no soportar esa conducta.

Ser flexible a pesar de circunstancias cambiantes

Abigail se adaptó a la experiencia de su difícil primer matrimonio. Luego quedó viuda y en poco tiempo David le pidió que fuera su esposa. Ella aceptó. Su segundo matrimonio parece haber sido mejor, pero no menos complicado, pues David tenía otras mujeres e hijos con ellas. Abigail se fue a vivir con David al desierto, y vivió en tiendas de campaña en lugar de la lujosa casa que tenía en la hacienda de Nabal. Después tuvo que mudarse a Hebrón y luego a Jerusalén, cuando David fue reconocido como rey. No debe haber sido una vida fácil.

Sin embargo, Abigail fue una mujer adaptable y flexible; aprendió a sobresalir a pesar de los retos y circunstancias que la vida puso en su camino.

Abigail

ALGO PARA PENSAR O CONVERSAR

- Abigail surge como el ejemplo de una mujer sabia en una situación difícil. No todas las situaciones que las mujeres enfrentan tienen la urgencia que tuvo la de Abigail. Sin embargo, muchas mujeres confrontan hoy presiones por situaciones de abuso. Mujeres con una profesión y con una educación universitaria permiten que su esposo y sus hijos las maltraten solo por mantener la paz. ¿Qué podemos aprender de Abigail sobre cómo responder a situaciones difíciles? ¿Cómo podemos ayudar a otras mujeres que están en circunstancias complicadas?

- En los tiempos en que vivió Abigail, las mujeres no podían decidir con quién casarse; los padres arreglaban el matrimonio. Puede ser que los padres de Abigail hayan decidido dar a su hija para que se casara con Nabal porque él venía de una familia importante y porque tenía mucho dinero, aunque no era temeroso de Dios. Hoy las mujeres pueden escoger a su esposo. ¿Cree usted que eso hace que sea más fácil o menos fácil resentirse por un matrimonio difícil? ¿Qué situaciones en su vida le provocan la tentación de rendirse ante la amargura y la desesperación? ¿Cómo puede resistir esa tentación y mantener un corazón sensible?

- Abigail se vio forzada a tomar una decisión rápida y radical, firme e independientemente de Nabal. El respeto de las mujeres hacia sus esposos es un principio básico dado por Dios, pero Abigail actuó con decisión para salvar a su hogar de las consecuencias de las acciones de su esposo. ¿En qué situaciones podría ser necesario que una mujer decida asuntos importantes sin consultar a su esposo? ¿Qué situaciones ha vivido usted donde ha tenido que tomar una decisión radical sin saber si era lo correcto o no? ¿Qué le aconsejaría a otra mujer en una situación ambigua?

- Abigail no era bella solo externamente, sino que poseía una belleza interior que era evidente a todos. Usando de cinco a siete palabras, describa el carácter de Abigail. ¿Cuál de esas cualidades le gustaría emular a fin de «mejorar su apariencia interior»? ¿Qué paso puede dar el día de hoy para poner en práctica esa cualidad?

- Aunque tenían buenas razones para recurrir a la venganza, ni Abigail ni David se vengaron de Nabal. ¿De qué manera revela esta historia el carácter y la relación con Dios de cada uno de ellos? ¿Cómo se identifica usted con esas características de Abigail y David?

PARA RECORDAR:

«¡Alabado sea el SEÑOR, Dios de Israel, quien hoy te ha enviado a mi encuentro! ¡Gracias a Dios por tu buen juicio! Bendita seas, pues me has impedido matar y llevar a cabo mi venganza con mis propias manos».

1 SAMUEL 25:32-33

Rizpa

Una mujer que preguntó: ¿Por qué?, Dios mío, ¿por qué?

PERFIL DE RIZPA

Referencias bíblicas: 2 Samuel 3:7; 21:1-14
Lugar: Un monte cerca de Jerusalén
Fecha: Aproximadamente entre los años 1000 y 971 a. C.

IMAGINEMOS LA ESCENA

Rizpa, la que fue una vez la bella mujer del primer rey de Israel, ahora parecía una anciana acabada por el dolor, el sufrimiento y la soledad. Rizpa extendió una tela rústica sobre la gran roca que estaba frente a Jerusalén para envolverse en ella cuando el frío la calaba, el sol la quemaba y el cansancio y el sueño la agotaban.

Por la noche, ella mantenía un fuego que amenazaba con apagarse a causa del frío viento que azotaba inclemente. Con diligencia, cada noche encendía una antorcha para alejar a los animales salvajes que eran atraídos por el olor de la carne. Durante el día tenía en su mano una vara para espantar a las aves carroñeras, como los buitres y los cuervos, que se acercaban a los siete cuerpos que habían sido ahorcados y que aún permanecían colgados sin que nadie les diera adecuada sepultura.

Dos de esos muertos eran sus amados hijos que había procreado con Saúl: Armoni y Mefiboset. Los otros cinco eran nietos de Saúl, hijos de su hija Merab.

Rizpa había amado a Saúl con todo su apasionado corazón de mujer. Había llorado y lamentado profundamente la muerte del hombre de su vida. Cuando quedó sola, desde hacía unos tres años, se había consolado con el amor que les tenía a sus dos hijos.

SEGÚN LA BIBLIA

Durante el reinado de David hubo un hambre que duró tres años. Entonces David consultó al Señor, y el Señor dijo: «El hambre se debe a que Saúl y su familia son culpables de la muerte de los gabaonitas».

Entonces el rey mandó llamar a los gabaonitas. No formaban parte de Israel, pero eran todo lo que quedaba de la nación de los amorreos. El pueblo de Israel había jurado no matarlos, pero Saúl, en su celo por Israel y Judá, trató de exterminarlos. David les preguntó:

—¿Qué puedo hacer por ustedes? ¿Cómo puedo compensarlos para que ustedes vuelvan a bendecir al pueblo del Señor?

—Bueno, el dinero no puede resolver este asunto entre nosotros y la familia de Saúl —le contestaron los gabaonitas—.

Rizpa

Tampoco podemos exigir la vida de cualquier persona de Israel.

—¿Qué puedo hacer entonces? —preguntó David—. Solo díganme, y lo haré por ustedes.

Ellos respondieron:

—Fue Saúl quien planeó destruirnos, para impedir que tengamos un lugar en el territorio de Israel. Así que entréguennos siete hijos de Saúl, y los ejecutaremos delante del Señor en Gabaón en el monte del Señor.

—Muy bien —dijo el rey— lo haré.

Debido al juramento que David y Jonatán habían hecho delante del Señor, el rey le perdonó la vida a Mefiboset, el hijo de Jonatán, nieto de Saúl. Sin embargo, les entregó a los dos hijos de Saúl, Armoni y Mefiboset, cuya madre fue Rizpa la hija de Aja. También les entregó a los cinco hijos de la hija de Saúl, Merab, la esposa de Adriel, hijo de Barzilai de Mehola. Los hombres de Gabaón los ejecutaron en el monte delante del Señor. Los siete murieron juntos al comienzo de la cosecha de la cebada.

Después Rizpa, la hija de Aja y madre de dos de los hombres, extendió una tela áspera sobre una roca y permaneció allí toda la temporada de la cosecha. Ella evitó que las aves carroñeras despedazaran los cuerpos durante el día e impidió que los animales salvajes se los comieran durante la noche. Cuando David supo lo que había hecho Rizpa, la concubina de Saúl, fue a ver a la gente de Jabes de Galaad para recuperar los huesos de Saúl y de su hijo Jonatán. (Cuando

Pero, ay, allí estaban los cuerpos de sus hijos, ahora cadáveres movidos por el viento de la noche y resecándose al calor del sol durante el día.

Durante las noches, la luna brillaba mientras pasaban las horas. Rizpa la observaba y recordaba vivencias hermosas como mujer y como madre. Aún escuchaba las risas de sus muchachos mientras corrían por los pasillos del palacio para recibir a su padre que volvía de alguna batalla.

De repente, volvía a la realidad. Aquí estaba, sola. Triste. Abandonada. Siempre regresaba a la pregunta: ¿Por qué?, Dios mío, ¿por qué?

El esposo de Rizpa, el rey Saúl, fue notable por su orgullo y sus deseos de venganza. Él había roto el pacto que Josué había hecho con los gabaonitas.

Cuando murieron el rey Saúl y su hijo Jonatán en un enfrentamiento contra los filisteos en Gilboa, parecía que el conflicto se había terminado. David inició su reinado con el proceso de reconstrucción y unificación del pueblo de Israel. Pero una severa hambruna vino sobre la tierra de Israel, y el Señor le dijo a David que era culpa de Saúl. Los gabaonitas le pidieron a David siete descendientes de Saúl como compensación.

Esa fue la sentencia de muerte para los siete varones que fueron colgados en una colina para que todos los pudieran ver. Fueron dejados así para que las aves de rapiña o los animales salvajes se alimentaran con ellos.

Los siete hombres tuvieron que pagar por lo que Saúl, su padre y abuelo, había hecho. Estos siete inocentes murieron para satisfacer la sed humana de venganza.

Siempre hay personas inocentes que sufren por los pecados de sus gobernantes.

Rizpa tenía una sola razón para vivir sus extraños días de pie, y casi de rodillas durante las noches de soledad sobre la ancha roca frente a la Ciudad de David. Su razón o misión era cuidar los cadáveres de sus dos hijos y de los cinco nietos de Saúl. Su esperanza era que, de alguna manera, llegara la oportunidad de darles entierro a sus muertos.

Pasaron dos meses. Tres. Cuatro. Era el tiempo de cosechar lo poco que podían recoger. Nadie iba a poner atención al dolor de una viuda sola, ni a la angustia de una madre que lloraba la pérdida de sus dos hijos. A nadie le importaba el frío que soportaba una mujer que se cubría con una tela áspera. Todos la ignoraban.

Sin embargo, ella tenía la esperanza de que Dios enviaría la lluvia, que la tierra volvería a dar su fruto y que ella tendría el gozo de colocar los restos de sus hijos en un lugar adecuado. Ella percibía en medio de su sufrimiento que Dios traería la prosperidad a Israel. ¡Rizpa le creyó a Dios!

Se mantuvo en vigilia, noches enteras sin dormir. Cuando el dolor y el cansancio la abrumaban, se esforzaba por recordar las escenas de amor cuando ella había sido una de las mujeres respetables del palacio de Saúl. Quizás recordó aquel vestido hermoso que la hacía sentir como una reina. Recordó unas palabras muy bonitas que Saúl le había dicho al verla.

Por lo demás, eran días cálidos y noches frías de muchas lágrimas.

No se rindió. Estaba cansada. Sola. Casi derrotada. Pero cada mañana se ponía de pie nuevamente como símbolo, como un testimonio vivo de su fe en el Dios de Israel. Sus hijos habían muerto por una causa, el bien de Israel, y esa causa iba a triunfar.

Finalmente, cuando llegaron las lluvias, alguien le recordó a David sobre los siete cadáveres y lo que Rizpa había hecho para cuidar a sus muertos. David fue a buscar los huesos de Saúl y Jonatán y los enterró en una tumba familiar. Además, dio instrucciones para que sepultaran dignamente a los siete descendientes de Saúl que habían muerto en Gabaón.

Rizpa había cumplido su misión.

Ahora era tiempo de ver lo que el Dios de Israel tenía reservado para ella. Lo que fuera, lo podría sobrellevar hasta que se reuniera con los suyos en el camposanto de Zela, cuyo nombre significa: «Dios tiene piedad».

LECCIONES PRÁCTICAS QUE APRENDEMOS DE RIZPA

Rizpa fue una mujer real que sufrió una pérdida terrible, como la han vivido muchas mujeres de hoy. También fue una mujer con una valentía increíble que la llevó a hacer algo radical. Con eso captó la atención del rey y de los historiadores que registraron su nombre en la Biblia. Hoy en día, nosotros podemos aprender de ella.

los filisteos mataron a Saúl y a Jonatán en el monte Gilboa, la gente de Jabes de Galaad robó sus cuerpos de la plaza pública de Bet-sán donde los filisteos los habían colgado). De esa manera David obtuvo los huesos de Saúl y Jonatán, al igual que los huesos de los hombres que los gabaonitas habían ejecutado.

Luego el rey ordenó que enterraran los huesos en la tumba de Cis, padre de Saúl, en la ciudad de Zela, en la tierra de Benjamín. Después Dios hizo que terminara el hambre en la tierra.

2 Samuel 21:1-14

Rizpa

Tener suficiente fe para hacer preguntas difíciles

Rizpa, como miles y miles de mujeres en todo el mundo, tuvo que llorar a la luz de la luna y bajo los rayos del sol mientras luchaba con la pregunta: «¿Por qué?, Dios mío, ¿por qué?».

Rizpa fue una víctima del mal proceder de su esposo orgulloso y terco. Fue una víctima de los filisteos que hirieron de muerte a su amado Saúl y la dejaron viuda. También fue víctima de la venganza de los gabaonitas que arrebataron la vida de sus hijos.

Sin embargo, ella no se rindió. Creyó que de alguna manera sus acciones iban a marcar una diferencia. También creyó que la vida de sus hijos no había sido en vano: Dios iba a darle una nueva vida a su pueblo, Israel. Dios honró la fe de Rizpa, y sus amados fueron debidamente sepultados. Puede ser que usted también haya sido víctima de la conducta inapropiada de alguien. Si es necesario, llore a la luz del sol o de la luna, pero mantenga su fe en el Señor de la esperanza.

A veces entre los cristianos hay la creencia de que no debemos llorar, pues se considera una señal de falta de confianza en Dios. Sin embargo, eso no es cierto. Cuando emergen los sentimientos de dolor, de tristeza o de soledad y siente el deseo de llorar, ¡llore! Cuéntele a Dios sus emociones. Renueve su fe en él y permita que la gracia de Dios sane sus sentimientos heridos. La Biblia dice que Dios nos consuela a nosotros para que aprendamos a consolar a otros (2 Corintios 1:3-4).

Confiar en que la muerte de inocentes no es el fin de la historia

Hay un paralelo o similitud que uno fácilmente puede encontrar entre Rizpa, de pie junto a aquellos siete varones inocentes en la colina frente a Jerusalén, y María, que estuvo junto al madero en el cual fue colgado su Hijo Jesucristo. En la historia de Rizpa, el «monte delante del Señor» (2 Samuel 21:9), podría haber sido el monte de la Calavera o Gólgota.

Es muy interesante la palabra «compensarlos» que David usó (2 Samuel 21:3), pues esa palabra en el idioma original tiene un rico significado tanto en el Antiguo como en el Nuevo Testamento. Se usa siempre en relación con lo que se da o sacrifica para compensar o pagar por el pecado. En el Antiguo Testamento, fue generalmente el sacrificio de animales, que era un símbolo del sacrificio de sustitución de un inocente en lugar del culpable. En el Nuevo Testamento, por supuesto, se refiere al sacrificio supremo realizado por Jesucristo a favor de o en lugar nuestro.

En la historia de Rizpa, siete hombres fueron sacrificados como expiación por los pecados de Saúl y sus guerreros. Ellos fueron el sacrificio expiatorio o «sustitución». Jesucristo, el Hijo de Dios, murió en nuestro lugar, como «compensación» para proveer una salvación completa para «todo el que crea en él» (Juan 3:16).

Otra similitud que ven algunos estudiosos de la Biblia es entre Rizpa y María Magdalena, una dedicada y agradecida seguidora y servidora de Jesucristo. Rizpa no abandonó a sus hijos, fruto de su amor, aunque ya estaban muertos. Al contrario, por medio del cuidado de sus cadáveres ella expresó la esperanza de que esas muertes traerían vida a su pueblo, Israel. De alguna manera, Dios iba a intervenir a favor de su pueblo.

María Magdalena se sentó junto al sepulcro a vigilar el lugar donde sepultaron a su querido Maestro. Hasta se ofreció a cuidarlo si acaso el jardinero lo había colocado en otro lugar. Felizmente, Cristo nuestro Señor no estaba muerto; no estaba en la tumba porque estaba vivo y seguirá vivo para siempre. María tuvo el gozo de ser una de las primeras creyentes en saber que la resurrección de Cristo es nuestra esperanza ahora y por la eternidad. Ese mensaje es el fundamento de que nosotros también seremos resucitados para vivir eternamente con él en la casa del Padre (Juan 14:1-6).

Rizpa vio cómo sepultaron a su esposo y a sus hijos. Ellos y ella podían descansar en paz. Cristo nuestro Señor fue muerto y fue sepultado, pero la tumba no lo pudo contener. Él se levantó de entre los muertos en una gloriosa resurrección.

Sin duda usted conoce a alguien o usted misma ha tenido el dolor de perder a un ser querido por un accidente, una enfermedad terminal, o por obra de una persona que actuó irresponsablemente. No vale la pena tratar de encontrar respuestas lógicas, pues puede ser que no las haya. Lo mejor que podemos hacer es entregar nuestro dolor y tristeza a las manos de Dios y pedirle que nos consuele amorosamente. Un canto cristiano dice: «Su gracia es mayor cuando las cargas aumentan». Así es.

ALGO PARA PENSAR O CONVERSAR

- *¿Alguna vez ha hecho la misma pregunta de Rizpa: «¿Por qué?, Dios mío, ¿por qué?»? ¿Pudo expresarla, o sintió que debía tragársela? ¿Qué tipo de respuesta encontró? Imagine que una vecina suya se acerca a usted con esta misma pregunta. ¿Qué le respondería usted con base en la historia de Rizpa?*

- *La pregunta que atormenta al corazón humano cuando ocurre una tragedia es «¿Por qué?». Dios anticipó nuestra pregunta. En su cruz, Jesús gritó: «Dios mío, Dios mío ¿por qué me has abandonado?» (Mateo 27:46). Dios mismo incluso ha gritado «¿Por qué?» por nosotros. Y en el proceso él entregó su vida para que seamos capacitados por su Espíritu en nosotros para cooperar con él y hacer uso creativo de nuestra tristeza y aflicción. Nuestro Dios es un Dios redentor que no desperdicia nada, ni siquiera el sufrimiento. Sin duda, hay más de una Rizpa en nuestro mundo. Tal vez usted sea una en este momento. Quizás conozca a una. En el crepúsculo de su experiencia, Rizpa hizo lo que debemos hacer todos: darnos a nosotros mismos. Lo único que ella sabía era dar su tiempo, sus recursos, su vida misma. Ella se entregó allí en su roca solitaria a la memoria de Saúl y de sus hijos mientras esperaba los nuevos planes de Dios para su vida. Dios nos recuerda a todos que donde está Jesucristo no puede haber un apagón total de la alegría para siempre. ¿Ha pasado usted por alguna experiencia dolorosa últimamente? ¿Qué está haciendo para superarla? ¿Qué nuevo plan de Dios anticipa para su vida?*

- *Dios nos ha dicho por medio de su Palabra que en este mundo tendremos aflicciones, pero que en él tendremos paz, pues él ha vencido al mundo y promete estar con nosotros todos los días hasta el final (Juan 16:33). ¿Usted lo cree con todo su corazón? ¿Por qué?*

PARA RECORDAR:
A eso de las tres de la tarde, Jesús clamó en voz fuerte: «Eli, Eli, ¿lema sabactani?», que significa «Dios mío, Dios mío, ¿por qué me has abandonado?».

MATEO 27:46

La reina de Saba

Una mujer que buscó sabiduría antes que el poder

PERFIL DE LA REINA DE SABA
Referencias bíblicas: 1 Reyes 10:1-13; 2 Crónicas 9:1-12; Mateo 12:42
Lugar: Saba (lugar desconocido) y Jerusalén
Fecha: Aproximadamente 940 a. C.

IMAGINEMOS LA ESCENA

Recordemos que en aquellos tiempos no existían los rápidos medios de comunicación que tenemos hoy, como la radio, la Internet, la televisión, los periódicos y las redes sociales. Las noticias eran transmitidas por la comunicación oral de los viajeros y negociantes que iban en caravanas de un país a otro. Además, los caminos eran estrechos y, a veces, bastante peligrosos.

En esa época hubo una reina que estuvo dispuesta a obtener sabiduría. Los abundantes escritos y tradiciones de Etiopía la llaman «Makeda» que significa *grandeza*. Su nombre árabe es «Bilquis» o «Balkis». Los romanos la llamaron «Nikaule» o «Nicaula». Los judíos la conocieron como «Malkath», la palabra hebrea para «reina de...». *Saba* o *Seba* es el nombre del país del que vino, pero hoy no sabemos con seguridad a qué país se refiere. «La reina de Saba» es como mejor se le conoce en la cultura occidental hasta el día de hoy, y por eso nosotros la vamos a llamar así.

En esos tiempos existían dos rutas comerciales muy importantes. Ambas pasaban por Egipto y conectaban con África y Arabia. La más frecuentada era la ruta de caravanas por el desierto de Arabia que subía por la costa del mar Rojo, pasando por Moab y cruzando el río Jordán para llegar a Jerusalén. En su viaje, la reina de Saba probablemente tuvo que usar una de estas dos rutas.

SEGÚN LA BIBLIA

El Señor se le apareció a Salomón en un sueño y Dios le dijo:

—¿Qué es lo que quieres? ¡Pídeme, y yo te lo daré!

Salomón contestó:

—Tú mostraste gran y fiel amor hacia tu siervo David, mi padre, un hombre transparente y leal, quien te fue fiel. Hoy sigues mostrándole este gran y fiel amor al darle un hijo que se sienta en su trono.

»Ahora, oh Señor mi Dios, tú me has hecho rey en lugar de mi padre, David, pero soy como un niño pequeño que no sabe por dónde ir. Sin embargo, aquí estoy en medio de tu pueblo escogido, ¡una nación tan grande y numerosa que no se puede contar! Dame un corazón comprensivo para que pueda gobernar bien a tu pueblo, y sepa la diferencia entre el bien y el mal. Pues, ¿quién puede gobernar por su propia cuenta a este gran pueblo tuyo?

Al Señor le agradó que Salomón pidiera sabiduría. Así que le respondió:

—Como pediste sabiduría para gobernar a mi pueblo con justicia y no has pedido una larga vida, ni riqueza, ni la muerte de tus enemigos, ¡te concederé lo que me has pedido! Te daré un corazón sabio y comprensivo, como nadie nunca ha tenido ni jamás tendrá. Además, te daré lo que no me pediste: riquezas y fama. Ningún otro rey del mundo se comparará a ti por el resto de tu vida. [...]

Cuando la reina de Saba se enteró de la fama de Salomón, fama que honraba el nombre del Señor, fue a visitarlo para ponerlo a prueba con preguntas difíciles. Llegó a Jerusalén con un gran séquito de asistentes y una enorme caravana de camellos cargados con especias, grandes cantidades de oro y piedras preciosas. Cuando se presentó ante Salomón, habló con él acerca de todo lo que ella tenía en mente. Salomón tenía respuestas para todas sus preguntas; nada le resultaba demasiado difícil de explicar. Cuando la reina de Saba se dio cuenta de lo sabio que era Salomón y vio el palacio que él había construido, quedó atónita. También estaba asombrada por la comida que se servía en las mesas del rey, por la forma en que estaban organizados sus funcionarios y la ropa espléndida que usaban, por los coperos y por las ofrendas quemadas que ofrecía Salomón en el templo del Señor.

La reina de Saba

El motivo de la visita fue para comprobar que la sabiduría y la fama de Salomón se debían al gran poder de Dios. Quizás se vio atraída en parte por la posibilidad de hacer buenos negocios e intercambios comerciales, pero no fue poca cosa atravesar una distancia tan grande. A la vez sentía el deseo de aprender de la Fuente de la Sabiduría y el poder de Dios manifestado en la persona de Salomón. Es impresionante cómo Dios aprovecha nuestras inquietudes y ansiedades humanas para guiarnos hacia un encuentro con él. Cuando una persona genuinamente busca la verdad y la sabiduría, siempre termina a los pies del gran Yo Soy.

Esta mujer viajó literalmente como lo que era, una reina. Llegó acompañada de sus consejeros más altamente calificados. Además llevó una dotación impresionante de regalos de alta calidad. Imaginamos que anticipadamente ella había solicitado a Salomón que le concediera un espacio en su agenda para poder visitarlo, de modo que, en reciprocidad, habría un generoso intercambio de regalos. Recordemos que Etiopía siempre fue conocida por la abundancia de perfumes costosos, piedras preciosas, oro y maderas finas.

Todas las preguntas que la reina le hizo a Salomón, al parecer serias y difíciles, él se las respondió adecuadamente. Imaginamos que las preguntas iban desde algunas adivinanzas y acertijos, hasta temas de asuntos diplomáticos, de gobierno y cuestiones éticas. Las preguntas no eran de tipo académico, cuyas respuestas se encuentran en los libros; eran preguntas de tipo existencial, prácticas, de esas que requieren una percepción y captación profundas. Tenemos que suponer que Salomón le habló a la reina acerca de su relación con el Señor y el sueño que había tenido en Gabaón cuando fue para adorar a Dios.

La sociología dice que las personas semejantes se atraen. Esta reina estaba familiarizada con el mundo de los lujos, el esplendor y la grandeza de los palacios. Pero aun así se quedó asombrada por la sabiduría de Salomón y por la gloria de su reino. El hecho de que Salomón hablaba el mismo idioma y se movía con facilidad en el mismo ambiente significaba que estaba en una posición única para guiarla a encontrarse con el Dios de Israel, la Fuente de la Sabiduría.

Algunas personas solo leen las palabras de la reina de Saba como una declaración política o diplomática y no como una confesión de fe personal en el Dios de Israel. Puede ser que esa sea la interpretación correcta, pero nosotros pensamos que hay más, mucho más. Emociona

Mujeres de la Biblia hablan hoy

hasta las lágrimas y hace cantar de alegría el leer este reconocimiento de gratitud a Dios por proveer sabiduría a Salomón y así demostrar su amor eterno por el pueblo de Israel. De verdad nos parece que es un reconocimiento personal del Dios de Israel como la Fuente de la Sabiduría. La sabiduría que permanece para siempre. Que hace sabio al sencillo. Que engrandece al humilde.

Cuánto tiempo duró la visita de la reina a Salomón no lo sabemos. Qué actividades realizaron juntos ella y Salomón, tampoco lo sabemos. Cómo vivió ella después de su aprendizaje y experiencias en Israel podría ser muy interesante, pero… ¡no lo sabemos! Entre los pueblos de Etiopía existen varias tradiciones que cuentan que la reina de Saba desde entonces se consagró al monoteísmo y adoró a Dios. Las historias también cuentan que le pidió a Salomón un hijo y que regresó a su país embarazada. Cuando nació el niño, le puso por nombre Menelik y él se convirtió en un rey tan sabio y poderoso como su padre.

LECCIONES PRÁCTICAS QUE APRENDEMOS DE LA REINA DE SABA

Confieso que yo, Jorge, estaba leyendo mi Biblia un poco a la ligera hasta que me encontré con estas palabras de Jesús:

«La reina de Saba también se levantará contra esta generación el día del juicio y la condenará, porque vino de una tierra lejana para oír la sabiduría de Salomón. Ahora alguien superior a Salomón está aquí, pero ustedes se niegan a escuchar» (Mateo 12:42).

Tres conceptos me llamaron la atención como si fueran las tres luces de un semáforo. La luz roja me indicó: debes hacer un alto para examinar con cuidado y conocer quién era la reina de Saba. La luz amarilla: ella hizo algo que tú puedes hacer, buscar la sabiduría. Y la luz verde me señaló a Jesús, quien es la verdadera Fuente de toda Sabiduría. Él es, indudablemente, ese «alguien superior a Salomón».

Sentir compasión por la reina Vasti es fácil. Amar a la reina Ester no cuesta. Odiar a la reina Jezabel es lo que merece. Ser indiferentes a la muerte de la reina Atalía es lo esperado. Sin embargo, ¿qué sentimos hacia la reina de Saba? Ella es el personaje central de una de las historias fascinantes de la Biblia. El relato de la visita de esta reina a Salomón es breve pero muy elocuente. La brevedad y la riqueza de su descripción han dado lugar a muchas leyendas y especulaciones que judíos, cristianos y musulmanes han elaborado. Fue una líder de audacia

---

Entonces la reina exclamó: «¡Todo lo que oí en mi país acerca de tus logros y de tu sabiduría es cierto! Yo no creía lo que se dijo hasta que llegué aquí y lo vi con mis propios ojos. De hecho, ¡lo que había oído no refleja ni la mitad! Tu sabiduría y prosperidad superan ampliamente lo que me habían dicho. ¡Qué feliz debe estar tu pueblo! ¡Qué privilegio para tus funcionarios estar aquí en tu presencia día tras día, escuchando tu sabiduría! Alabado sea el Señor tu Dios, quien se deleita en ti y te ha puesto en el trono de Israel. Debido al amor eterno del Señor por Israel, él te ha hecho rey para que puedas gobernar con justicia y rectitud».

Luego le regaló al rey cuatro mil kilos de oro, grandes cantidades de especias y de piedras preciosas. Nunca más entraron en el reino tantas especias como las que la reina de Saba le regaló al rey Salomón.

(Además, los barcos de Hiram trajeron oro desde Ofir, y también abundantes cargamentos de madera de sándalo rojo y piedras preciosas. Con el sándalo, el rey construyó barandas para el templo del Señor y para el palacio real, e hizo liras y arpas para los músicos. Nunca antes ni después hubo tanta cantidad de madera de sándalo).

El rey Salomón le dio a la reina de Saba todo lo que ella pidió, además de todos los regalos de costumbre que ya le había entregado con tanta generosidad. Luego ella y todos sus acompañantes regresaron a su tierra.

1 Reyes 3:5-13; 10:1-13

La reina de Saba

poco común y visión aguda. Muchas reinas visitaron a Salomón, pero ninguna de ellas recibió la misma atención de parte de él... ni menos de parte de Jesús.

Su real y radical búsqueda de la verdad es una de las muchas razones por las cuales esta antigua reina puede servir como modelo relevante a las mujeres de hoy. Uno podría resumir la experiencia de la reina de Saba en cuatro expresiones verbales: Ella vino, vio y aprendió, alabó a Dios y luego regresó a su casa.

Ella vino audazmente a buscar a Dios

Jesús usó el ejemplo de la reina de Saba para animar a sus oyentes a buscarlo a él, quien es más grande y más sabio que Salomón (Mateo 12:42). El énfasis está en la diligencia y el esfuerzo de la reina para llevar a cabo su iniciativa. Ella realmente mostró una audacia empresarial para ir y resolver sus inquietudes personales.

Esta reina viajó una gran distancia para ir a escuchar la sabiduría de Salomón. Jesús dijo que él es más sabio que Salomón y él mismo vino para buscarnos y traernos toda la sabiduría de Dios. Jesús nos dijo: «Yo soy el camino, la verdad y la vida» (Juan 14:6). Su invitación es: «¡Vengan a mí!».

Si no lo hacemos, la reina de Saba se levantará para acusarnos y condenarnos por haber rechazado al Señor de toda gracia y sabiduría.

Si la reina de Saba tomó un riesgo grande y un empeño costoso para ir en búsqueda de Dios, nosotros no tenemos excusa para nuestra negligencia en buscar al Señor. Posiblemente su iglesia ofrezca una clase o grupo de estudio de la Biblia cada semana al cual puede asistir para estudiar y aprender de la Biblia. Puede ser que encuentre algunos factores que le desanimen, entre ellos el frío o el calor, la distancia, la falta de transporte, tener que levantarse temprano para poder llegar a tiempo o las demandas de su vida familiar. Le animamos a asistir a su grupo de estudio de la Biblia, a alabar a Dios y luego, al volver a su casa, a compartir lo que va aprendiendo acerca de Jesús.

Ella vino, vio y aprendió que no tenemos todas las respuestas

La reina de Saba se acercó a Salomón como una mujer que puso la sabiduría antes que el poder. Solamente para hacer el viaje, tuvo que delegar su autoridad en su propio país. Luego, tuvo la humildad para pedir consejos sobre los asuntos de gobierno y vida práctica.

No hay duda de que, especialmente para una persona acostumbrada a cierto rango de poder y autoridad, puede ser difícil admitir que no tiene todas las respuestas. Aquí tenemos a la reina de Saba como modelo: si ella tuvo la disposición de venir, ver y aprender el secreto de la sabiduría y grandeza de Salomón, nosotros también podemos adoptar esas mismas actitudes y conductas para buscar la sabiduría.

Y cuando una mujer inteligente se mueve en la dirección correcta, sus pasos inevitablemente la conducen a la Fuente de la Sabiduría. Fue esa búsqueda honesta, sencilla y franca lo que la condujo a alabar al Dios de Israel.

Ella vino, vio, aprendió y alabó a Dios

La reina de Saba vio que Dios era quien había bendecido a Israel. Seguramente sintió un respeto reverente por el Señor. Esto no necesariamente significa que lo aceptó personalmente como su único Dios, pero podría ser que sí.

Mujeres de la Biblia hablan hoy

Hoy, hay muchas personas que saben que Dios existe pero que no necesariamente han entrado en una relación personal con él. Quizás usted sea una de ellas. No se engañe a sí misma pensando que es suficiente solo saber y creer que Dios existe. Inclusive algunas personas leen y saben mucho de la Biblia; eso es magnífico; sin embargo, cada persona debe aceptar y tener una relación personal con Dios a través de su Hijo, Jesucristo.

Ella regresó a su casa para compartir lo recibido

La reina de Saba regresó a su casa con sus nuevos conocimientos y los regalos que recibió de Salomón. Toda la riqueza de la sabiduría que adquirió de Salomón la compartió con su pueblo y con las personas que tenía a su alrededor. De la misma manera, nosotros hoy también tenemos el privilegio y la responsabilidad de compartir a Jesucristo y su amor con nuestra generación.

En particular, tenemos una responsabilidad especial de acercarnos a aquellas personas que comparten nuestro trasfondo económico, cultural y académico para compartirles el mensaje de Jesús. Los profesionales cristianos como abogados, médicos, enfermeras, profesores, ingenieros, empresarios, gerentes y ejecutivos tienen una oportunidad única de comunicar su experiencia con Cristo a sus pares no creyentes, porque tienen el mismo marco de referencia. Vivamos y expresemos nuestra fe de tal manera que nuestros amigos, conocidos y vecinos puedan decir, palabra más, palabra menos, como la reina de Saba dijo: «Alabado sea el SEÑOR tu Dios, quien se deleita en ti y te ha puesto en el trono de Israel. Debido al amor eterno del SEÑOR por Israel, él te ha hecho rey para que puedas gobernar con justicia y rectitud» (1 Reyes 10:9).

ALGO PARA PENSAR O CONVERSAR

- Sin duda, la reina de Saba tenía una agenda muy ocupada y extensa. Sin embargo, estuvo dispuesta a programar el tiempo y hacer el esfuerzo de ir a buscar el secreto de la sabiduría. Dé una mirada cuidadosa a su agenda de actividades y señale el día y la hora que va a dedicar para su encuentro personal con el Señor. ¿Hay algún lugar especial donde pueda ir a buscar más de Dios? ¿Hay alguna persona en particular con quien podría hablar para que la ayude?

- Muchas veces cuesta admitir que no tenemos todas las respuestas. ¿Por qué cree que es así? ¿Qué preguntas haría si no tuviera miedo de lo que pensarán los demás?

- La reina de Saba hizo una hermosa declaración de alabanza a Dios por haberle dado sabiduría a Salomón. Haga una lista de cinco razones que tiene usted para alabar a Dios hoy. Comparta por lo menos una de esas razones con su grupo o con sus seres queridos.

- La reina de Saba volvió a su casa y regresó a la vida normal con los nuevos dones de sabiduría que le dio Salomón. ¿Qué mensaje o regalo ha recibido usted últimamente de Dios que pueda compartir con por lo menos una persona hoy?

PARA RECORDAR:

Cuando la reina de Sabá escuchó hablar de lo famoso que era Salomón, y que su sabiduría se debía al gran poder de Dios, decidió ir a visitarlo.

1 REYES 10:1, TLA

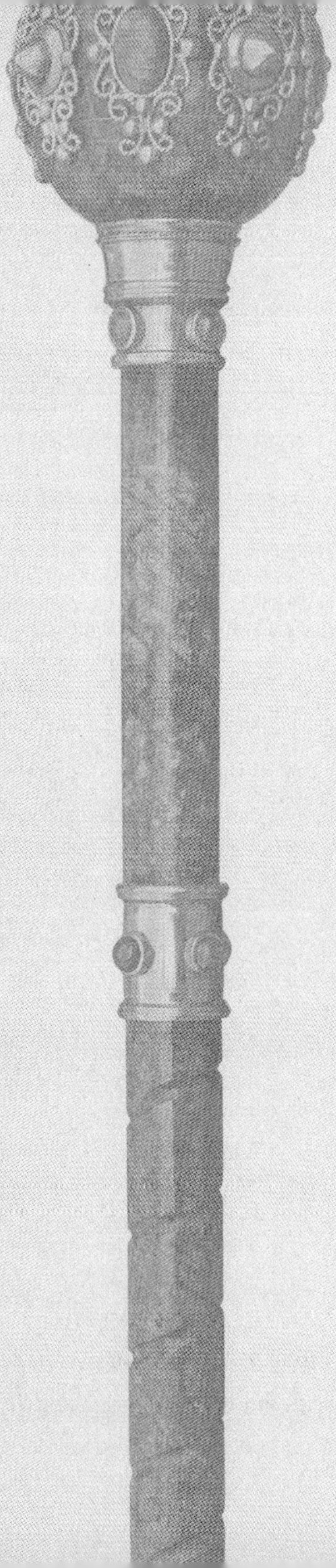

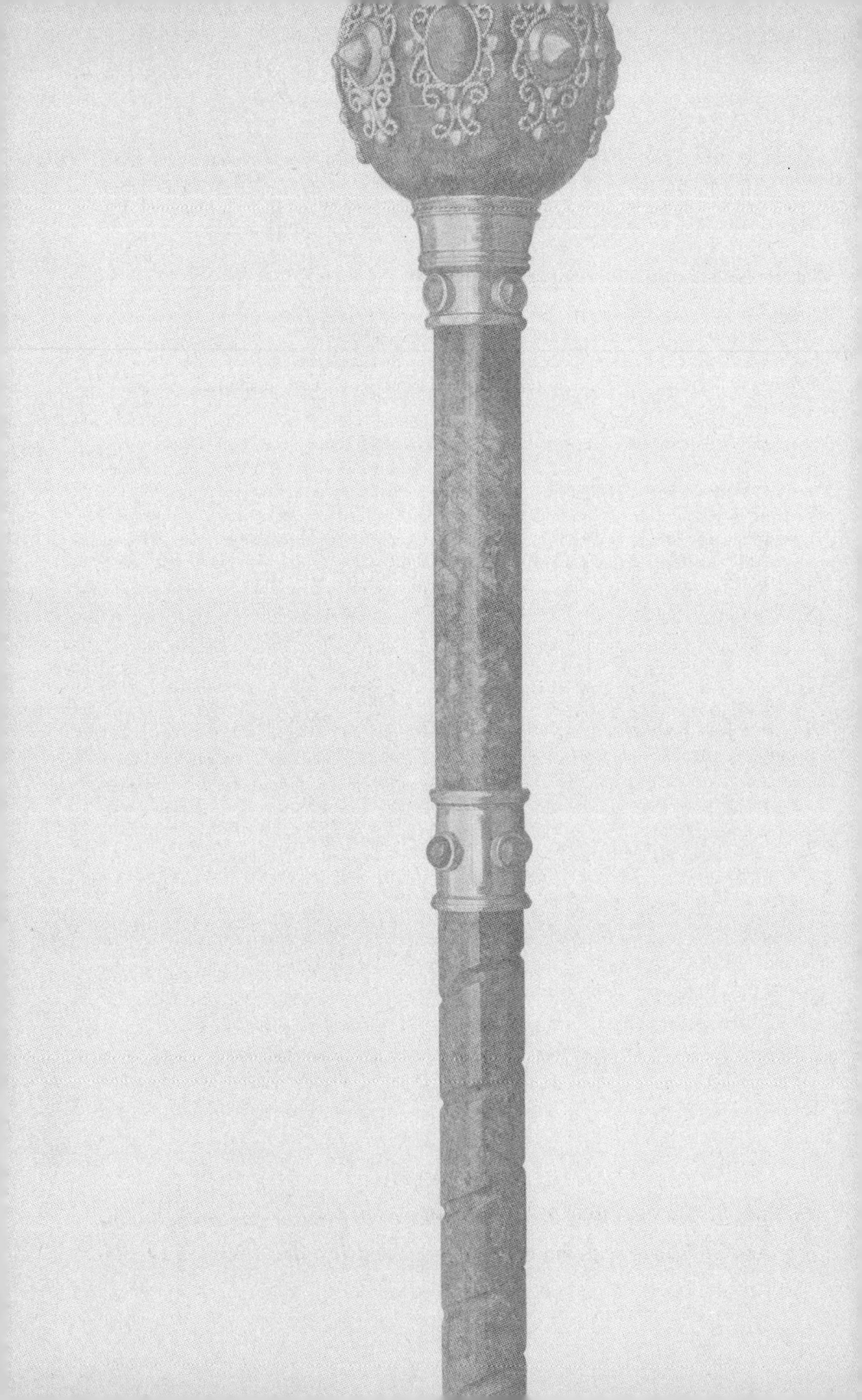

Ester

Una mujer para tiempos de crisis

PERFIL DE ESTER
Referencias bíblicas: Ester 1:1–10:3
Lugar: Susa, la capital real de Persia
Fecha: Aproximadamente entre los años 485 y 465 a. C.

IMAGINEMOS LA ESCENA

Era más o menos el año 485 antes de Cristo, durante el cautiverio de los judíos, cuando una joven y hermosa mujer judía llamada Hadasa conversaba animadamente con su primo Mardoqueo. Él le había dado a Hadasa un hogar después de la muerte de los padres de ella. Mardoqueo era un judío que se había quedado en Persia, igual que muchos otros; por lo tanto, había aprendido mucho de la cultura y conocía el idioma. Además, Mardoqueo era un oficial menor que trabajaba como guardia en las puertas del palacio del rey Jerjes en la capital del imperio persa.

Mardoqueo meditó por un momento y luego le dijo a Hadasa:

—Esta es una oportunidad para ti. El rey ha destituido como reina y como su esposa a Vasti, por negarse a obedecer las órdenes del rey. Todas las mujeres bellas y vírgenes están siendo convocadas para ser presentadas ante él. De entre todas esas doncellas el rey Jerjes elegirá a la nueva reina. ¡Tú puedes ser esa reina! Lo primero que vamos a hacer es cambiar tu nombre judío a un nombre persa. ¿Qué te parece "Ester", que significa "estrella"?

Los ojos oscuros de Hadasa brillaron con una mezcla de emoción y tristeza. Como meditando respondió:

—Sí, me gusta el nombre Ester. Haré lo que tú me pides, mi querido primo. Sin embargo, siento cierta

SEGÚN LA BIBLIA

Estos hechos sucedieron en los días del rey Jerjes, quien reinó sobre ciento veintisiete provincias, desde la India hasta Etiopía. En esa época, Jerjes gobernaba su imperio desde el trono real, ubicado en la fortaleza de Susa. En el tercer año de su reinado, hizo un banquete para todos sus nobles y funcionarios. Invitó a todos los oficiales del ejército de Persia y Media, y también a los príncipes y nobles de las provincias. [...]

Al séptimo día de la fiesta, cuando el rey Jerjes estaba muy alegre a causa del vino, [...] ordenó [...] que le trajeran a la reina Vasti con la corona real en la cabeza. Quería que los nobles y los demás hombres contemplaran su belleza, porque era una mujer sumamente hermosa; pero cuando le comunicaron la orden del rey a la reina Vasti, ella se negó a ir. Esa respuesta enfureció al rey y lo hizo arder de enojo. [...]

Ester

Así que sus asistentes personales sugirieron lo siguiente: «Busquemos en todo el imperio jóvenes hermosas y vírgenes para el rey. Que el rey nombre delegados en cada provincia para que reúnan a esas hermosas jóvenes en el harén real en la fortaleza de Susa. [...] Después, la joven que más agrade al rey será reina en lugar de Vasti». Al rey le pareció muy bueno ese consejo, así que decidió ponerlo en práctica.

Por esos días, en la fortaleza de Susa había un judío llamado Mardoqueo, hijo de Jair. [...] Mardoqueo tenía una prima joven muy hermosa y atractiva que se llamaba Hadasa, a la cual también le decían Ester. Cuando el padre y la madre de ella murieron, Mardoqueo la adoptó, la integró a su familia y la crio como su propia hija.

Como resultado del decreto del rey, Ester, junto con muchas otras jóvenes, fue llevada al harén del rey en la fortaleza de Susa y entregada al cuidado de Hegai. Hegai quedó muy impresionado con Ester y la trató con mucha amabilidad. Enseguida ordenó que le prepararan una dieta especial y se le hicieran tratamientos de belleza. También le asignó siete doncellas escogidas especialmente del palacio del rey, y la trasladó junto con ellas al mejor lugar del harén.

Ester no le había revelado a nadie su nacionalidad ni su trasfondo familiar porque Mardoqueo le había ordenado que no lo hiciera. Todos los días, Mardoqueo daba un paseo cerca del patio del harén para averiguar cómo estaba Ester y qué le sucedía. [...]

Llevaron a Ester ante el rey Jerjes, en el palacio real, a comienzos del admiración y cariño por la reina Vasti. Ella es una mujer muy hermosa e inteligente. Ella demostró mucho valor al no obedecer a su esposo.

—Ese es el verdadero problema —explicó Mardoqueo—. La reina Vasti desobedeció por partida doble. Por un lado, era la orden del rey, quien es la autoridad suprema en todo el imperio. Desobedecerlo fue una afrenta. Por el otro lado, mostró falta de respeto hacia su esposo.

Ester ocupó su lugar entre todas las hermosas jovencitas presentadas por sus padres y familias en el palacio a Hegai, el eunuco a cargo de las mujeres del rey. Durante todo el año las jóvenes solicitantes eran embellecidas con mirra, bálsamos y perfumes antes de ser presentadas al rey.

Cuando por fin llegó el día en que Ester fue conducida ante el rey para pasar la noche a solas con él, ella estaba sonrojada, muy emocionada. Lucía más hermosa que nunca. El esplendor de la corte se extendía ante la joven judía en el inmenso salón de mármol blanco y negro, adornado con cortinas moradas de lino fino atrapadas con anillos de plata, y conchas doradas y plateadas. El piso en el cual debía presentarse ante el rey brillaba con colores madreperla.

El generoso amante del placer, Jerjes, estaba acostumbrado a la magnificencia de su palacio, pero nunca había visto a una mujer tan bella como Ester. Hegai había ordenado que cuidadosamente la vistieran con túnicas sueltas de oro y púrpura; él mismo, con sus propias manos, había puesto en su cabello negro joyas impresionantemente bellas. La piel aceitunada y oscura de Ester brillaba bajo los ungüentos y cosméticos. Los ojos grandes de Ester atraparon los del rey y ella lo miró con firmeza.

De todas las bellas y jóvenes mujeres, Jerjes eligió a Ester, la judía huérfana, para que fuera su reina. Todos los que la conocían la amaban.

En muy poco tiempo, los funcionarios del palacio y los sirvientes le revelaron a Ester que su pueblo, los judíos, tenían un enemigo peligroso en el funcionario favorito de su marido.

Amán era sagaz, despiadado, desesperadamente ambicioso y no se detenía ante nada para promoverse a sí mismo. Hábilmente logró que el rey dictara un decreto por el cual todos los judíos debían inclinar la cabeza en su presencia en señal de reverencia. El primo de Ester, Mardoqueo, negándose a inclinar su cabeza ante nadie más que delante del Señor Dios, se convirtió en el enemigo más odiado de Amán. Usando su influencia con el rey, que se preocupaba más por el placer que por sus deberes como gobernante de Persia, Amán lo manipuló para que emitiera un decreto real según el cual todos los judíos, hombres, mujeres y niños, serían asesinados. Mardoqueo se dirigió inmediatamente a la reina Ester, instándola a comparecer en persona ante el rey para que intercediera por su pueblo.

—Yo no he sido llamada en los últimos treinta días —informó Ester a su primo—. Cualquier persona que ingrese delante del rey sin ser llamada será ejecutada inmediatamente. La única posibilidad de que siga viva es que el rey le extienda su cetro de oro.

Mardoqueo pensó por un momento y dijo a Ester:

—No te creas que por estar en el palacio escaparás cuando todos los demás judíos sean asesinados. Si te quedas callada en un momento como este, el alivio y la liberación para los judíos surgirán de algún otro lado, pero tú y tus parientes morirán. ¿Quién sabe si no llegaste a ser reina precisamente para un momento como este?

Ester miró a las siete doncellas que estaban a su servicio con cierta preocupación. Algunas de ellas comprendían lo que estaba pasando y se acercaron para abrazarla y afirmarle su aprecio y cariño. La respuesta a Mardoqueo no podía esperar mucho tiempo. Ester respiró profundo, hizo una breve oración pidiendo gracia y sabiduría y mandó que dijeran a Mardoqueo:

—Ve y reúne a todos los judíos que están en Susa y hagan ayuno por mí. No coman ni beban durante tres días, ni de noche ni de día; mis doncellas y yo haremos lo mismo. Entonces, aunque es contra la ley, entraré a ver al rey. Si tengo que morir, moriré.

Tres días después, Ester se puso las más elegantes vestiduras reales y entró en el patio interior del palacio, deteniéndose ante la puerta de la sala en la que el rey estaba sentado en su trono resolviendo algunos asuntos de rutina. En cuanto el rey vio a la reina Ester en el patio, se mostró cariñoso con ella y extendió hacia ella el cetro de oro que llevaba en la mano. Ester se acercó y tocó el extremo del cetro, y, en respuesta a la pregunta del rey, le pidió que asistiera a un banquete, junto con su asistente, Amán.

Así el rey y Amán fueron al banquete que la reina había preparado. Durante el banquete, el rey le dijo a Ester:

—¡Pídeme lo que quieras, y te lo concederé… aun si me pides la mitad de mi reino!

invierno del séptimo año de su reinado. Y el rey amó a Ester más que a todas las demás jóvenes. Estaba tan encantado con ella que le puso la corona real sobre la cabeza y la declaró reina en lugar de Vasti. […]

Luego Amán se acercó al rey Jerjes y le dijo: «Hay cierta raza dispersada por todas las provincias del imperio que se mantiene aislada de todas las demás. Tienen leyes diferentes de los demás pueblos y se niegan a obedecer las leyes del rey. Por lo tanto, no conviene a los intereses del rey que ese pueblo siga con vida. Si al rey le agrada, emita un decreto para destruirlos, y yo donaré diez mil bolsas grandes de plata a los administradores del imperio para que los depositen en la tesorería del reino».

El rey estuvo de acuerdo. […] El decreto se redactó en nombre del rey Jerjes y fue sellado con el anillo del rey. Se enviaron comunicados a todas las provincias del imperio mediante mensajeros veloces, con orden de matar, masacrar y aniquilar a todos los judíos —jóvenes y ancianos, incluso las mujeres y los niños— en un solo día. El plan estaba programado para el 7 de marzo del año siguiente. Las pertenencias de los judíos serían entregadas a los que los mataran. […]

Cuando Mardoqueo se enteró de todo lo que había ocurrido, se rasgó su ropa, se vistió de tela áspera, se arrojó ceniza y salió por la ciudad llorando a gritos con un amargo lamento. Llegó hasta la puerta del palacio porque no se permitía que nadie entrara por la puerta del palacio vestido de luto. A medida que la noticia del

Ester

decreto real llegaba a todas las provincias, había más duelo entre los judíos. Ayunaban, lloraban y se lamentaban, y muchos se vestían con tela áspera y se acostaban sobre ceniza. [...]

Mardoqueo le envió la siguiente respuesta a Ester: «No te creas que por estar en el palacio escaparás cuando todos los demás judíos sean asesinados. Si te quedas callada en un momento como este, el alivio y la liberación para los judíos surgirán de algún otro lado, pero tú y tus parientes morirán. ¿Quién sabe si no llegaste a ser reina precisamente para un momento como este?».

Entonces Ester envió la siguiente respuesta a Mardoqueo: «Ve y reúne a todos los judíos que están en Susa y hagan ayuno por mí. No coman ni beban durante tres días, ni de noche ni de día; mis doncellas y yo haremos lo mismo. Entonces, aunque es contra la ley, entraré a ver al rey. Si tengo que morir, moriré». Así que Mardoqueo se puso en marcha e hizo todo tal como Ester le había ordenado.

Al tercer día del ayuno, Ester se puso las vestiduras reales y entró en el patio interior del palacio, que daba justo frente a la sala del rey. El rey estaba sentado en su trono real, mirando hacia la entrada. Cuando vio a la reina Ester de pie en el patio interior, ella logró el favor del rey y él le extendió el cetro de oro. Entonces Ester se acercó y tocó la punta del cetro.

Entonces el rey le preguntó:

—¿Qué deseas, reina Ester? ¿Cuál es tu petición? ¡Te la daré, aun si fuera la mitad del reino!

Y Ester contestó:

Cuando Ester le pidió asistir a otro banquete al día siguiente, el rey sonrió satisfecho y dijo:

—Mi reina sabe que me gusta comer y tomar buen vino. Aquí estaremos mañana.

Aquella noche el rey no pudo conciliar el sueño, así que pidió que le leyeran el libro de las crónicas importantes de su reino durante los doce años que había estado en el trono. La lectura le hizo recordar que Mardoqueo lo había salvado de una conspiración para quitarle la vida. También verificó que no se había hecho ninguna distinción a Mardoqueo por ese acto. Por fin, Jerjes logró dormir.

A la mañana siguiente, mientras tomaba el desayuno, se dio cuenta de que Amán estaba en el patio. Amán había llegado temprano esperando la oportunidad de hablar con el rey y pedirle que diera la orden de colgar a Mardoqueo en la horca que tenía preparada. El rey ordenó que Amán entrara e inmediatamente le preguntó:

—¿Qué debe hacerse al hombre a quien el rey quiere honrar?

Amán se dijo a sí mismo: *¿Y a quién va a querer honrar el rey sino a mí?* Así que respondió:

—Para ese hombre deberá traerse la misma túnica que usa su Majestad, y un caballo de los que su Majestad monta y que lleve en su cabeza una corona real. La túnica y el caballo se entregarán a uno de los más grandes personajes del gobierno, para que sea él quien vista al hombre a quien su Majestad desea honrar, y lo conduzca a caballo por la plaza de la ciudad, gritando delante de él: "¡Así se trata al hombre a quien el rey quiere honrar!"

Entonces el rey le dijo a Amán:

—Pues date prisa, toma la túnica y el caballo, tal como has dicho, y haz eso mismo con el judío Mardoqueo, que está sentado a la puerta del palacio. No dejes de cumplir ningún detalle de los que has dicho.

Amán tomó la túnica y el caballo, y vistió a Mardoqueo y lo condujo a caballo por la plaza de la ciudad, gritando delante de él: «¡Así se trata al hombre a quien el rey quiere honrar!». Una vez terminado el paseo, Mardoqueo volvió a la puerta del palacio, y Amán se fue a su casa, triste y muy avergonzado.

Después, cuando el rey y su «mano derecha», Amán, se presentaron en el área asignada para la reina, los tres entraron al banquete con emociones muy distintas: el rey con alegre anticipación; Ester con la disposición de interceder por su pueblo, aunque pudiera costarle la vida; y Amán ardiendo de enojo y resentimiento por su humillación ante Mardoqueo. Una vez iniciado el banquete, el rey tomó la iniciativa en la conversación y, no pudiendo ocultar más su curiosidad, invitó a la reina a expresar su solicitud. Le aseguró de antemano que le daría prácticamente cualquiera cosa que ella pidiera.

Ester le respondió:

—Si su Majestad en verdad me ama, y si le parece bien, le pido que salve mi vida y la de mi pueblo. Se ha puesto precio a nuestra vida, y se nos quiere destruir. Si hubiéramos sido vendidos como esclavos y esclavas, yo me callaría, y no molestaría a su Majestad por algo sin mucha importancia.

El rey Jerjes le preguntó:

—¿Y quién es ese que se atrevió a hacer esto? ¿Dónde está?

Ester, señalando a Amán, le respondió:

—¡Nuestro enemigo es este malvado!

El rey Jerjes se levantó de la mesa muy enojado, y salió al jardín para calmarse, ordenar un poco sus pensamientos y darse cuenta de varias cosas. Por ejemplo, él había dado permiso para vender un pueblo en esclavitud, no para que fuera exterminado.

Por otra parte, el rey no había relacionado el peligro en el que estaba Ester con el complot de Amán. A decir verdad, el rey no había preguntado la identidad del pueblo al que había dado permiso a Amán de someter. Ignoraba la intriga que se había desarrollado en su propio palacio, a la cual él había dado su firma de aprobación. ¡Ahora todo estaba claro! Amán era el responsable de buscar la destrucción de un pueblo completo, tal vez engañando al rey en el proceso y poniendo en peligro la vida de la reina.

Cuando Amán vio salir al rey con el rostro muy serio, se quedó paralizado de miedo. La situación era muy crítica, así que se puso de rodillas a los pies de Ester para rogarle a la reina que lo salvara. Amán estaba aterrado pues había caído en su propia trampa.

Cuando el rey regresó del jardín y entró a la sala, vio que Amán estaba demasiado cerca de Ester. Entonces el rey exclamó:

—¡Solo eso me faltaba! ¡Que le faltes al respeto a mi esposa ante mis ojos, y en mi propia casa! ¡Guardias, saquen a este malvado de mi presencia!

—Si al rey le agrada, venga el rey con Amán hoy al banquete que preparé para el rey.

El rey se dirigió a sus asistentes y dijo: «Díganle a Amán que venga de prisa a un banquete, como lo ha solicitado Ester». Así que el rey y Amán fueron al banquete preparado por Ester.

Mientras bebían vino, el rey le dijo a Ester:

—Ahora dime lo que realmente quieres. ¿Cuál es tu petición? ¡Te la daré, aun si fuera la mitad del reino!

Ester contestó:

—Mi petición y mi más profundo deseo es que, si he logrado el favor del rey y si al rey le agrada conceder mi petición y hacer lo que le pido, le ruego que venga mañana con Amán al banquete que prepararé para ustedes. Entonces explicaré de qué se trata todo este asunto.

¡Amán salió muy contento del banquete! Sin embargo, cuando vio a Mardoqueo sentado a la puerta del palacio y que no se puso de pie ni tembló de miedo ante su presencia, se enfureció mucho. No obstante, se contuvo y se fue a su casa. [...]

Entonces el rey y Amán fueron al banquete de la reina Ester. En esta segunda ocasión, mientras bebían vino, el rey volvió a decir a Ester:

—Dime lo que desees, reina Ester. ¿Cuál es tu petición? ¡Yo te la daré, aun si fuera la mitad del reino!

La reina Ester contestó:

—Si he logrado el favor del rey, y si al rey le agrada conceder mi petición, pido que mi vida y la vida de mi pueblo sean libradas de la muerte. Pues mi pueblo y yo hemos sido vendidos para ser muertos, masacrados y aniquilados. Si solo nos hubieran vendido como esclavos, yo me quedaría callada, porque sería un asunto por el cual no merecería molestar al rey.

—¿Quién sería capaz de hacer semejante cosa? —preguntó el rey Jerjes—. ¿Quién podría ser tan descarado para tocarte a ti?

Ester contestó:

—Este malvado Amán es nuestro adversario y nuestro enemigo.

Amán se puso pálido de miedo delante del rey y de la reina. Entonces el rey, enfurecido, se levantó de un salto y salió al jardín del palacio.

Amán, en cambio, se quedó con la reina Ester para implorar por su vida, porque sabía que el rey pensaba matarlo. En su desesperación se dejó caer sobre el diván donde estaba reclinada la reina Ester, justo cuando el rey volvía del jardín del palacio.

El rey exclamó: «¿Hasta se atreve a atacar a la reina aquí mismo, en el palacio, ante mis propios ojos?». Entonces, en cuanto el rey habló, sus asistentes le cubrieron la cara a Amán en señal de condena. [...]

Luego Ester volvió a presentarse ante el rey, cayó a sus pies y le suplicó con lágrimas que detuviera el plan siniestro que Amán, el agagueo, había conspirado contra los judíos. Nuevamente el rey extendió su cetro de oro hacia Ester. De modo que ella se levantó y permaneció de pie delante de él.

Ester dijo:

Ester

Cuando los guardias oyeron los gritos del rey, entraron y le cubrieron la cara a Amán. Uno de los guardias dijo:

—En la casa de Amán hay una horca que él preparó para Mardoqueo, el judío que le salvó la vida a su Majestad.

Entonces el rey ordenó:

—¡Cuélguenlo!

Los guardias colgaron a Amán en la horca que él había preparado para Mardoqueo, y así el rey se tranquilizó.

LECCIONES PRÁCTICAS QUE APRENDEMOS DE ESTER

Ester fue una mujer real que enfrentó antagonismo y peligro por su trasfondo étnico y luchó con sus dudas acerca de si una mujer como ella podía marcar una diferencia en una crisis tan grave. Sus temores y sus reacciones son relevantes a lo que sentimos hoy en día. Ester también fue una mujer radical por su disposición a ponerse en riesgo por causa de su pueblo.

No se menciona el nombre de Dios ni una sola vez en todo el libro de Ester, pero se ve al Señor en acción constante, apresurando cada desarrollo que se mueve en esta historia de una reina temerosa de Dios. Como siempre lo hace, Dios estaba obrando en la corriente principal de la historia humana para mantener su plan en movimiento.

Buscar la guía de alguien en quien podamos confiar

Ester confió completamente en la guía de Mardoqueo, tanto en lo relativo a su matrimonio como en su acción para defender a su pueblo.

Ester vaciló bastante antes de decidir presentarse ante el rey para interceder por su pueblo. Mardoqueo tuvo que usar un lenguaje enérgico para convencerla: «No te imagines que por estar en la casa del rey te vas a librar». Seguramente la conmovió la otra parte del mensaje: «Quién sabe si para una ocasión como esta has llegado a ser reina».

Todos necesitamos a un Mardoqueo que nos anime, ayude y aconseje en la toma de decisiones difíciles. Alguien que con amor, pero con firmeza, nos oriente, y algunas veces nos hable de nuestras responsabilidades. ¿Dónde encontramos un «Mardoqueo»? Le sugerimos considerar al pastor y a su esposa, a un hermano o hermana de la congregación que muestre buen criterio, dedicación al Señor y buen conocimiento de las Sagradas

Mujeres de la Biblia hablan hoy

Escrituras. A veces es bueno tener un grupo de apoyo, es decir, varias personas del mismo sexo, casi de la misma edad, y con los mismos intereses espirituales para conversar y compartir en un ambiente de libertad y confianza.

Mostrar valor y entrega

Ester mostró mucho valor al momento de presentarse ante el rey para rogar por la vida de las personas de su pueblo. Ester conocía bien los riesgos que implicaba presentarse sin ser llamada. Por otro lado, no sabía cómo iba a reaccionar el rey al saber que durante todo ese tiempo ella le había ocultado su ascendencia judía. Era literalmente una decisión de vida o muerte. Buscó a Dios durante tres días de oración intensa y luego actuó con valor y entrega.

Las mujeres de hoy están siendo animadas por el Señor nuestro Dios para mostrar el tipo de valor y entrega que mostró Ester. Es posible que no sea en un entorno tan glamoroso o en circunstancias tan emocionantes; sin embargo, la demanda es la misma. Ester no cayó en la trampa en la que cayeron tantas mujeres cuando permitieron que sus emociones controlaran sus circunstancias. Ella usó su cabeza, aunque su corazón estaba lleno de miedo por el riesgo para su propia vida y la de su gente.

Los tiempos de grandes crisis requieren del poder de Dios, pero también de grandes sacrificios de parte de sus hijos. Ester se tuvo que jugar el todo por el todo. Había llegado su hora. Primero buscó la dirección de Dios, y luego estuvo dispuesta a hacer su parte. Hoy, Dios demanda este tipo de entrega: cristianos que estén dispuestos a «jugarse el todo» por el Señor.

Jesús dijo que debíamos ser tan mansos como las palomas, pero tan astutos como las serpientes (Mateo 10:16). Ester era ambas cosas. La combinación de amabilidad y sabiduría siempre funciona. En la carta de Santiago se nos dice que cuando necesitemos una mayor cuota de sabiduría que se la pidamos a Dios y él la proveerá generosamente (Santiago 1:5).

Recordar que las situaciones terribles no tienen la última palabra

Piense por un momento en los judíos que vivían en Persia. El decreto para su exterminio había sido firmado por el mismo rey. ¡Firmado y sellado! El rey se había asegurado de que nadie quedara sin escuchar esa

—Si al rey le place y yo he logrado su favor, y si al rey le parece correcto y yo le resulto agradable, que se emita un decreto que anule las órdenes de Amán, hijo de Hamedata el agagueo, quien ordenó la destrucción de los judíos en todas las provincias del rey. Pues, ¿cómo podría soportar ver a mi pueblo y a mi familia ser masacrados y destruidos?

Entonces el rey Jerjes dijo a la reina Ester y a Mardoqueo, el judío:

—Le he dado a Ester las propiedades de Amán, a quien atravesaron en un poste porque trató de destruir a los judíos. Ahora envíen un mensaje a los judíos en nombre del rey, que exprese lo que ustedes quieran, y séllenlo con el anillo del rey. Sin embargo, recuerden que todo lo que ya se ha escrito en nombre del rey y lo que se ha sellado con su anillo jamás puede ser revocado. [...]

Así que, el día señalado, los judíos hirieron de muerte a sus enemigos a filo de espada. [...] Mardoqueo registró esos acontecimientos y envió cartas a los judíos que vivían cerca y lejos, en todas las provincias del rey Jerjes, para motivarlos a celebrar cada año un festival durante esos dos días. Les dijo que debían celebrar esos días con alegría y festejos, obsequiándose porciones de comida unos a otros y haciendo regalos a los pobres. Ese festival conmemoraría el tiempo en que los judíos quedaron aliviados de sus enemigos, cuando su dolor se convirtió en alegría y su duelo en gozo.

Ester 1:1-3, 10-12; 2:2-5, 7-11, 16-17; 3:8-10, 12-13; 4:1-3, 13–5:10; 7:1-8; 8:3-8; 9:5, 20-22

Ester

sentencia. Como dice Ester 3:15: «La ciudad de Susa entró en confusión». Pero una vez más, Dios mostró que él tiene la última palabra. ¡Y las cosas cambiaron! Ester 8:16 dice que a fin de cuentas: «Los judíos se llenaron de gozo y alegría y recibieron honra en todas partes».

Nuestro tiempo también es de grandes crisis: económicas, políticas, morales, familiares o individuales que se originan por la desobediencia a Dios y a sus mandatos. Al reconocer la situación de crisis, Ester pide que el pueblo se una para clamar a Dios. Ella sabía cómo era su Dios. Él era el Dios de las cosas difíciles. Nosotros también sabemos que solo un Dios grande y poderoso puede dar solución a crisis tan grandes como las que nos toca vivir.

Puede ser que un hijo o una hija de Dios se encuentre en una situación de la que parece imposible salir. No se rinda: ¡hay esperanza! Como bien lo expresa el salmista: «El llanto podrá durar toda la noche, pero con la mañana llega la alegría» (Salmo 30:5).

ALGO PARA PENSAR O CONVERSAR

- *Ester se apoyó mucho en la guía de Mardoqueo. Anote el nombre de una persona con quien usted puede conversar sobre asuntos personales y la toma de decisiones complejas. ¿Cuál es una decisión que usted debe tomar ahora mismo sobre la que sería bueno hablar con esa persona?*

- *¿Qué podría ser lo que Dios está llamándola a hacer con valor y entrega? Quizás usted siente que Dios le está pidiendo que haga algo, pero tiene miedo. Recuerde: este es su momento. Lo que el Señor pide de usted no lo pide de nadie más. ¿Cómo le va a responder al Señor?*

- *Ninguno de nosotros elegimos el tiempo ni las circunstancias para nuestro nacimiento. Dios nos puso en el mundo en esta hora y para esta hora. ¿Qué marca va a dejar de su paso por el mundo? ¿Está haciendo todo el bien que puede hoy? Recordemos un antiguo dicho de los cuáqueros: «Pasaré una sola vez por este camino; de modo que cualquier bien que pueda hacer o cualquier cortesía que pueda tener con cualquier ser humano, lo tengo que hacer ahora. No lo dejaré para mañana porque nunca más volveré a pasar por aquí». ¿Cómo van a mejorar las personas o las circunstancias que nos rodean debido a nuestras acciones? Converse sobre sus ideas con los miembros de su grupo.*

- *¿Cuándo fue la última vez que como familia o como iglesia clamaron y ayunaron pidiendo una intervención especial de Dios? ¿Por cuáles crisis le gustaría empezar a orar de manera regular?*

PARA RECORDAR:

«Si al rey le place y yo he logrado su favor, y si al rey le parece correcto y yo le resulto agradable, que se emita un decreto que anule las órdenes de Amán, hijo de Hamedata el agagueo, quien ordenó la destrucción de los judíos en todas las provincias del rey. Pues, ¿cómo podría soportar ver a mi pueblo y a mi familia ser masacrados y destruidos?».

ESTER 8:5-6

María

Una mujer muy favorecida

PERFIL DE MARÍA

Referencias bíblicas: Mateo 1; 2; 12:46; 13:55; Marcos 6:3; Lucas 1:26-56; 2:1-52; Juan 2:1-11; 19:25; Hechos 1:14

Lugar: Nazaret y Jerusalén

Fecha: Aproximadamente entre los años 6 a. C. y 40 d. C.

IMAGINEMOS LA ESCENA

Una hebrea de cara redonda y piel morena clara en los últimos años de su adolescencia se sentó a moler la cebada con un mortero en el patio del frente de la casa de su padre en Nazaret, una pequeña ciudad en el norte de Galilea. Nazaret estaba casi a mitad de camino entre las ciudades principales de Fenicia (Tiro y Sidón) y Jerusalén, por lo tanto, era un lugar bastante conveniente para que los viajeros que iban o venían de Jerusalén pasaran la noche antes de continuar su viaje. Nunca faltaban los transeúntes. Era primavera y a María le gustaba cantar mientras molía los granos de cebada; parecía que unos pequeños pájaros rojos y marrones también cantaban con ella desde los árboles que rodeaban la casa.

María acababa de comprometerse para casarse con José, el amable vecino, amigo de su padre, cuyo taller de carpintería estaba cerca de su casa. José era un hombre alto y bondadoso, cuyas manos fuertes y musculosas armaban las cunas para los bebés según el encargo de los futuros padres. Esas manos también daban forma a los troncos de los duros árboles talados en los bosques que luego se usaban como yugos para las yuntas de los bueyes que tiraban de las carretas cargadas de mercancías para ser vendidas en el mercado de Nazaret.

SEGÚN LA BIBLIA

Cuando Herodes era rey en Judea, [...] Dios envió al ángel Gabriel a Nazaret, una aldea de Galilea, a una virgen llamada María. Ella estaba comprometida para casarse con un hombre llamado José, descendiente del rey David. Gabriel se le apareció y dijo: «¡Saludos, mujer favorecida! ¡El Señor está contigo!».

Confusa y perturbada, María trató de pensar lo que el ángel quería decir.

—No tengas miedo, María —le dijo el ángel—, ¡porque has hallado el favor de Dios! Concebirás y darás a luz un hijo, y le pondrás por nombre Jesús. Él será muy grande y lo llamarán Hijo del Altísimo. El Señor Dios le dará el trono de su antepasado David. Y reinará sobre Israel para siempre; ¡su reino no tendrá fin!

María

—¿Pero cómo podrá suceder esto? —le preguntó María al ángel—. Soy virgen.

El ángel le contestó:

—El Espíritu Santo vendrá sobre ti, y el poder del Altísimo te cubrirá con su sombra. Por lo tanto, el bebé que nacerá será santo y será llamado Hijo de Dios. Además, tu parienta Elisabet, ¡quedó embarazada en su vejez! Antes la gente decía que ella era estéril, pero ha concebido un hijo y ya está en su sexto mes de embarazo. Pues la palabra de Dios nunca dejará de cumplirse.

María respondió:

—Soy la sierva del Señor. Que se cumpla todo lo que has dicho acerca de mí.

Y el ángel la dejó.

Pocos días después, María fue de prisa a la zona montañosa de Judea, al pueblo donde vivía Zacarías. Entró en la casa y saludó a Elisabet. Al escuchar el saludo de María, el bebé de Elisabet saltó en su vientre y Elisabet se llenó del Espíritu Santo.

Elisabet dio un grito de alegría y le exclamó a María:

—Dios te ha bendecido más que a todas las mujeres, y tu hijo es bendito. ¿Por qué tengo este honor, que la madre de mi Señor venga a visitarme? Cuando escuché tu saludo, el bebé saltó de alegría en mi vientre. Eres bendita porque creíste que el Señor haría lo que te dijo.

María respondió:

—Oh, cuánto alaba mi alma al Señor.
  ¡Cuánto mi espíritu se alegra en Dios mi Salvador!

Un pájaro petirrojo se puso a cantar un solo, parado en una rama justo encima de la cabeza de María. Ella dejó de trabajar y le sonrió al pájaro mientras escuchaba su canto. De pronto, dejó de sonreír. Alguien más estaba en el patio con ella, como si se estuviera escondiendo detrás de los árboles. Agarró con fuerza el mortero de piedra que todavía tenía en su mano. ¡No lo podía creer! Era el rostro sonriente y amable del más bello ser que ella jamás hubiera visto.

El ángel se dio cuenta de que ella se había asustado y no sabía qué hacer o decir, así que con voz suave, clara y melodiosa la saludó y le dijo:

—No tengas miedo, María; Dios te ha concedido su favor. Escucha con cuidado: quedarás embarazada y darás a luz un hijo, y le pondrás por nombre Jesús. Él será un gran hombre, y lo llamarán Hijo del Altísimo. Su reinado no tendrá fin.

María seguía sentada sobre el banco de trabajo, pero sin darse cuenta había dejado caer el mortero y se había acomodado el manto sobre la cabeza. Sus ojos de un gris oscuro estaban muy abiertos y miraban perplejos como si buscaran una respuesta. No sentía miedo, pero no sabía qué decir. Después de un largo lapso, respiró profundamente y preguntó:

—¿Cómo podrá suceder esto, puesto que soy virgen?

—El Espíritu Santo vendrá sobre ti. Así que el niño que va a nacer será santo y lo llamarán Hijo de Dios.

María no lo podía comprender, pero en su corazón sabía que era el Señor quien la llamaba para una tarea especial. Inmediatamente se inclinó ante el ángel y dijo lo único que su corazón sencillo, abierto y orientado hacia Dios podía decir:

—Aquí tienes a la sierva del Señor. Que él haga conmigo como me has dicho.

Sin que mediaran más palabras, el ángel sonrió y la dejó.

Todas las mujeres temerosas de Dios en Israel esperaban la venida del Mesías y oraban para que ese Salvador prometido llegara a la tierra a través de ellas. El secreto que María guardaba en su mente y su corazón sin duda creó una barrera entre ella y su familia, y aún más entre ella y José. ¿Cómo podría decírselo? ¿Alguien le creería? Pasó los días en la casa de su padre, obediente como siempre a ellos, asumiendo toda su responsabilidad, pero extrañamente sola, llena de gozo y maravillada. Se

Mujeres de la Biblia hablan hoy

mantuvo en una relación estrecha con el Señor en adoración y alabanza, como siempre.

Ella sabía que eventualmente tendría que decirles todo lo que había pasado y lo que estaba experimentando, pero por ahora había algo que deseaba hacer lo más pronto posible: ir a visitar a su prima Elisabet, que vivía en una de las colinas cerca de Jerusalén. Elisabet era la única con quien podría hablar libremente. El ángel había dicho que ella también daría a luz un hijo. Algo que era otro milagro, pues Elisabet ya era de avanzada edad y era conocida por todos como una mujer que no había podido tener hijos.

Las dos mujeres hablaron de sus respectivas experiencias y compartieron sus emociones. María no necesitaba que Elisabet le confirmara nada, pues ella había recibido la palabra directamente del Señor por medio del ángel, y con eso le bastaba. Sin embargo, quedarse con su prima durante tres meses la ayudó a ubicar su nueva realidad como mujer en el contexto de su vida familiar y su relación de compromiso matrimonial con José. Cuando regresó a Nazaret, les contó a sus padres todos los detalles. Lo hizo de tal manera que ellos se dieron cuenta de la gran bendición que Dios les estaba dando por medio de su hija.

El siguiente paso era conversar con José, quien posiblemente ya habría escuchado algunos rumores, pues como suele ocurrir en los pueblos pequeños, todo el mundo se entera de todo de la noche a la mañana.

Imagine el momento cuando, pocos días después, ya segura de su condición y honesta como era, María le contó a su amado José lo acontecido. Imagine la reacción. Incredulidad. Rechazo. Protesta.

José tuvo que enfrentar el hecho de que su amada María daría a luz a un hijo concebido antes de casarse. Los relatos de Mateo y Lucas nos narran la agonía de José al enterarse del embarazo de su prometida. Hasta ahora no había hecho otra cosa que pensar y prepararse para el día de la boda, esperando con ansias que terminara el año del desposorio para casarse. Él se comportó como todo un caballero, amable y comprensivo: ofreció guardar silencio mientras lograba comprender lo que estaba pasando. De todos modos, había otras complicaciones y José se asustó mucho, pues la ley hebrea ordenaba la muerte para una mujer comprometida que resultaba embarazada de otro hombre. Su corazón estaba sacudido por diversas emociones. Aunque él no creía que María

Pues se fijó en su humilde sierva,
y de ahora en adelante todas las generaciones me llamarán bendita.
Pues el Poderoso es santo
y ha hecho grandes cosas por mí.
Él muestra misericordia de generación en generación
a todos los que le temen.
¡Su brazo poderoso ha hecho cosas tremendas!
Dispersó a los orgullosos y a los altaneros.
A príncipes derrocó de sus tronos
y exaltó a los humildes.
Al hambriento llenó de cosas buenas
y a los ricos despidió con las manos vacías.
Ayudó a su siervo Israel
y no se olvidó de ser misericordioso.
Pues lo prometió a nuestros antepasados,
a Abraham y a sus descendientes para siempre.

Y María se quedó con Elisabet unos tres meses y luego regresó a su casa. [...]

En esos días, Augusto, el emperador de Roma, decretó que se hiciera un censo en todo el Imperio romano. [...] Como José era descendiente del rey David, tuvo que ir a Belén de Judea, el antiguo hogar de David. Viajó hacia allí desde la aldea de Nazaret de Galilea. Llevó consigo a María, su prometida, quien estaba embarazada.

Mientras estaban allí, llegó el momento para que naciera el bebé. María dio a luz a su primer hijo varón. Lo envolvió en tiras de tela y lo acostó en un pesebre, porque no había alojamiento disponible para ellos. [...]

María

En ese tiempo, había en Jerusalén un hombre llamado Simeón. Era justo y devoto, y esperaba con anhelo que llegara el Mesías y rescatara a Israel. El Espíritu Santo estaba sobre él y le había revelado que no moriría sin antes ver al Mesías del Señor. Ese día, el Espíritu lo guio al templo. De manera que, cuando María y José llegaron para presentar al bebé Jesús ante el Señor como exigía la ley, Simeón estaba allí. Tomó al niño en sus brazos y alabó a Dios [...].

Los padres de Jesús estaban asombrados de lo que se decía de él. Entonces Simeón les dio su bendición y le dijo a María, la madre del bebé: «Este niño está destinado a provocar la caída de muchos en Israel, y también el ascenso de muchos otros. Fue enviado como una señal de Dios, pero muchos se le opondrán. Como resultado, saldrán a la luz los pensamientos más profundos de muchos corazones, y una espada atravesará tu propia alma». [...]

Una vez que los padres de Jesús cumplieron con todas las exigencias de la ley del Señor, regresaron a su casa en Nazaret de Galilea. Allí el niño crecía sano y fuerte. Estaba lleno de sabiduría, y el favor de Dios estaba sobre él.

Cada año, los padres de Jesús iban a Jerusalén para el festival de la Pascua. Cuando Jesús tenía doce años, asistieron al festival como siempre. Una vez terminada la celebración, emprendieron el regreso a Nazaret, pero Jesús se quedó en Jerusalén. Al principio, sus padres no se dieron cuenta, porque creyeron que estaba entre los otros viajeros; pero cuando se hizo de noche y no aparecía,

le hubiera mentido, ¿cómo podía explicar la situación? Era un dilema más grande que lo que él podía manejar.

Dios intervino amorosamente para darle a José la respuesta perfecta.

—Cuando tú me contaste lo ocurrido, yo te creí —le aseguró José a María—. Sin embargo, Dios se me apareció en un sueño y me dijo exactamente lo que tengo que hacer.

—¿Me estás diciendo que a ti también se te apareció un ángel del Señor? —pregunto María, muy intrigada.

—Me acosté pensando en cuál sería la mejor manera de resolver las cosas —dijo José, tratando de encontrar la mejor manera de explicarle a María—. Entre otras cosas, pensé en dejarte e irme lejos; de esa manera todos creerían que yo no honré mi palabra contigo. Mientras pensaba y pensaba, me quedé dormido. De repente, un ángel del Señor se me apareció en sueños y me dijo que este niño es del Espíritu Santo.

María y José se casaron como habían planeado. El Espíritu Santo había obrado sobre María a principios de la primavera, así que el bebé llegaría para el final del año. Cuando casi llegaba el tiempo de que María diera a luz, José entró a la casa bastante inquieto.

—Y ahora, ¿qué te pasa, José? —preguntó María a su esposo que parecía no saber qué hacer.

—Me preocupa que ya casi va a nacer el niño y nosotros tenemos que hacer el viaje hasta Belén para cumplir con el censo.

Con voz tranquila pero segura, María respondió:

—Cariño, Dios sabe acerca de este censo. Él lo sabía aún antes de que el César tuviera la ocurrencia de hacerlo. Dios también sabe cuándo nacerá el niño. No tenemos de qué preocuparnos.

José caminó los más de cien kilómetros al lado del pequeño burro en el cual María viajó desde Nazaret hasta Belén. Siempre estuvo atento y atendiendo lo mejor que podía todas las necesidades de su esposa. Buscó los lugares más cómodos que era posible encontrar para que ella pudiera descansar. Cuando tenían que dormir al lado del camino, José se mantenía despierto y vigilante para proteger a su esposa.

Mientras se acercaban a Belén, se dieron cuenta de que había peregrinos que llegaban de todas partes para cumplir con la orden del César. De cuando en cuando se

Mujeres de la Biblia hablan hoy

encontraron con algunos parientes que no veían hacía mucho tiempo. Todos parecían tener prisa por encontrar un lugar para hospedarse. Cuando José y María llegaron a Belén, las posadas estaban llenas y todo indicaba que el niño estaba a punto de nacer. José corrió frenéticamente por las calles de Belén buscando un lugar en el cual María pudiera descansar. Suplicó, pidió, presentó su necesidad y hasta ofreció pagar un poco más. Nada. Todo estaba lleno.

Así que cuando el niño nació, María estaba recostada sobre un poco de paja limpia en un establo. José y María se miraron a los ojos y con gozo infinito contemplaron la venida del Salvador del mundo. María envolvió al niño en unas telas que había traído y lo recostó en un pesebre que José había limpiado y arreglado con esmero. Algunos animales los rodearon y con el calor de sus cuerpos brindaron protección al recién nacido.

Después de ocho días, de acuerdo con la ley hebrea, María y José circuncidaron al niño y le pusieron por nombre Jesús. Ambos sabían y creían que, de alguna manera, Jesús salvaría a su pueblo de sus pecados. María estrechaba entre sus brazos a Jesús mientras meditaba en su corazón sin comprender completamente todo lo que estaba experimentando.

Luego, 33 días después de haber circuncidado a Jesús, María y José llevaron al niño al templo en Jerusalén para presentarlo al Señor y llevar la ofrenda mínima que una familia pobre debía entregar: un par de tórtolas o dos pichones de paloma.

Mientras José y María caminaban por el patio exterior del templo, un anciano llamado Simeón se les acercó y pidió que le permitieran tomar al niño en sus brazos. Mientras estrechaba contra su pecho a Jesús, con lágrimas que corrían sobre su rostro, comenzó a alabar y bendecir a Dios.

José y María se quedaron de pie escuchando al anciano y tratando de comprender lo que le estaba diciendo a Dios. Inmediatamente se dieron cuenta de que alguien que no conocía al niño lo había identificado y llamado «el enviado para la salvación de Israel». El Señor había preparado el corazón y la mente de este extraño para dar a conocer la acción de Dios.

José conversó con Simeón y supo que el Espíritu Santo le había prometido que antes de morir tendría el gozo de ver al Mesías, el Hijo de Dios. Simeón los bendijo comenzaron a buscarlo entre sus parientes y amigos.

Como no pudieron encontrarlo, regresaron a Jerusalén para buscarlo allí. Tres días después, por fin lo encontraron en el templo, sentado entre los maestros religiosos, escuchándolos y haciéndoles preguntas. Todos los que lo oían quedaban asombrados de su entendimiento y de sus respuestas.

Sus padres no sabían qué pensar.

—Hijo, ¿por qué nos has hecho esto? —le dijo su madre—. Tu padre y yo hemos estado desesperados buscándote por todas partes.

—¿Pero por qué tuvieron que buscarme? —les preguntó—. ¿No sabían que tengo que estar en la casa de mi Padre?

Pero ellos no entendieron lo que les quiso decir.

Luego regresó con sus padres a Nazaret, y vivió en obediencia a ellos. Y su madre guardó todas esas cosas en el corazón.

Jesús crecía en sabiduría y en estatura, y en el favor de Dios y de toda la gente.

Lucas 1:5, 26-56; 2:1, 4-7, 25-28, 33-35, 39-52

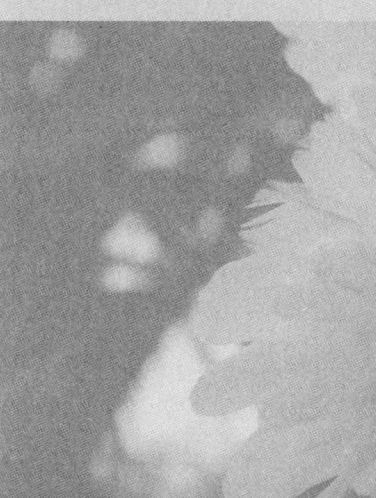

María

muy emocionado. Pero casi al despedirse de ellos, dijo a María algo que ni ella ni José pudieron comprender muy bien:

«Este niño está destinado a provocar la caída de muchos en Israel, y también el ascenso de muchos otros. Fue enviado como una señal de Dios, pero muchos se le opondrán. Como resultado, saldrán a la luz los pensamientos más profundos de muchos corazones. Y me duele decirlo, María: una espada atravesará tu propia alma».

María solo podía meditar sobre todas estas cosas en su corazón y tratar de aprender de ellas. Ella y José abandonaron el templo ese día en silencio. Habían pasado demasiadas cosas como para conversarlas ligeramente mientras volvían a su casa. Todo estaba tan cargado de gloria y esplendor que era difícil encontrar las palabras adecuadas para explicarlo, incluso entre dos personas que se amaban tanto como ellos dos. Lo que sí estaba claro era que el Espíritu Santo se había manifestado a Simeón como lo había hecho con ellos al anunciarles el nacimiento de Jesús.

Unos meses después, llegaron unos hombres sabios del Oriente a visitar a Jesús. Esa visita y los regalos que le ofrecieron fueron una sorpresa para todos. Esa misma visita trajo una sombra de negras preocupaciones por causa de la orden cruel que Herodes dictó al saber de parte de los sabios visitantes que un rey de los judíos acababa de nacer en Belén. Cuando los magos se fueron, un ángel del Señor le ordenó a José que, junto con María y el niño, huyera a Egipto hasta que recibiera nuevas instrucciones. José, obediente a la voz del Señor, así lo hizo. Aprovechando la oscuridad de la noche se fue a Egipto y se quedó allá hasta que murió Herodes.

Cuando José recibió la noticia de parte del Señor de que ya podía volver a la tierra de Israel, por razones de seguridad y su sentido de responsabilidad hacia María y hacia el niño, decidió que su lugar de residencia sería la ciudad de Nazaret. Esa era la misma ciudad donde José y María se habían conocido y donde establecieron su hogar. Fue allí donde Jesús creció y aprendió todo lo que sus amorosos padres le enseñaron. Además, aprendió el oficio de carpintero artesano bajo la tutela de José. En medio de todas estas vivencias, la gracia de Dios estaba sobre él.

María encuentra a Jesús conversando con el Sanedrín

María sonreía, saludaba y conversaba felizmente con los amigos y parientes que se iban uniendo a la caravana de peregrinos en camino a Jerusalén para celebrar la fiesta de la Pascua. Por lo general, era durante esa caminata que volvían a reencontrarse los familiares, amigos y conocidos.

Esta era la primera vez que Jesús, quien ya tenía doce años, podía ingresar al templo y estar con los hombres en el lugar designado para ellos. Por supuesto, María estaba orgullosa de su hijo, pues era un dedicado estudiante de las Sagradas Escrituras y muy apasionado por las leyes y tradiciones de Israel. Pero le preocupaba cuánta libertad debía darle para que conociera el templo, la ciudad y los lugares interesantes de Jerusalén. Cada vez que le expresaba sus inquietudes a José, este le decía: «Recuerda que es un hijo de Israel. Debes dejarlo actuar con libertad. Es un buen muchacho. Ya verás, será una buena experiencia para él».

Jesús caminó varias horas por las calles de Jerusalén conociendo la ciudad. Todo estaba empapado de la historia que había aprendido en las Sagradas Escrituras. Cuando el sol estaba ocultándose, Jesús sabía que era hora de prepararse para comer la cena de la Pascua. Junto con María y José, Jesús comió del cordero que sus padres habían preparado. Al día siguiente fueron al templo para adorar y llevar su ofrenda. El plan, según explicó José, era que después del mediodía todos se reunirían en cierto lugar con otros familiares y amigos para iniciar el regreso a casa.

A la hora acordada, parecía que todo estaba listo y todos alegremente comenzaron a caminar. María iba conversando con sus parientas y amigas mientras José hacia lo mismo con los suyos. María y José nunca habían tenido que preocuparse por la conducta de Jesús, pues siempre hacía lo correcto y estaba dispuesto a ayudar a otros. Al terminar el día, a María le extrañó que Jesús no se hubiera acercado ni una sola vez para ver qué había para comer. Imaginó que la madre de alguno de sus amigos había compartido su comida con él. Sin embargo, cuando aparecieron las primeras sombras de la noche, ella fue en busca de José y cuando lo encontró le dijo:

—¿Dónde está Jesús? ¿Lo has visto en algún momento del día?

José sugirió que posiblemente Jesús estaba ayudando a alguien.

—Ya sabes cómo le gusta cooperar y compartir con los demás.

María, como buena mamá, insistió:

—Estoy preocupada, José. Pronto tendremos que encontrar un lugar para pasar la noche. Ve y búscalo por favor.

José apresuró el paso hacia el frente del grupo de familiares viajeros para preguntar si alguien había visto a Jesús. Hizo lo mismo hacia atrás. Nadie había visto al muchacho en todo el día. Cuando José se encontró de nuevo con María, ya era de noche. Con mucha preocupación, ella le dijo:

—Debemos volver a Jerusalén para buscarlo.

José le recordó que caminar de noche y sin luz era muy peligroso. Sería mejor descansar e ir a buscarlo a la mañana siguiente. José estaba cansado y pronto se quedó dormido. María lo despertó antes de que saliera el sol, diciéndole:

—Vamos, José. Vamos. Debemos ir a buscar a Jesús.

Como suele suceder, los padres que no encuentran a sus hijos siempre piensan que algo malo les ha sucedido. Al llegar a Jerusalén buscaron en las casas de familiares, de amigos, de conocidos. Nada. Nadie sabía nada. Nadie había visto a Jesús. Dos días de búsqueda sin resultados. Ambos padres estaban al límite de la desesperación y la angustia. Otra noche sin poder dormir bien. María preguntó:

—¿Dónde más podemos buscarlo?

—¡En el templo, María! No lo hemos buscado en el templo. Recuerda que la casa de Dios tiene un atractivo especial para Jesús. Mañana muy temprano iremos allí.

José sostenía a María mientras se apresuraban por el camino hacia el templo, donde después de la celebración de la Pascua los miembros instruidos y eruditos del Sanedrín habían descendido de sus elevados aposentos para conversar públicamente con quienes tuvieran preguntas o inquietudes.

José tomó de la mano a María y poco a poco se abrieron paso entre la multitud que rodeaba a los miembros del Sanedrín, quienes estaban sentados al frente vestidos con túnicas ricamente bordadas y con sus turbantes de lujo ornamentados con hermosas joyas. José miró ansioso hacia todos lados, y allí, sentado tranquilamente, muy cerca del alto cuerpo del gobierno religioso, estaba Jesús. El corazón de José saltó de emoción y casi gritando dijo:

María

—¡Míralo, míralo, María! Jesús está sentado cerca de los maestros. Está conversando con ellos con toda tranquilidad y confianza. Ellos le están prestando atención y pensando en lo que les está diciendo.

María no quería escuchar nada. Sentía un gran alivio por haber encontrado a su hijo después de tres días de intensa búsqueda. Unas lágrimas corrieron por su rostro mientras daba gracias a Dios por haberlo encontrado.

Cuando José, Jesús y María se reunieron en el patio del templo, el muchacho no dijo una sola palabra. No reclamó por haber sido interrumpido y además no parecía sentir temor de que lo regañaran. Simplemente acompañó a sus padres en silencio.

María, algo recuperada de su preocupación, dijo lo que cualquier madre podría haberle dicho a su hijo:

—Hijo, ¿por qué nos has tratado de esta manera? Tu padre y yo te hemos estado buscando con angustia.

José no pudo contener un pequeño sentimiento de orgullo paternal y dijo:

—María, ya escuchaste la forma en que nuestro hijo estaba hablando con esos maestros. Deberías estar orgullosa. —Luego mirando a Jesús le dijo—: La próxima vez que pienses hacer algo así, sería bueno que nos avises para que no andemos desesperados buscándote.

Entonces él les dijo:

—¿No sabían que tengo que estar en la casa de mi Padre?

Ninguno de los dos entendió lo que Jesús les acababa de decir, pero tampoco dijeron más. Se fueron alegres a su casa. De vuelta en Nazaret, Jesús vivió el resto de sus años de juventud honrando y obedeciendo a María y a José como siempre lo había hecho.

María y Jesús asisten a una boda

El hogar formado por José y María se vio enriquecido con la llegada de otros hijos, entre ellos: Santiago, José, Simón y Judas. Después de la muerte de José, Jesús se hizo cargo de su madre y de la carpintería. A pesar del dolor por la pérdida de su amado José, María se sentía orgullosa de su hijo mayor. Le encantaba verlo, ahora fuerte y ancho de hombros, cuando salía cada mañana para trabajar la madera y hacer o reparar los muebles a pedido de los vecinos.

Un día ocurrió lo que María temía, algo en lo que había meditado muchas veces. ¡Jesús se iba de la casa! La hora de iniciar su misión había llegado.

Supo que Jesús había sido bautizado en el río Jordán por Juan, el hijo de su prima Elisabet. También le informaron que Jesús había sido visto a orillas del mar de Galilea conversando con algunos pescadores y otros hombres a quienes la gente comenzó a designar como «discípulos del Nazareno».

María fue invitada a una boda en Caná de Galilea que quedaba a pocos kilómetros de Nazaret. María fue con suficiente tiempo para ayudar a los padres de los novios con los preparativos. Ya casi era la hora de la ceremonia cuando de repente Jesús apareció entre los invitados, rodeado de sus discípulos. ¡Qué hermosa sorpresa!

Jesús y María se abrazaron. Después, él les presentó a sus nuevos discípulos: Pedro, Andrés, Felipe y Natanael. Todos eran pescadores que vivían en Betsaida, un pequeño pueblo cuyos habitantes se dedicaban a la pesca a orillas del mar de Galilea. Cuando señaló a Santiago y a Juan, sus primos, María les dio un abrazo como cariñoso saludo. Un vínculo de amistad circuló entre todos los que estaban alrededor de Jesús. Pronto, los invitados y los anfitriones gozaban de la comida y del vino.

—Jesús —susurró María, acercando su rostro al hombro de Jesús—, me acabo de enterar de que el vino casi se ha terminado y siguen llegando más invitados.

María había compartido antes muchas preocupaciones con su hijo, de modo que le pareció natural hacerlo ahora también. Jesús siempre encontraba la forma de resolver las cosas y ahora ella le estaba pidiendo que hiciera algo para evitar la vergüenza de sus amigos, los anfitriones, ante todos los invitados.

Jesús le dijo amablemente y casi con una sonrisa:

—¿Qué tiene que ver eso conmigo y contigo, mujer? Todavía no ha llegado mi hora.

María conocía el tono amable de su hijo, y sabía que ayudaría. Solo no sabía de qué manera lo haría. Les dijo a los que servían:

—Hagan todo lo que él les diga.

María lo dejó pensar. Estaba segura de que él haría algo. ¡Y Jesús lo hizo! Miró a su alrededor y vio seis tinajas de piedra para agua. En cada una de ellas cabían de setenta y cinco a ciento trece litros. Jesús les dijo:

—Llenen de agua las tinajas.

Los empleados las llenaron hasta el borde. Luego les dijo:

—Saquen ahora el vino, y llévenlo al encargado del banquete para su aprobación.

Cuando el encargado del banquete probó un sorbo, se dio cuenta de la alta calidad del vino.

María debe haber sonreído de felicidad, pues el problema para sus amigos anfitriones estaba resuelto. Una vez más, Jesús se había comportado a la altura de las circunstancias.

María experimenta una mezcla de alegría y dolor.

Hacía varios meses que María no tenía noticias de su amado hijo. Jesús había establecido su centro de operaciones en la ciudad de Capernaúm, donde Pedro tenía una casa grande para hospedar a más de doce hombres. También había una sinagoga importante. La ciudad estaba bien ubicada para poder trasladarse fácilmente de ciudad en ciudad con sus discípulos enseñando, predicando, sanando enfermos y haciendo milagros y señales que daban evidencia de que él era el Hijo de Dios.

Cuando escuchaba buenas noticias, María sentía gozo. Así fue cuando le informaron que, además de sus discípulos, muchas mujeres seguían a Jesús. Estas mujeres ayudaban con dinero para cubrir los gastos de los viajes. Algunas de ellas lo hacían movidas por la gratitud de haber sido sanadas de diferentes enfermedades y liberadas de malos espíritus.

María se preocupaba y se afligía mucho cuando escuchaba que algunos se burlaban de Jesús y que los dirigentes religiosos buscaban la manera de hacerlo quedar mal. Al verla tan angustiada, alguno de sus hijos le mencionaba que Jesús tenía la culpa, porque decía cosas que hacían ver muy mal a los dirigentes judíos. Alguno hasta dijo que le daba algo de pena que la gente supiera que eran hermanos. A María le dolía mucho que algunos de sus otros hijos

María

no comprendieran a Jesús. Pero no se desanimó. Ella sabía que sus hijos podían cambiar si dedicaban el tiempo para escuchar a Jesús.

María se enteró de que Jesús estaba visitando a una familia cerca de su casa. Ella, con palabras adecuadas y persuasivas, convenció a sus hijos para que juntos fueran a verlo y a escuchar sus enseñanzas. En su corazón brillaba la esperanza de que ellos pusieran su fe y creyeran en Jesús. ¡Así fue! Varios de los hermanos de Jesús llegaron a ser sus discípulos.

La peor de las pruebas estaba por herir el corazón de María.

Cuando la envidia de los altos dirigentes llegó a su cima, María tuvo que ver y oír cómo rechazaban, torturaban y finalmente ponían una pesada cruz sobre los hombros de su amado hijo. Lo condujeron hasta el monte Calvario mientras la multitud gritaba enloquecida.

María y Juan estaban al pie de su cruz. Juan lloraba sin consuelo. María con voz suave pero firme le dijo:

—Deja de llorar. Él necesita que lo apoyemos con valor. Sécate las lágrimas. Ayúdame a acercarme un poco más. Me parece que está tratando de decir algo.

Juan obedeció. Tomó el brazo de María y la sostuvo con firmeza.

Después de casi una hora, el calor de la tarde era insoportable. Juan abrazó los frágiles hombros de María y se atrevió a sugerirle que se alejaran un poco de la escena. María rechazó la sugerencia de Juan, explicando:

—Si nos alejamos mucho, Jesús no va a poder vernos y yo quiero que sepa que estamos aquí junto a él. Mira, escucha, parece que desea decirnos algo.

Juan dio unos cuantos pasos, acercándose más a la cruz.

Con palabras entrecortadas por el dolor, María oyó a Jesús decirle a Juan que cuidara de ella. A ella le dijo que aceptara el cuidado y la protección de Juan como si fuera uno de sus propios hijos. María y Juan se miraron a los ojos y se estrecharon en un tierno abrazo como símbolo de obediencia a las palabras de Jesús.

Después de tanto dolor y sufrimiento, el Hijo de Dios dio su vida en sacrificio salvador por todos los que estuvieran dispuestos a creer en él. Dios, por amor, dio a su Hijo unigénito para que todo el que crea en él no se pierda, sino que tenga vida eterna.

El cuerpo de Jesús fue puesto en una tumba antes de que comenzara el día de reposo. No hubo tiempo para hacer algo más digno con el cuerpo del amado hijo de María, quien también era su Maestro y Señor.

Tan pronto como pudieron reiniciar las actividades normales de acuerdo con la ley de los judíos, María, con otras mujeres, fueron a preparar y ungir el cuerpo quebrantado que había sido puesto en el sepulcro recién hecho de José de Arimatea.

Las mujeres vieron que la piedra que cubría la entrada del sepulcro no estaba en su lugar. ¡Otra sorpresa! De pie estaba un ángel, quien les compartió la grata noticia de que Jesús había resucitado de entre los muertos. María había aprendido a confiar en el mensaje de los ángeles. Su gozo era indescriptible. ¡Su hijo, su Señor, había resucitado!

Los discípulos escucharon atentos la orden que Jesús dio a María Magdalena de que todos debían reunirse en Galilea, pues él estaría con ellos allí. Todos se sentaron en la gran sala que estaba en la parte superior de la casa de otra María, la madre de Juan Marcos. Estaban los once discípulos y algunos otros seguidores fieles. María sonreía mientras ayudaba a las otras mujeres a preparar algunos alimentos para todos. Juan, Pedro, Santiago y los otros se sentían algo incómodos, pues habían abandonado al Maestro la noche que fue arrestado en el jardín de Getsemaní. Habían perdido su aire de orgullo y se sentían necesitados de la gracia amorosa del Cristo resucitado. María veía con gratitud a su hijo Santiago, quien había sido antagónico a Jesús durante su ministerio terrenal y que estaba allí ahora, como tratando de poner en orden todos sus pensamientos y emociones en cuanto a Jesús.

Jesús se les apareció y habló con ellos para fortalecer su fe. Apareció varias veces y en varios lugares para transformar a un grupo de mortales desanimados en brillantes comunicadores del mensaje del Cristo resucitado. Y de manera muy particular se le apareció a su hermano Santiago.

Un día, Jesús llevó a sus fieles seguidores a una montaña y les prometió que recibirían el poder del Espíritu Santo para dar testimonio de él a todas las razas y lenguas del mundo. De repente, María vio a su hijo ascender al cielo y desaparecer de la vista. El corazón de María se partió en dos otra vez, al perder nuevamente a su primer hijo y su Señor, pero confiaba en que lo volvería a ver en la resurrección. También confiaba en la promesa de Jesús de mandar a su Espíritu Santo.

Efectivamente, llegó la celebración de Pentecostés y, como ocurría cada año, judíos y prosélitos de muchos lugares llegaron a Jerusalén. Mientras, los discípulos estaban esperando porque Jesús les dijo que debían esperar en Jerusalén hasta el cumplimiento de la promesa de que serían bautizados en el Espíritu Santo. Mientras esperaban, se pusieron a orar todos juntos. Allí estaban las mujeres que habían servido a Jesús y apoyado con sus recursos financieros, estaba María la madre de Jesús, ¡y sus hermanos también! El momento de recibir al Espíritu Santo fue único para María, y fue aún más especial pues pudo compartir esta experiencia con sus hijos.

Hasta su muerte, María sirvió, apoyando a las primeras comunidades cristianas. Había sido una mujer muy favorecida por Dios al cumplir con la tarea de ser la madre de Jesús y ayudar a formarlo para el cumplimiento de la misión que el Padre celestial le había asignado. Su fe en Dios hizo que esta mujer real y relevante fuera una mujer radical, la madre del Señor Jesús y una influencia importante en la iglesia primitiva.

LECCIONES PRÁCTICAS QUE APRENDEMOS DE MARÍA

María se destacó como una excelente madre y esposa, y llevó una vida plena e intensa. Se ha dicho que la muerte de un hijo —sea un niño o un adulto— es la peor de las desgracias y la pérdida más devastadora que una madre o un padre puede enfrentar. Literalmente, María sintió como si una espada le atravesara el alma. Sin embargo, María superó muchas pruebas y situaciones difíciles, y a lo largo de su fiel servicio a Dios vivió experiencias muy gratificantes. Por eso, cuando a nosotros nos sobrevengan problemas, sean personales o familiares, haremos bien en imitar su ejemplo de fe y lealtad a Dios. Como dice Hebreos 10:36: «Perseverar con paciencia es lo que necesitan ahora para seguir haciendo la voluntad de Dios. Entonces recibirán todo lo que él ha prometido». En particular, vemos que María es un ejemplo de confianza en Dios en medio de las sorpresas de la vida y de estar dispuesta a poner en riesgo su comodidad. También es un ejemplo para nosotros que le confiara a Dios la vida espiritual de todos sus hijos.

María

Confiar en Dios en medio de los giros repentinos

María tuvo una actitud positiva para aceptar las sorpresas que Dios trajo a su vida. Cuando Dios le ofreció la oportunidad de ser la madre de su Hijo, era algo que claramente cambiaría los planes que ella tenía para su vida. María tuvo la fe y la confianza en Dios para decir que estaba dispuesta a hacer lo que a Dios le parecía mejor. Luego, aparecieron otras circunstancias para las cuales María tuvo que confiar en los planes de Dios, pues los de ella ya no eran posibles.

Como toda mujer embarazada —y más siendo su primer hijo—, es muy probable que María se preparara para la llegada del bebé con meses de antelación. Pero su Plan A se echó a perder cuando el emperador César Augusto ordenó inesperadamente que todos se inscribieran en un censo en la ciudad de sus padres. De modo que, acompañada de su esposo, María recorrió los más de cien kilómetros hasta llegar a Belén. Allí buscaron alojamiento donde ella pudiera dar a luz, pero las posadas de la ciudad estaban completamente saturadas, de modo que lo único disponible era un establo.

Desde luego, traer a un hijo al mundo en un lugar como ese tuvo que ser una experiencia difícil y atemorizante para María. En aquellos momentos tan complicados, María seguramente rogó pidiendo la ayuda del Señor, pero pudo seguir adelante con plena fe en que él cuidaría de ella y de su hijo.

La vida de María no tardó en dar otro giro repentino. Poco después del nacimiento de Jesús, un ángel le dijo a José que huyera con su familia a Egipto (Mateo 2:13-15). Fue la segunda vez que María se veía obligada a abandonar su entorno, pero en esta ocasión tuvo que mudarse a otro país sin preparación alguna.

La vida en Egipto implicó otros cambios en la rutina diaria de la familia, aunque es probable que encontraran a personas de su misma nacionalidad, pues en Egipto había una gran comunidad judía. Sin duda, estos amigos judíos brindaron apoyo a los inmigrantes José y María. ¡Dios tiene un lugar especial en su corazón para los inmigrantes, y siempre provee para sus necesidades! Y como María, nosotros también podemos confiar en la bondad de Dios aun en medio de los giros repentinos de la vida, aunque signifique un cambio drástico que nos altera la vida por completo.

Confiar en Dios por encima del deseo de llevar una vida cómoda y relajada

Aunque los cuatro Evangelios —los relatos de Mateo, Marcos, Lucas y Juan— no proporcionan muchos datos sobre María y José, sí nos permiten deducir que eran una pareja relativamente pobre. El relato indica que, cuarenta días después del parto, fueron al templo para presentar el sacrificio que establecía la Ley: «un par de tórtolas o dos pichones de paloma» (Lucas 2: 24). Legalmente solo podían presentar esta ofrenda quienes fueran demasiado pobres para ofrecer un carnero joven. Por lo tanto, es muy probable que sus recursos fueran bastante limitados. Aun así, María no usó su dificultad económica como excusa para no cumplir con los sacrificios dictados por la ley. Tampoco buscó una excusa para decirle no a Dios cuando él le ofreció la oportunidad de dar a luz a su Hijo. María confió en que Dios proveería lo necesario para ella y para su familia.

José y María, después del nacimiento de Jesús, tuvieron al menos cuatro hijos más y varias hijas (Mateo 13:55-56). A pesar de estar tan ocupada criando a una numerosa familia, y aunque la ley no exigía que las mujeres asistieran a Jerusalén para celebrar la Pascua, María acompañaba a su esposo todos los años (Lucas 2:41). Esto suponía recorrer muchos kilómetros. Los viajes con hijos pequeños pueden ser difíciles, pero María los hizo de manera voluntaria, confiando en que Dios superaría las dificultades y la falta de comodidad. Reflexionar en la actitud de María nos ayuda a poner los asuntos espirituales por encima del deseo de llevar una vida cómoda y relajada. Al igual que ella, muchas madres cristianas hoy saben bien que servir a Dios junto con su esposo y sus hijos contribuye a fortalecer los lazos familiares.

Confiar a Dios la vida espiritual de los hijos

María nos da un ejemplo de la educación de los hijos y la sensibilidad espiritual. Ella había sido educada por sus padres para escuchar en la sinagoga la lectura de la Palabra de Dios. También se deleitaba escuchando a los maestros cuando explicaban cómo Dios había obrado de maneras maravillosas en el pasado, como muestra la reseña histórica que incluye en su cántico (Lucas 1:46-55). Su carácter de integridad y su fe en Dios fueron formados por la educación que le dieron sus padres. De igual manera, hoy los padres tenemos la oportunidad de formar a nuestros hijos desde que están en la cuna para que sean sensibles a la voz de Dios y se dispongan a obedecerlo.

Sin embargo, la buena formación espiritual no necesariamente significa que los resultados estén garantizados. El relato bíblico explica que, aunque algunas personas respondían al mensaje de Jesús, «ni siquiera sus hermanos creían en él» (Juan 7:5). Con toda seguridad, su madre les había contado —como el ángel le había revelado a ella— que Jesús era el «Hijo de Dios» (Lucas 1:35). Aun así, para Santiago, José, Simón y Judas, Jesús seguía siendo simplemente su hermano mayor y lo rechazaban como su Señor. Como vemos, en la familia de María no todos tenían las mismas creencias religiosas. ¿Qué hizo ella? ¿Perdió el ánimo, creyendo que era imposible que sus hijos cambiaran? Desde luego que no. En cierta ocasión, Jesús entró a una casa en Galilea para comer, y una multitud se reunió para oírlo predicar. María animó y persuadió a sus hijos para que fueran a verlo, tal vez con la esperanza de que estos pusieran su fe en él (Mateo 12:46-47). Este episodio nos hace pensar en aquellas personas que se esfuerzan por seguir a Jesús mientras que algunos miembros de su familia no desean hacerlo. Recordemos las palabras de Pablo al carcelero de la ciudad de Filipos: «Cree en el Señor Jesús y serás salvo, junto con todos los de tu casa» (Hechos 16:31).

ALGO PARA PENSAR O CONVERSAR

- *Todos vamos a pasar por situaciones difíciles en la vida. La Biblia nos dice que en cualquier momento puede ocurrirnos algo imprevisto que nos ocasione problemas o nos complique la vida (Eclesiastés 9:11). Si se nos presenta una de estas dificultades imprevistas, en lugar de amargarnos o echarle la culpa a Dios, acerquémonos más al Señor, como lo hizo María. Se dice que la fe ve lo invisible, cree lo increíble, recibe lo imposible. Además de estudiar la Palabra de Dios y dedicar tiempo a meditar, ¿qué más podemos hacer para fortalecer nuestra fe al pasar por alguna adversidad?*

- *Cambiar de país o cambiar de residencia del campo a la ciudad es siempre una experiencia compleja que puede provocar mucha ansiedad. Sin duda, usted conoce a personas que han dejado su hogar y su trabajo en el campo para emigrar a la ciudad en busca de nuevas oportunidades o que han tenido que huir del peligro en el lugar en el que nacieron. Dios cuida a los inmigrantes de manera especial, y nosotros podemos ser parte de su provisión. ¡Cuánto bien podemos hacerle a una familia que recién llega a nuestra comunidad! Piense y escriba maneras prácticas en las que usted, su familia y su iglesia pueden ofrecer amistad y apoyo a los inmigrantes o a alguien más que esté viviendo un giro repentino en su vida.*

María

- ¿Ha sentido usted la tentación de esperar para obedecer a Dios hasta que pueda disfrutar de una vida más cómoda o relajada? ¿Cuándo siente la tentación de poner esa excusa? ¿Qué puede hacer para responder la próxima vez con fe y confianza en Dios aun en medio de las circunstancias difíciles?

- María vivió la experiencia de que algunos de sus hijos no creían en Jesús ni confiaban en él. Algunos cristianos tienden a desanimarse o a darse por vencidos cuando no ven alguna respuesta después de conversar acerca de Jesucristo con sus familiares. Recordemos que muchos han esperado muchos años, animando a sus parientes a acercarse al Señor, para finalmente obtener algún resultado positivo. Sin importar cómo respondan nuestros familiares, no olvidemos que Dios concede un gran valor a nuestra paciencia y fidelidad (1 Pedro 3:1-2). ¿Tiene usted familiares que no desean escuchar acerca de Jesús? Escriba algunas de las cosas que puede hacer mientras espera una respuesta positiva.

- Las exigencias del mundo moderno muchas veces obligan al padre y a la madre a trabajar fuera de la casa y no tienen tiempo para proveer formación espiritual y temor de Dios a sus hijos. ¿De qué manera puede animar a las madres jóvenes de su iglesia que están enfrentando este desafío?

PARA RECORDAR:
«Soy la sierva del Señor. Que se cumpla todo lo que has dicho acerca de mí».

LUCAS 1:38

La Extranjera

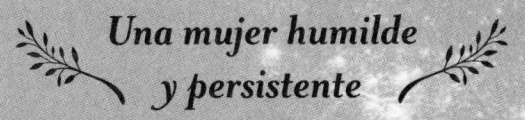

Una mujer humilde y persistente

PERFIL DE LA EXTRANJERA

Referencias bíblicas: Mateo 15:21-28; Marcos 7:24-30

Lugar: La región de Tiro y Sidón

Fecha: Aproximadamente 32 d. C.

IMAGINEMOS LA ESCENA

Fenicia estaba ubicada al norte de Israel, entre el mar Mediterráneo y las montañas de la cordillera del Líbano. Era una región pobre para la agricultura, pero prominente en la industria y el comercio. Los fenicios antiguos habían sobresalido como constructores de barcos y habían desarrollado la marina mercante más importante del mundo. También eran conocidos mundialmente por el arte de trabajar con el metal y el vidrio.

La capital de Fenicia era Tiro, una ciudad espléndida con gran lujo y belleza. Otra ciudad importante era Sidón. Con la riqueza vino la grandeza y la vida desenfrenada. Adoraban a muchos dioses, y desde los tiempos de Josué estuvieron en conflicto bélico contra el pueblo de Israel. Los israelitas los habían echado de la tierra de Canaán, pero la tribu de Aser no había echado a los cananeos que se ubicaron en la parte norte de la región. Más tarde, los griegos conquistaron a los fenicios, y luego ellos fueron conquistados por los romanos, al igual que toda la región de Siria. Para los tiempos de Jesús, toda la antigua gloria y esplendor ya no eran tan significativas, pero todavía eran ciudades mucho más grandes que Jerusalén.

Jesús había estado realizando un ministerio intenso y extenso por varias semanas, y sintió la necesidad de descansar por unos días. Se dirigió a la ciudad de Tiro, donde se hospedó con una familia de amigos. Dos o tres días fueron el único tiempo que Jesús pudo esconderse: ¡pronto lo

SEGÚN LA BIBLIA

Jesús salió de Galilea y se dirigió al norte, a la región de Tiro y Sidón. Una mujer de los gentiles, que vivía allí, se le acercó y le rogó: «¡Ten misericordia de mí, oh Señor, Hijo de David! Pues mi hija está poseída por un demonio que la atormenta terriblemente».

Pero Jesús no le contestó ni una palabra. Entonces sus discípulos le pidieron que la despidiera. «Dile que se vaya —dijeron—. Nos está molestando con sus súplicas».

Entonces Jesús le dijo a la mujer:

—Fui enviado para ayudar solamente a las ovejas perdidas de Dios, el pueblo de Israel.

Ella se acercó y lo adoró, y le rogó una vez más:

—¡Señor, ayúdame!

Jesús le respondió:

La Extranjera

descubrieron! Su nombre, su fama, sus milagros, su presencia —todo en él— atraía a los que necesitaban de su ministerio, tanto de enseñanza como de sus milagros.

Se presentó ante Jesús una mujer de esa región, del pueblo que los judíos llamaban «cananeo», designándolos «gentiles» o «no judíos», y muchas veces usando otros nombres no muy amables como «perros». Aunque ese sobrenombre no tenía la connotación que tiene para nosotros, sí se usaba para menospreciar a una persona que no tenía los mismos valores que los judíos, porque el perro era un animal ceremonialmente impuro. Llamar a los gentiles así era una alusión a su falta de higiene, pues no se lavaban las manos con frecuencia, como lo hacían los judíos, y los gentiles tocaban muertos, comían de todo y eran muy libertinos sexualmente.

Esta mujer, de quien no sabemos su nombre ni cosa alguna de su esposo y familia, se acercó a Jesús y suplicó su atención a gritos:

—¡Ten misericordia de mí, oh Señor, Hijo de David! Pues mi hija está poseída por un demonio que la atormenta terriblemente.

Uno esperaría que el bondadoso Jesús se detuviera, la viera con compasión y actuara con amor. Pero no fue así. Jesús no le hizo caso. Los discípulos mantenían a la mujer alejada de Jesús. Ella no se dio por ignorada; quería estar segura de que Jesús estaba escuchando su clamor. Así que continuó gritando:

—¡Ten misericordia de mí, oh Señor, Hijo de David!

Los discípulos al principio debieron aprobar la conducta de Jesús, pues ellos, como buenos judíos, tampoco se habrían detenido a ayudar a una mujer, sin mencionar que no era judía. La mujer seguía expresando su necesidad con persistencia hasta que los discípulos se cansaron de escucharla. Más por fastidio que por compasión, se acercaron a Jesús y le rogaron que le dirigiera la palabra a la mujer.

Jesús les respondió:

—Dios me envió para ayudar primeramente a los israelitas que viven en esta región.

La mujer aprovechó el momento que Jesús detuvo la marcha para responder a los discípulos. Se acercó a Jesús, se arrodilló delante de él y le dijo:

—¡Señor, ayúdame!

Jesús respondió:

—No está bien tomar la comida de los hijos y arrojársela a los perros.

—Es verdad, Señor —respondió la mujer—, pero hasta a los perros se les permite comer las sobras que caen bajo la mesa de sus amos.

—Apreciada mujer —le dijo Jesús—, tu fe es grande. Se te concede lo que pides.

Y al instante la hija se sanó.

Mateo 15:21-28

— No está bien tomar la comida de los hijos y arrojársela a los perros. Los hijos deben comer primero.

La mujer le respondió:

—Es verdad, Señor, pero hasta a los perros se les permite comer las sobras que caen bajo la mesa de sus amos.

¡Impresionante! Esta mujer no se sintió ofendida por la falta de respuesta inicial de Jesús; tampoco se quedó callada al escuchar la palabra un poco fuerte del lenguaje del Maestro.

Hasta ese momento su oración, sus ruegos y súplicas no habían sido respondidos. Pero con renovada humildad y persistencia, esta mujer expresó su confianza en el poder de Jesús y su esperanza de ser debidamente correspondida.

Entonces Jesús le dijo:

—¡Mujer, tú has demostrado que tienes confianza en Dios! Ya que tienes una fe tan grande, lo que me has pedido se hará. Vete tranquila a tu casa, pues el demonio ya salió de tu hija.

La mujer regresó a su casa y, cuando llegó, encontró a su hija sana. El demonio ya había salido de ella. De allí en adelante, esta mujer gentil nunca olvidó su encuentro con el Hombre que elogió su persistencia y contestó su petición de fe.

LECCIONES PRÁCTICAS QUE APRENDEMOS DE LA EXTRANJERA

El relato que tenemos de la mujer gentil es muy breve, pero su historia es única por el trato un poco brusco que recibe de Jesús y luego las palabras de admiración que él le dirige. En esta breve interacción observamos que la mujer gentil es una mujer real que ruega la atención del Señor de una manera relevante y radical.

Nosotros hoy en día podemos aprender de las declaraciones concisas que esta mujer gentil le expresó a Jesús y de la persistencia de su petición.

Reconocer que Jesús es el Señor

Primero, la mujer gentil reconoció que Jesús es el Señor. La palabra que usa es la misma para referirse al patrón o dueño de los esclavos. Además, dice que él es el Mesías, el Hijo de David tan esperado. Es posible que la mujer gentil ya hubiera buscado ayuda en otras personas o recursos, pero ninguno hubiera producido el bienestar de su hija. Jesús era en ese momento su mejor opción.

La mujer gentil se dirigió a Jesús directamente porque sabía que él tenía el poder para cambiar su vida y ofrecerle lo que necesitaba. Sus palabras no eran un elogio vacío, sino una alabanza sincera desde una posición de humildad. Para nosotros también es importante empezar desde aquí, reconociendo que Jesús es el Señor de nuestra vida, con el poder de efectuar los cambios que necesitamos. Es a él a quien dirigimos nuestra petición.

Pedir la compasión y ayuda de Dios

Cuando la mujer gentil se dirigió a Jesús, lo hizo para pedir compasión y ayuda. Era una madre con el corazón afligido por la condición de su pequeña hija, como lo explicó claramente. Una lección importante que podemos aprender de esta historia es que antes de ser puestos en alto, exaltados, tenemos que humillarnos para reconocer nuestra necesidad e inhabilidad para ayudarnos a nosotros mismos.

La Extranjera

Como muestra Filipenses 2:5-11, la humildad de Jesús es una de sus características más fundamentales, y Dios quiere que emulemos esa actitud al confesar nuestra dependencia de Dios. Si queremos llegar a ser como Cristo, el más humilde, entonces, el proceso de humillación es esencial para nuestra alma. Desafortunadamente, nosotros los cristianos a menudo olvidamos que la humildad es la clave para cualquier victoria en Jesús.

Continuar la súplica hasta que Dios conteste

En ninguna otra historia del ministerio de Cristo vemos a alguien enfrentarse a un trato tan desalentador. Alguien ha dicho que nunca vemos un cuadro en el que Jesús le dé la espalda a alguien; pero aquí tenemos uno de esos casos. Primero, Jesús le da a la mujer gentil el tratamiento del silencio. Luego la rechaza por segunda vez. Su tercera respuesta llega a los límites del reproche, pero ella continúa suplicándole misericordia.

No nos equivoquemos. Jesús conocía muy bien lo que había en el corazón de esa mujer desde el momento en que ella comenzó a pedirle ayuda aquel día. Él conocía la fortaleza de su fe. Sabía de su habilidad para abrirse paso entre tales desalientos, como la viuda persistente (Lucas 18:1-8) o el amigo insistente (Lucas 11:5-8) de las parábolas. Dice Jesús en Lucas 11:9-10: «Sigan pidiendo y recibirán lo que piden; sigan buscando y encontrarán; sigan llamando, y la puerta se les abrirá. Pues todo el que pide, recibe; todo el que busca, encuentra; y a todo el que llama, se le abrirá la puerta». La insistencia de la mujer fue una prueba de su fe que finalmente le trajo alabanza, gloria y honra (1 Pedro 1:6-7).

La mujer gentil tenía algo que todos necesitamos. Tenía una fe muy firme, una fe decidida a lidiar con todos los desalientos que Cristo puso frente a ella. Su fe halló una fuente de ánimo cuando la mano que estaba tratando de alcanzar parecía alejarse de ella. Por esta fe perseverante, ella fue bendecida por Dios. Su fe prevaleció y ella fue tocada por Cristo, quien le dijo: «Apreciada mujer [...], tu fe es grande. Se te concede lo que pides» (Mateo 15:28).

ALGO PARA PENSAR O CONVERSAR

- *¿Qué significa para usted reconocer que Jesús es el Señor? ¿En qué áreas de su vida le falta someterse al poder y la autoridad del Señor? ¿Qué le gustaría hacer hoy que la ayude a llamar a Jesús su Señor?*

- *¿Qué necesidades le cuesta llevar ante Dios? ¿Por cuáles áreas de su vida le cuesta confiar en que la bondad y misericordia de Dios pueden alcanzarla aún a usted? ¿Cómo puede animar a otros y a usted misma a tener la confianza radical para llevarle esas peticiones a Dios?*

- *La mujer gentil sufrió el silencio del Señor, después un trato indiferente y luego una respuesta algo fuerte. Sin embargo, no se desanimó. No perdió su fe. Se quedó esperando en la gracia y el poder del Señor Jesús. ¿Se ha desanimado usted de seguir orando por algo al no recibir una respuesta inmediata? ¿Cuál es esa petición hasta ahora no respondida? ¿Cómo puede acordarse de emular el ejemplo de la mujer en este relato?*

PARA RECORDAR:

«¡Ten misericordia de mí, oh Señor, Hijo de David! Pues mi hija está poseída por un demonio que la atormenta terriblemente».

MATEO 15:22

Marta y María

Unas mujeres amigas del Maestro

PERFIL DE MARTA Y MARÍA

Referencias bíblicas: Lucas 10:38-42; Juan 11:1-44; Juan 12:1-8

Lugar: Betania, ubicada a unos tres kilómetros de Jerusalén sobre la ladera este del monte de los Olivos

Fecha: Aproximadamente el año 30 d. C.

IMAGINEMOS LA ESCENA

Marta tuvo que hacerse cargo de sus dos hermanos, María y Lázaro, cuando su madre murió pocos años después de la muerte de su padre. Marta era la hermana mayor y jugó el papel de padre y madre para sus hermanos. Afortunadamente, la casa que heredaron era grande y amplia, situada en un pequeño bosque frondoso de árboles de olivo, plantas y un pequeño jardín en el que Marta trabajaba mientras María esperaba que brotaran las flores para cortarlas y colocarlas elegantemente en la sala de la casa.

Fue Lázaro quien escuchó a Jesús primero y quedó impactado con sus enseñanzas. Aunque la salud de Lázaro nunca había sido muy buena, mantenía una actitud positiva y entusiasta. Era callado y un poco tímido, pero muy cariñoso y amable. Después de consultar con sus hermanas, fue él quien invitó a Jesús a ir a su casa. Después, cuando él, Marta y María creyeron en Jesús como su Maestro, la vida de los tres hermanos cobró un nuevo significado y dimensión. Todos en la comunidad se dieron cuenta, porque eran muy apreciados y amados de manera muy especial. Jesús, por su parte, llegó a sentirse como en su casa cuando visitaba a sus amigos de Betania. La única y excelente hospitalidad que encontró en la casa de Marta fue extremadamente importante. Una casa limpia, sábanas limpias y toallas en su lugar, con todo lo necesario en el baño. La comida era

SEGÚN LA BIBLIA

Durante el viaje a Jerusalén, Jesús y sus discípulos llegaron a cierta aldea donde una mujer llamada Marta los recibió en su casa. Su hermana María se sentó a los pies del Señor a escuchar sus enseñanzas, pero Marta estaba distraída con los preparativos para la gran cena. Entonces se acercó a Jesús y le dijo:

—Maestro, ¿no te parece injusto que mi hermana esté aquí sentada mientras yo hago todo el trabajo? Dile que venga a ayudarme.

El Señor le dijo:

—Mi apreciada Marta, ¡estás preocupada y tan inquieta con todos los detalles! Hay una sola cosa por la que vale la pena preocuparse. María la ha descubierto, y nadie se la quitará.

Lucas 10:38-42

Marta y María

Lázaro [el hermano de Marta y María] estaba enfermo. [...] Así que las dos hermanas le enviaron un mensaje a Jesús que decía: «Señor, tu querido amigo está muy enfermo».

Cuando Jesús oyó la noticia, dijo: «La enfermedad de Lázaro no acabará en muerte. Al contrario, sucedió para la gloria de Dios, a fin de que el Hijo de Dios reciba gloria como resultado». Aunque Jesús amaba a Marta, a María y a Lázaro, se quedó donde estaba dos días más. Pasado ese tiempo, les dijo a sus discípulos:

—Volvamos a Judea.

Pero sus discípulos se opusieron diciendo:

—Rabí, hace solo unos días, la gente de Judea trató de apedrearte. ¿Irás allí de nuevo?

Jesús contestó:

—Cada día tiene doce horas de luz. Durante el día, la gente puede andar segura y puede ver porque tiene la luz de este mundo; pero de noche se corre el peligro de tropezar, porque no hay luz.
—Después agregó—: Nuestro amigo Lázaro se ha dormido, pero ahora iré a despertarlo.

—Señor —dijeron los discípulos—, si se ha dormido, ¡pronto se pondrá mejor!

Ellos pensaron que Jesús había querido decir que Lázaro solo estaba dormido, pero Jesús se refería a que Lázaro había muerto.

Por eso les dijo claramente:

—Lázaro está muerto. Y, por el bien de ustedes, me alegro de no haber estado allí, porque ahora

deliciosa y la vitalidad de la anfitriona era inmejorable. Ese era el estilo de Marta, su personalidad, su manera de decirle a Jesús cuánto lo amaba.

María, en cambio, le expresaba su amor de manera diferente. Era más tranquila y contemplativa. Escuchaba con atención, hacía preguntas y pensaba más profundamente en lo que Jesús les enseñaba.

Lázaro solía reírse de sus hermanas, pues eran tan diferentes como el día y la noche. Toda la gente del vecindario lo sabía. Lázaro se sentía muy afortunado de tener a una hermana como Marta, que lo cuidaba, y de tener a una hermana como María, con quien podía conversar de asuntos espirituales más profundos. Jesús también sabía que ambas lo amaban profundamente, según su personalidad y su manera de ser y hacer las cosas.

Una tarde, Lázaro regresó de Jerusalén más temprano que de costumbre con la feliz noticia de que el Maestro vendría a cenar y pasar la noche con ellos. Marta, explosiva, bulliciosa, activa y previsora como siempre, preguntó:

—¿Vendrán todos los discípulos, o solo el Maestro?

Lázaro, muy tranquilo como siempre, sonrió, y con un grito de alegría dijo:

—¡Ya están todos aquí!

Abrió la puerta del jardín y les dio la bienvenida al Maestro y a sus discípulos.

Todos ingresaron a la casa con cierto alivio, pues el viento y el frio del invierno calaba más cuando el sol se ocultaba entre las montañas. Todos disfrutaron de una bebida caliente mientras iban formando un círculo alrededor del Maestro.

Mientras esperaban la hora de comer, Jesús comenzó a responder algunas preguntas que María había expresado. Marta le hizo señas a María en dos o tres ocasiones, a espaldas del Maestro, para que fuera a la cocina y la ayudara con los quehaceres. María parecía ignorarla intencionalmente.

Marta amaba a Jesús y le encantaba hablar con él. Disfrutaba oír al Señor, pero darle de comer a un grupo de adultos era una tarea que le exigía estar en la cocina, preparar la mesa y cuidar los detalles. Marta no lo soportó más. Con la confianza que Jesús le inspiraba, puso sus manos regordetas sobre la cintura y se dirigió a él:

Mujeres de la Biblia hablan hoy

—Maestro, ¿te das cuenta de que mi hermana se queda sentada escuchándote y no se levanta para ayudarme? ¡Tenemos que darle de comer a catorce hombres hambrientos y ella está aquí sentada como una reina! ¿Le puedes ordenar que se levante y me ayude?

Los discípulos se pusieron nerviosos y algo incómodos por ser parte de la causa del malestar de Marta. Habían sido llamados «hambrientos» y, aunque era cierto, no pensaban que fuera tan evidente. Ahora se preguntaban cómo manejaría el Maestro esta situación doméstica entre las dos hermanas.

Jesús conocía la diligencia y el empeño de Marta. Con ternura pero con firmeza la miró a los ojos y le dijo:

—Marta, Marta, veo que te pones nerviosa y te afanas con todos los detalles para servirnos hoy, pero ese es tu estilo. Siempre estás muy ocupada haciendo cosas y supervisando los detalles. Eso está bien, pero esta vez tu hermana María ha decidido oír lo que tengo que decir. Ella ha tomado la decisión de hacerlo así. Déjala que disfrute el momento. A ti te haría bien descansar un rato y venir a estar con nosotros.

El momento de tensión pasó. Marta sonrió, como agradeciendo la invitación, y se apresuró a regresar a la cocina para terminar de preparar la comida. Mientras tanto, María sonrió agradecida con Jesús.

Jesús continuó su ministerio en Jerusalén y en varios lugares al otro lado del Jordán, cerca del lugar donde antes había estado predicando Juan, conocido como «el Bautista». Un día, Lázaro se enfermó y sus hermanas mandaron a un joven a que le diera un mensaje a Jesús. Pero Jesús no llegó a tiempo.

Muchos de los familiares, amigos y curiosos que vivían en Betania y sus alrededores fueron a visitar a Marta y a María para consolarlas por la muerte de su hermano. Cuando Jesús llegó a Betania, habían sepultado a Lázaro cuatro días antes.

Marta, al enterarse de que Jesús había llegado, salió a recibirlo, y María se quedó en la casa. Entonces Marta le dijo a Jesús:

—Señor, si hubieras estado aquí, mi hermano no habría muerto. Pero a pesar de todo lo que ha pasado, Dios hará lo que tú le pidas. De eso estoy segura.

Jesús no dio ninguna explicación por su demora en venir a ver a sus amigos. Simplemente le dijo que su hermano volvería a vivir.

ustedes van a creer de verdad. Vamos a verlo.

Tomás, al que apodaban el Gemelo, les dijo a los otros discípulos: «Vamos nosotros también y moriremos con Jesús».

Cuando Jesús llegó a Betania, le dijeron que Lázaro ya llevaba cuatro días en la tumba. Betania quedaba solo a unos pocos kilómetros de Jerusalén, y mucha gente se había acercado para consolar a Marta y a María por la pérdida de su hermano. Cuando Marta se enteró de que Jesús estaba por llegar, salió a su encuentro, pero María se quedó en la casa. Marta le dijo a Jesús:

—Señor, si tan solo hubieras estado aquí, mi hermano no habría muerto; pero aun ahora, yo sé que Dios te dará todo lo que pidas.

Jesús le dijo:

—Tu hermano resucitará.

—Es cierto —respondió Marta—, resucitará cuando resuciten todos, en el día final.

Jesús le dijo:

—Yo soy la resurrección y la vida. El que cree en mí vivirá aun después de haber muerto. Todo el que vive en mí y cree en mí jamás morirá. ¿Lo crees, Marta?

—Sí, Señor —le dijo ella—. Siempre he creído que tú eres el Mesías, el Hijo de Dios, el que ha venido de Dios al mundo.

Luego Marta regresó adonde estaba María y los que se lamentaban. La llamó aparte y le dijo: «El Maestro está aquí y quiere verte». Entonces María salió enseguida a su encuentro.

Marta y María

Jesús todavía estaba fuera de la aldea, en el lugar donde se había encontrado con Marta. Cuando la gente que estaba en la casa consolando a María la vio salir con tanta prisa, creyeron que iba a la tumba de Lázaro a llorar. Así que la siguieron. Cuando María llegó y vio a Jesús, cayó a sus pies y dijo:

—Señor, si tan solo hubieras estado aquí, mi hermano no habría muerto.

Cuando Jesús la vio llorando y vio a la gente lamentándose con ella, se enojó en su interior y se conmovió profundamente.

—¿Dónde lo pusieron? —les preguntó.

Ellos le dijeron:

—Señor, ven a verlo.

Entonces Jesús lloró. La gente que estaba cerca dijo: «¡Miren cuánto lo amaba!». Pero otros decían: «Este hombre sanó a un ciego. ¿Acaso no podía impedir que Lázaro muriera?».

Jesús todavía estaba enojado cuando llegó a la tumba, una cueva con una piedra que tapaba la entrada. «Corran la piedra a un lado», les dijo Jesús.

Entonces Marta, la hermana del muerto, protestó:

—Señor, hace cuatro días que murió. Debe haber un olor espantoso.

Jesús respondió:

—¿No te dije que si crees, verás la gloria de Dios?

Así que corrieron la piedra a un lado. Entonces Jesús miró al cielo y dijo: «Padre, gracias por haberme oído. Tú siempre me oyes, pero lo dije en voz alta por el bien de toda esta gente que está aquí, para

Marta recordó lo que Jesús mismo le había enseñado acerca de lo que dice el Antiguo Testamento sobre la resurrección y le afirmó que confiaba en el día de la resurrección.

A esto Jesús respondió:

—Yo soy el que da la vida y el que hace que los muertos vuelvan a vivir. Quien pone su confianza en mí, aunque muera, vivirá. Los que todavía viven y confían en mí, nunca morirán para siempre. ¿Puedes creer esto, mi querida Marta?

Marta le respondió:

—Sí, Señor. Yo creo que tú eres el Cristo, el Hijo de Dios, que debía venir al mundo.

De una manera magistral, Jesús la condujo a hacer su primera declaración de fe públicamente, aun en medio del dolor y la desesperanza. Enseguida le preguntó por su hermana María y le pidió que fuera a buscarla.

María se levantó inmediatamente y fue a verlo. Cuando María llegó a donde estaba Jesús, se arrodilló delante de él y le dijo:

—Señor, si hubieras estado aquí, mi hermano no habría muerto.

Jesús no dio la respuesta que elaboró cuando Marta hizo la misma afirmación sobre su demora. En vez de eso, Jesús miró el rostro de María lleno de dolor y lágrimas. Sintió una gran empatía con el sufrimiento de sus amigas, y lloró con ellas. Luego, vio que quienes acompañaban a Marta y a María lloraban mucho también. Se sintió muy triste y les tuvo compasión.

Todavía con lágrimas en los ojos, Jesús se acercó a la cueva donde habían puesto el cuerpo de Lázaro y ordenó que quitaran la piedra que cubría la entrada. Pero Marta le dijo:

—Señor, hace cuatro días que murió Lázaro. Seguramente ya huele mal.

Jesús le contestó:

—¿No te dije que, si confías en mí, verás el poder de Dios?

Jesús miró hacia la tumba y dijo:

—¡Lázaro, sal de ahí!

Todos los presentes miraron hacia la oscura boca de la cueva. Esperaban ver algún movimiento. Algo.

Mujeres de la Biblia hablan hoy

Dentro de la cueva, un cuerpo se incorporó lentamente, se puso de pie, y con dificultad caminó hacia la luz, atado de pies y manos con unas vendas de entierro.

Por fin, Lázaro salió de la cueva. Los amigos, siguiendo las instrucciones de Jesús, le ayudaron a quitar las telas en que lo habían envuelto para que pudiera caminar con libertad.

Cuando llegaron a la casa de Marta, en lugar de llanto había alegría y risas. Todos se maravillaban del poder de Jesús. Muchas personas creyeron en él como el Mesías. El ambiente era de gozo y celebración.

Jesús debía volver a Jerusalén, así que luego de abrazar a sus amigos, les aseguró que estaría con ellos durante la semana previa a la celebración de la fiesta de la Pascua.

Seis días antes de que se celebrara la fiesta de la Pascua, Marta, María y Lázaro hicieron los preparativos para la cena con Jesús. Lázaro estaba sentado a la mesa con Jesús, mientras su hermana Marta, esta vez con la ayuda de María, servía la comida.

Cuando terminaron de comer, María tomó una botella de un perfume que costaba mucho dinero y perfumó los pies de Jesús. Sin duda era una expresión extravagante de su amor y gratitud hacia Jesús, pues uno de los discípulos calculó que ese perfume costaría casi un año de salario de una persona. Después de ungirle los pies, los secó con sus cabellos. Y toda la casa se llenó con el olor del perfume, símbolo del amor de esta familia, y de María en particular, por su Maestro y Señor, quien les había enseñado y había resucitado a Lázaro de entre los muertos.

LECCIONES PRÁCTICAS QUE APRENDEMOS DE MARTA Y MARÍA

Tanto María como Marta eran mujeres reales, con una diferencia relevante, que expresaron un amor radical por el Señor Jesús. De ellas podemos aprender las siguientes lecciones:

Amar a Jesús, cada uno a su manera

Marta, María y Lázaro eran muy diferentes en su personalidad y su manera de expresar su interés y amor a Jesús. Jesús aceptó a cada uno tal como era. Ninguno era mejor, solo eran diferentes, pero tanto Marta como María necesitaban mantener un equilibrio en su manera de expresar su amor al Maestro: 50% de aprendizaje y 50% de acción.

---

que crean que tú me enviaste». Entonces Jesús gritó: «¡Lázaro, sal de ahí!». Y el muerto salió de la tumba con las manos y los pies envueltos con vendas de entierro y la cabeza enrollada en un lienzo. Jesús les dijo: «¡Quítenle las vendas y déjenlo ir!». [...]

Seis días antes de que comenzara la celebración de la Pascua, Jesús llegó a Betania, a la casa de Lázaro, el hombre a quien él había resucitado. Prepararon una cena en honor de Jesús. Marta servía, y Lázaro estaba entre los que comían con él. Entonces María tomó un frasco con casi medio litro de un costoso perfume preparado con esencia de nardo, le ungió los pies a Jesús y los secó con sus propios cabellos. La casa se llenó de la fragancia del perfume.

Sin embargo, Judas Iscariote, el discípulo que pronto lo traicionaría, dijo: «Ese perfume valía el salario de un año. Hubiera sido mejor venderlo para dar el dinero a los pobres». No es que a Judas le importaran los pobres; en verdad, era un ladrón y, como estaba a cargo del dinero de los discípulos, a menudo robaba una parte para él.

Jesús respondió: «Déjala en paz. Esto lo hizo en preparación para mi entierro. Siempre habrá pobres entre ustedes, pero a mí no siempre me tendrán».

Juan 11:1, 3-44; 12:1-8

Marta y María

Cuando Jesús le dijo a la hermana mayor que su hermana menor había hecho la elección sabia, no estaba menospreciando de ninguna manera el servicio de Marta, ni siendo ingrato ante sus atenciones. Él le estaba mostrando su profundo amor yendo directamente al meollo del asunto. Jesús no dijo que María no debía estar ayudando a su hermana; lo que dijo fue que, si hay que escoger, la mejor opción para una persona es mostrar igual preocupación por la alimentación del espíritu que por la alimentación del cuerpo. Jesús está señalando el peligro de ocuparse demasiado de las tareas domésticas y olvidar las tareas espirituales.

Cada uno de nosotros puede ser un seguidor de Jesús con las expresiones propias de su individualidad. Marta representa a esas queridas mujeres que dejan que las tareas y obligaciones de su hogar o el trabajo fuera de la casa las distraigan demasiado. Otras piensan que mantener una actitud de contemplación y meditación es la expresión más alta de adoración. Algunas son solo Marta y no María. Otras son solo María y nada de Marta. La combinación feliz es la de Marta y María, cuando el aspecto práctico y el espiritual hacen posible la gloria de lo común. Nos haría bien aprender a sentarnos a los pies de Jesús y así aprender de él, manteniendo el servicio en el lugar adecuado, conscientes de que tanto el servicio como el aprendizaje son deberes y en ambos debemos honrar a Dios. Los discípulos de Jesús no tienen que ser uniformes en su manera de ser, solo se requiere que cada uno crea en Jesús como el Hijo de Dios.

Confiar en la bondad del Señor para con nosotros

Dios nos llama a confiarle todas nuestras preocupaciones, responsabilidades y tristezas, sabiendo que él es capaz de llevarlas por nosotros. Si parece que su ayuda se demora, tenemos que recordar que él nunca se adelanta a su tiempo ni tampoco se atrasa.

Desde nuestra perspectiva, muchas veces miramos el tiempo como un evento aislado, único, que se escapa de nuestra existencia. Sin embargo, desde la perspectiva de Dios, el tiempo es parte de un proceso que él controla de acuerdo con sus propósitos para nuestra vida. Por supuesto, muchas veces no lo comprendemos así y es por eso que debemos confiar en la bondad del Señor para con nosotros.

Como María y Marta, muchas veces estamos tentados a decir «si Dios hubiera querido…», pensando que nuestros planes eran los mejores. Recordemos que los planes de Dios para nosotros siempre son los mejores para toda nuestra vida, no solo para un momento o circunstancia dada. Los duelos de hoy pueden llegar a ser las resurrecciones de mañana.

Desatar a nuestros seres queridos

Jesús rescató a Lázaro de entre los muertos, pero luego les dijo qué hacer a los que estaban parados mirando: debían desatarlo y darle espacio para moverse. Jesús les dijo a quienes observaban el milagro de la resurrección de Lázaro: «¡Quítenle las vendas y déjenlo ir!» (Juan 11:44).

Muchas veces oramos, pidiéndole a Dios una multitud de cosas para nuestros seres queridos y, al mismo tiempo, mantenemos atadas a esas mismas personas con alguna actitud, consciente o inconsciente, de nuestra parte. A veces atamos a nuestros seres queridos con el ser posesivos, con los celos, la falta de confianza, los prejuicios, la toma de decisiones por ellos o los resentimientos. Muchas veces son nuestras inseguridades y nuestra falta de confianza en nosotros mismos o en otras personas lo que nos conduce a crear y mantener la «codependencia» de otros hacia nosotros. Quizás este sea un buen momento para que examine su corazón y vea si encuentra en él alguna de estas actitudes. Pídale sabiduría y gracia a Dios para decidir qué es lo que va a dar espacio y libertad a esa persona para que tome sus decisiones y viva con los resultados de ellas.

Jesús dijo que debemos desatar a nuestros seres queridos, darles espacio para moverse y luego dejarlos que se encuentren con él. El amor creativo hace retroceder las barreras; el amor creativo desata las cuerdas. ¡El amor creativo les da a nuestros seres queridos espacio para moverse!

ALGO PARA PENSAR O CONVERSAR

- Después de leer los tres encuentros de Jesús con los miembros de esta familia de Betania, ¿con qué personaje de la historia se identifica más? ¿Es usted activa como Marta, contemplativa como María o silenciosa como Lázaro? ¿Por qué? Escriba uno o dos ejemplos de cuando haya visto esa actitud en usted claramente. Converse con los miembros de su familia o compañeros de grupo. ¿Qué tiene Dios que decirle hoy en cuanto a esas actitudes?

- Dios nos dio a todos ciertas habilidades, talentos y dones espirituales. Haga una lista de sus dones espirituales y de cómo puede usarlos para servir a Jesús.

- Muchas veces es difícil confiar en la bondad de Dios para con nosotros cuando estamos pasando por un momento difícil. ¿Qué puede hacer usted para acordarse del amor que Dios quiere mostrarle?

- ¿Qué significa para usted «desatar» a sus seres queridos? ¿Qué paso quiere dar hoy para obedecer a Jesús con respecto a esta idea?

PARA RECORDAR:

Jesús le dijo:
«Yo soy la resurrección y la vida. El que cree en mí vivirá aun después de haber muerto. Todo el que vive en mí y cree en mí jamás morirá».

JUAN 11:25-26

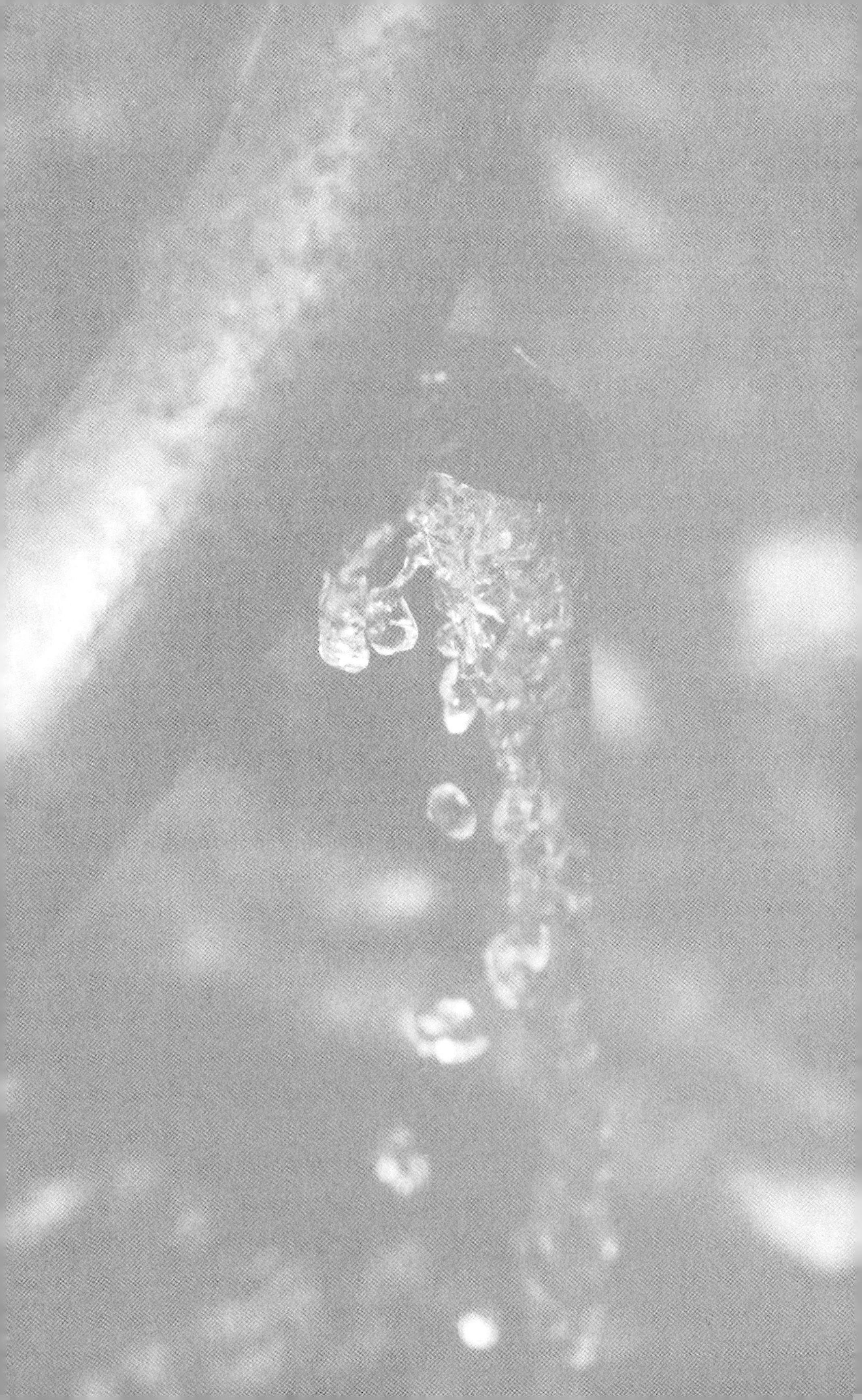

La Samaritana

Una mujer inocente hasta que se pruebe lo contrario

PERFIL DE LA SAMARITANA
Referencias bíblicas: Juan 4:1-42
Lugar: El pozo de Jacob en Sicar, ciudad de Samaria
Fecha: Aproximadamente entre los años 23 y 30 d. C.

IMAGINEMOS LA ESCENA

—Siento la necesidad de pasar por Samaria —dijo Jesús a sus discípulos.

—Eso acorta el viaje. Además, no tenemos que cruzar el río Jordán dos veces, ni pasar por Perea donde solo hay desierto y muy poco que ver —comentó uno de los discípulos con cierto tono de comodidad.

—Puede ser complicado, pues los samaritanos no nos aceptan muy bien a los judíos por cuestiones religiosas y otras tradiciones —dijo Juan, otro de los discípulos. Luego agregó, como deseando demostrar sus conocimientos de la geografía a sus compañeros de viaje—: El camino rodeando Samaria por Perea es casi el doble de largo, mientras que ir de Galilea a Jerusalén, por Samaria, solo toma tres días. Generalmente usamos el camino largo, pero ahora el Maestro ha dicho que «siente la necesidad de pasar por Samaria». Yo no entiendo muy bien cuál es esa necesidad, pero como sabemos, él siempre sabe lo que debe hacer, cómo y cuándo hacerlo.

Jesús conocía que la rivalidad entre los judíos y los samaritanos venía desde muchos años atrás. Sabía que había elementos religiosos, culturales y raciales que creaban fuertes tensiones entre ambos pueblos. Él no comentó nada; sencillamente comenzó a caminar con pasos firmes, decidido a hacer el viaje. Después de hablar con su Padre celestial esa mañana, Jesús había pensado: *¡Hoy es el*

SEGÚN LA BIBLIA

Jesús [...] se fue de Judea y volvió a Galilea.

En el camino, tenía que pasar por Samaria. Entonces llegó a una aldea samaritana llamada Sicar, cerca del campo que Jacob le dio a su hijo José. Allí estaba el pozo de Jacob; y Jesús, cansado por la larga caminata, se sentó junto al pozo cerca del mediodía. Poco después, llegó una mujer samaritana a sacar agua, y Jesús le dijo:

—Por favor, dame un poco de agua para beber.

Él estaba solo en ese momento porque sus discípulos habían ido a la aldea a comprar algo para comer.

La mujer se sorprendió, ya que los judíos rechazan todo trato con los samaritanos. Entonces le dijo a Jesús:

—Usted es judío, y yo soy una mujer samaritana. ¿Por qué me pide agua para beber?

La Samaritana

Jesús contestó:

—Si tan solo supieras el regalo que Dios tiene para ti y con quién estás hablando, tú me pedirías a mí, y yo te daría agua viva.

—Pero señor, usted no tiene ni una soga ni un balde —le dijo ella—, y este pozo es muy profundo. ¿De dónde va a sacar esa agua viva? Además, ¿se cree usted superior a nuestro antepasado Jacob, quien nos dio este pozo? ¿Cómo puede usted ofrecer mejor agua que la que disfrutaron él, sus hijos y sus animales?

Jesús contestó:

—Cualquiera que beba de esta agua pronto volverá a tener sed, pero todos los que beban del agua que yo doy no tendrán sed jamás. Esa agua se convierte en un manantial que brota con frescura dentro de ellos y les da vida eterna.

—Por favor, señor —le dijo la mujer—, ¡deme de esa agua! Así nunca más volveré a tener sed y no tendré que venir aquí a sacar agua.

Jesús le dijo:

—Ve y trae a tu esposo.

—No tengo esposo —respondió la mujer.

—Es cierto —dijo Jesús—. No tienes esposo porque has tenido cinco esposos y ni siquiera estás casada con el hombre con el que ahora vives. ¡Ciertamente dijiste la verdad!

—Señor —dijo la mujer—, seguro que usted es profeta. Así que dígame, ¿por qué ustedes, los judíos, insisten en que Jerusalén es el único lugar donde se debe adorar, mientras que nosotros, los samaritanos, afirmamos que es

día! Ha llegado el día en el que esa mujer de Sicar me conocerá. Había llegado el momento en el que ella lo conocería a él; pues él la conocía desde antes de la creación.

La población samaritana constaba de un considerable grupo de gente. Los samaritanos se hacían llamar «los hijos de Israel» y se creían preservadores de la religión original del antiguo Israel. El nombre «samaritanos» en hebreo literalmente significa «los guardianes» (de las leyes y tradiciones originales). Creían que el centro de adoración de Israel no debía ser el monte Sion, sino el monte Ebal, también llamado Gerizim, el lugar donde los primeros israelitas hicieron sacrificios en la Tierra Prometida. Decían que Betel (donde adoró Jacob), el monte Moriah (donde adoró Abraham) y el monte Gerizim eran el mismo lugar. Los samaritanos tenían esencialmente un credo de cuatro elementos: un Dios, un profeta, un libro y un lugar.

Al mediodía, el sol estaba en el cenit, alumbrando en todo su esplendor. El cansancio se hizo presente poco a poco aun para aquellos hombres fuertes y acostumbrados a caminar. Por fin, Jesús y sus seguidores llegaron a un pozo que era conocido como «el pozo de Jacob». Jesús buscó la sombra de un arbusto junto al pozo y ordenó a sus discípulos que fueran a la ciudad y buscaran algo para comer. Mientras tanto, Jesús recordó muchos de los sucesos narrados en el Antiguo Testamento que habían ocurrido en los alrededores de ese pozo. Especialmente el hecho de que esa propiedad fue comprada por Jacob (cuyos hijos dieron origen a todo el pueblo hebreo) y allí fueron sepultados los huesos de José cuando los trasladaron desde Egipto.

De repente, una hermosa mujer de un poco más de cincuenta años se acercó al pozo para sacar agua. Unos mechones de cabello asomaban por debajo de su velo y su rostro reflejaba que había sufrido mucho, que había vivido muchas decepciones. Prefería venir al pozo a mediodía para evitar encontrarse con otras mujeres y hombres mientras sacaba el agua que necesitaba para los quehaceres de su hogar. La vida la había vuelto huraña, solitaria, distante. Su autoestima era muy baja. Había tenido cinco esposos. El primero la había abandonado para irse con otra mujer. Tres se habían divorciado de ella por incompatibilidad de caracteres; uno se había muerto de un infarto, y ahora estaba viviendo con un hombre en unión libre. Tenía una carencia de amor, de cariño y de sentirse valorada por alguien y no solo como un objeto al servicio temporal.

Jesús observó cómo la mujer sacaba agua del pozo y

Mujeres de la Biblia hablan hoy

llenaba su cántaro. Cuando estaba lista para levantar el cántaro e irse, él le pidió un poco de agua.

Como los judíos no se llevaban bien con los de Samaria, la mujer le preguntó:

—¿Cómo me pide agua a mí, que soy una mujer pobre y samaritana?

Jesús le respondió:

—No sabes quién soy yo ni lo que soy capaz de darte. Si lo supieras, tú me pedirías agua, y yo te daría el agua que da vida.

La mujer, con una sonrisa de ironía, le dijo:

—Señor, usted ni siquiera tiene un balde con qué sacar agua de este pozo profundo. ¿Cómo va a darme esa agua? Hace mucho tiempo nuestro antepasado Jacob nos dejó este pozo. ¿Pretende usted ofrecer mejor agua que la que disfrutaron él, sus hijos y sus animales?

Jesús le contesta que los que beban del agua que él da nunca más tendrán sed.

Entonces la mujer le pidió esa agua para no volver a tener sed ni tener que regresar a sacar agua.

Jesús le dijo:

—Ve a llamar a tu esposo y regresa aquí con él.

—No tengo esposo —respondió la mujer.

Jesús afirmó que sabía que la mujer había estado casada cinco veces y que vivía con otro hombre.

Al oír esto, la mujer le dijo:

—Señor, me parece que usted es un profeta. Desde hace mucho tiempo mis antepasados han adorado a Dios en este monte, pero ustedes los judíos dicen que se debe adorar a Dios en Jerusalén. Ya que usted sabe tanto, por favor dígame, ¿dónde debo adorar, por qué y de qué manera?

Jesús le contestó:

—Créeme, querida mujer, que se acerca el tiempo en que no tendrá importancia si se adora al Padre en este monte o en Jerusalén. Ya ha llegado el tiempo cuando los verdaderos adoradores adorarán al Padre en espíritu y en verdad. La mujer le dijo:

—Yo sé que va a venir el Mesías y él nos explicará todas las cosas.

Jesús le dijo:

—¡Yo SOY el Mesías!

aquí, en el monte Gerizim, donde adoraron nuestros antepasados?

Jesús le contestó:

—Créeme, querida mujer, que se acerca el tiempo en que no tendrá importancia si se adora al Padre en este monte o en Jerusalén. Ustedes, los samaritanos, saben muy poco acerca de aquel a quien adoran, mientras que nosotros, los judíos, conocemos bien a quien adoramos, porque la salvación viene por medio de los judíos. Pero se acerca el tiempo —de hecho, ya ha llegado— cuando los verdaderos adoradores adorarán al Padre en espíritu y en verdad. El Padre busca personas que lo adoren de esa manera. Pues Dios es Espíritu, por eso todos los que lo adoran deben hacerlo en espíritu y en verdad.

La mujer dijo:

—Sé que el Mesías está por venir, al que llaman Cristo. Cuando él venga, nos explicará todas las cosas.

Entonces Jesús le dijo:

—¡Yo Soy el Mesías!

Justo en ese momento, volvieron sus discípulos. Se sorprendieron al ver que Jesús hablaba con una mujer, pero ninguno se atrevió a preguntarle: «¿Qué quieres de ella?» o «¿Por qué le hablas?». La mujer dejó su cántaro junto al pozo y volvió corriendo a la aldea mientras les decía a todos: «Vengan a ver a un hombre que me dijo todo lo que he hecho en mi vida! ¿No será este el Mesías?». Así que la gente salió de la aldea para verlo.

Mientras tanto, los discípulos le insistían a Jesús:

—Rabí, come algo.

Jesús les respondió:

La Samaritana

—Yo tengo una clase de alimento que ustedes no conocen.

«¿Le habrá traído alguien de comer mientras nosotros no estábamos?», se preguntaban los discípulos unos a otros.

Entonces Jesús explicó:

—Mi alimento consiste en hacer la voluntad de Dios, quien me envió, y en terminar su obra. Ustedes conocen el dicho: "Hay cuatro meses entre la siembra y la cosecha", pero yo les digo: despierten y miren a su alrededor, los campos ya están listos para la cosecha. A los segadores se les paga un buen salario, y los frutos que cosechan son personas que pasan a tener la vida eterna. ¡Qué alegría le espera tanto al que siembra como al que cosecha! Ya saben el dicho: "Uno siembra y otro cosecha", y es cierto. Yo los envié a ustedes a cosechar donde no sembraron; otros ya habían hecho el trabajo, y ahora a ustedes les toca levantar la cosecha.

Muchos samaritanos de esa aldea creyeron en Jesús, porque la mujer había dicho: «¡Él me dijo todo lo que hice en mi vida!». Cuando salieron a verlo, le rogaron que se quedara en la aldea. Así que Jesús se quedó dos días, tiempo suficiente para que muchos más escucharan su mensaje y creyeran. Luego le dijeron a la mujer: «Ahora creemos, no solo por lo que tú nos dijiste, sino porque lo hemos oído en persona. Ahora sabemos que él es realmente el Salvador del mundo».

Juan 4:1, 3-42

De repente la mujer recibió en las profundidades de su alma el agua viva, el agua que sacia eternamente. Comprendió que Jesús era más que un profeta: era el Mesías, el enviado por Dios para dar la salvación a todo aquel que cree en él. Dios en Cristo, el Mesías, estaba hablando con ella personalmente y guiándola a la salvación.

En ese momento llegaron los discípulos de Jesús, y se extrañaron al ver que hablaba con una mujer samaritana. Mientras tanto, la mujer dejó su cántaro y se fue al pueblo para contarle a la gente lo que había pasado con Jesús.

La mujer samaritana conocía a la gente de su pueblo y por eso les hizo una invitación que apelaba al deseo que todos tenían de «saber toda la verdad». Su esperanza era que quien expresara ese conocimiento fuera el Mesías. Así que ella fue por las calles, tocó las puertas de las casas, se paró en el parque central que servía como mercado y gritó: «¡Vayan al pozo de Jacob! Allí van a ver a un hombre que sabe todo. Sin duda, él es el Mesías que esperamos».

Entonces la gente salió del pueblo y fue a buscar a Jesús. Mucha gente que vivía en ese pueblo de Samaria creyó en Jesús, porque la mujer les había dicho: «Él sabe todo. Conoce hasta los más mínimos detalles de mi vida». Jesús se quedó allí dos días, y muchas otras personas creyeron al oír lo que él decía. Y todo fue porque una mujer solitaria, sin esperanzas, tuvo la audacia de presentarle sus preguntas a Jesús y creer que él tenía las respuestas que ella esperaba.

LECCIONES PRÁCTICAS QUE APRENDEMOS DE LA SAMARITANA

La interpretación tradicional acusa a la mujer de Samaria de ser una mujer de mala reputación. Sin embargo, nos parece una conclusión que olvida que hay muchas mujeres a quienes la vida ha tratado con dureza. Esta mujer anónima puede representar a muchas mujeres que han sufrido maltrato. Muchas llegan a perder la confianza en sí mismas y en otras personas. Viven sin esperanza. Sin embargo, esta mujer real y relevante también fue radical en su búsqueda de la verdad. De su ejemplo, y del ejemplo de Jesús en su trato hacia ella, podemos aprender varias lecciones prácticas para nuestra vida hoy.

Emprender una búsqueda sincera de la verdad

A pesar de las condiciones de su vida, la samaritana era una mujer sincera y honesta que estaba teniendo una conversación de información teológica profunda con Jesús. Ella aprovechó punto por punto la conversación con Jesús, precisamente porque tomó en serio la Palabra de Dios que conocía (la Torá samaritana).

Luego, después de haber tenido un conocimiento íntimo de Jesús, se siente lo suficientemente segura para romper la tradición y superar la barrera de las asociaciones prohibidas. Era algo osadamente atrevido comprobar que la verdad estaba fuera del marco teológico aceptado por su pueblo. Pero el deseo sincero de saber la verdad motiva el comentario de Jesús sobre la adoración genuina a Dios en espíritu y en verdad, un punto importante para el fundamento teológico de los judíos, los samaritanos y nosotros hoy.

Acercarnos a los que no son como nosotros

Jesús ignora intencionalmente las barreras de la religión, la raza y el género al acercarse a esta mujer. Y es a través de ella que se da a conocer por primera vez como el Mesías. Es posible que Pablo haya recordado esta historia cuando escribió: «Ya no hay judío ni gentil, esclavo ni libre, hombre ni mujer, porque todos ustedes son uno en Cristo Jesús» (Gálatas 3:28). Jesús tomó la iniciativa de rebasar los límites culturales; la mujer también rompió las barreras culturales cuando creyó en Cristo.

La salvación de las personas es más importante que las diferencias que nos puedan separar. Yo, Jorge, creo que Jesús anticipaba con gozo el momento en el que la mujer samaritana lo iba a conocer como Señor y Salvador. Pienso lo mismo al leer sobre varios otros encuentros de Jesús durante su ministerio, por ejemplo: Zaqueo, Nicodemo, la mujer extranjera o cananea, y María Magdalena. También me alegra pensar en el gozo que Jesús sintió cuando yo, aun siendo un niño de siete años, tuve mi primer encuentro con él. Él ya me conocía, pero ese día yo lo conocí a él.

Es por esto que Jesús tomó el riesgo de ser malinterpretado al conversar con una mujer samaritana a solas. La mujer samaritana también tomó el riesgo de hablar con un judío a solas. A ambos les pareció que valía la pena porque esta era la oportunidad de tener un encuentro con la verdad.

Acercarnos a los que han sido marginados

En nuestro relato sugerimos que la mujer puede no haber sido tan inmoral como varios escritores y predicadores la han descrito. Que quizás fueron los maridos quienes se divorciaron de ella o que alguno había muerto. En tales circunstancias no sorprende que ella se viera forzada a llevar una vida de pobreza y a vivir con un hombre con el que no estaba casada, simplemente como una forma de subsistir. Pero, sin duda, ella era una mujer marginada.

Sin embargo, Jesús la tomó muy en serio, conversó con ella sobre asuntos teológicos y espirituales muy relevantes, para luego darse a conocer como el Mesías. Jesús se acerca a ella con amor y compasión, tratándola con dignidad y respeto.

Nosotros tenemos la oportunidad de seguir el ejemplo de Jesús en esta historia y acercarnos a personas a quienes la vida ha tratado con dureza y que tienen una baja autoestima y muchas inseguridades. Si conoce a alguien así, no dude en cruzar la calle para ir y mostrarle amor y cariño y hablarle de Jesucristo.

La Samaritana

ALGO PARA PENSAR O CONVERSAR

- La samaritana tuvo un encuentro personal y creativo con Jesús porque estuvo dispuesta a hacerle preguntas sinceras. ¿Qué preguntas tiene usted para Jesús? ¿Se atreve a hacerle esas preguntas? ¿Cómo se imagina que Jesús respondería a su pregunta más urgente?

- Ser como Jesús hoy puede implicar estar dispuestos a romper con algunas condiciones culturales para acercarnos a quienes necesitan un encuentro con la verdad. Mencione tres riesgos que usted tendría que tomar para hablar con alguien de otra cultura acerca de Jesús. Luego, mencione algunas de las implicaciones para la persona a quien usted da testimonio. ¿Cree que vale la pena correr ese riesgo hoy? ¿Qué nos enseña el encuentro de Jesús con la mujer samaritana sobre la forma de acercarnos a una persona extranjera cuyos valores y cultura pueden ser diferentes a los nuestros?

- Cuando piensa en una persona marginada, ¿a quién visualiza? ¿Qué cree que Jesús le diría a esa persona hoy? ¿Cómo puede usted ser un mensajero de amor y bondad de parte de Jesús?

- Unos años más tarde, cuando Felipe el evangelista fue a predicar «a la ciudad de Samaria» (Hechos 8:5), puede ser que haya conocido «a la mujer de Samaria» y a muchos que fueron convertidos por el Señor durante la visita de dos días. Felipe experimentó una gran cosecha de almas, probablemente gracias al valiente testimonio de una mujer que estuvo dispuesta a proclamar con valor y audacia: «¡Vengan a ver a un hombre que me dijo todo lo que he hecho en mi vida! ¿No será este el Mesías?» (Juan 4:29). Ella preparó a muchos para que fueran salvos por medio de Jesucristo. ¿Cómo podemos colaborar para crear un ambiente favorable para la comunicación del evangelio en nuestra comunidad? Mencione de tres a cinco ideas que usted y los miembros de su grupo pueden poner en práctica.

PARA RECORDAR

«¡Vengan a ver a un hombre que me dijo todo lo que he hecho en mi vida! ¿No será este el Mesías?».

JUAN 4:29

María Magdalena

Una mujer trasformada de la noche a la mañana

PERFIL DE MARÍA MAGDALENA
Referencias bíblicas: Mateo 27:55-61; 28:1-10; Marcos 15:40-47, 16:1-9; Lucas 8:1-3; 24:10; Juan 19:25; 20:1-18
Lugar: Varios lugares alrededor del mar de Galilea y Jerusalén
Fecha: Aproximadamente entre los años 27 y 30 d. C.

IMAGINEMOS LA ESCENA

Cuando por primera vez me encontré con Jesús, yo vivía en Magdala, un pueblo localizado al noroeste del mar de Galilea, donde los romanos tenían una fortaleza para cuidar la región. Los discípulos me llamaban María de Magdala o Magdalena para distinguirme de las otras mujeres llamadas María, como María de Nazaret, la madre de Jesús, y María de Betania, la hermana de Lázaro. En mi pueblo, los pobres se dedicaban a la industria de la pesca, los ricos fabricaban telas finas. Además, los soldados romanos en sus días libres venían a mi pueblo en busca de buena comida y bebida, así como de placeres. Eso le daba a mi pueblo una fama «especial». Tuve la oportunidad de tener recursos financieros suficientes gracias a mi familia.

Recuerdo que fue uno de mis familiares quien me llevó casi arrastrando para ver si Jesús podía hacer algo por mí, pues yo estaba poseída por siete demonios.

Según los que dicen que saben de demonios, hay tres grados de acción de los demonios: opresión, obsesión, y obstinación o posesión. ¡Yo había ascendido todos los grados! Estaba sujeta y controlada por siete espíritus que me afligían y me atormentaban física, mental y espiritualmente. A veces me sentía sorda, ciega y sin control sobre mis manos y mis pies. Emocionalmente

SEGÚN LA BIBLIA

Poco después, Jesús comenzó un recorrido por las ciudades y aldeas cercanas, predicando y anunciando la Buena Noticia acerca del reino de Dios. Llevó consigo a sus doce discípulos, junto con algunas mujeres que habían sido sanadas de espíritus malignos y enfermedades. Entre ellas estaban María Magdalena, de quien él había expulsado siete demonios; Juana, la esposa de Chuza, administrador de Herodes; Susana; y muchas otras que contribuían con sus propios recursos al sostén de Jesús y sus discípulos.

Lucas 8:1-3

Muy temprano por la mañana, los principales sacerdotes y los ancianos del pueblo se juntaron nuevamente para tramar de qué manera ejecutar a Jesús. Luego, lo ataron, se lo llevaron y lo

María Magdalena

entregaron a Pilato, el gobernador romano.

Mateo 27:1-2

Eran las nueve de la mañana cuando lo crucificaron. Un letrero anunciaba el cargo en su contra. Decía: «El Rey de los judíos». Con él crucificaron a dos revolucionarios, uno a su derecha y otro a su izquierda.

La gente que pasaba por allí gritaba insultos y movía la cabeza en forma burlona. «¡Eh! ¡Pero mírate ahora! —le gritaban—. Dijiste que ibas a destruir el templo y a reconstruirlo en tres días. ¡Muy bien, sálvate a ti mismo y bájate de la cruz!».

Los principales sacerdotes y los maestros de la ley religiosa también se burlaban de Jesús. «Salvó a otros —se mofaban—, ¡pero no puede salvarse a sí mismo! ¡Que este Mesías, este Rey de Israel, baje de la cruz para que podamos verlo y creerle!». Hasta los hombres que estaban crucificados con Jesús se burlaban de él. [...]

Algunas mujeres miraban de lejos, entre ellas, María Magdalena, María (la madre de Santiago el menor y de José), y Salomé. Eran seguidoras de Jesús y lo habían cuidado mientras estaba en Galilea. También estaban allí muchas otras mujeres que habían venido con él a Jerusalén.

Todo eso sucedió el viernes —el día de preparación— anterior al día de descanso. Al acercarse la noche, José de Arimatea se arriesgó y fue a ver a Pilato y pidió el cuerpo de Jesús. [...] Luego bajó el cuerpo de Jesús de la cruz, lo envolvió en el lienzo y lo colocó

me sentía miserable, sola, desanimada y desesperada. Espiritualmente vivía en un infierno de terror y angustia, sin esperanza. Socialmente, daba lástima; no tenía amigos y era un verdadero problema para mi familia. En una sola expresión: ¡Yo tenía miedo y daba mucho miedo! ¿Cuándo comenzó esta situación? No lo sé. ¿Cuántos años estuve así? Tampoco lo sé.

Lo que sí sé es que aquel día, postrada como un animal salvaje a los pies de Jesús, él me llamó por mi nombre, «María». Lo dijo como si me conociera de toda la vida. Su voz tierna pero con autoridad y su mano extendida me comunicaron amor y misericordia. Las lágrimas comenzaron a caer por mi rostro deformado por el miedo y el dolor, y de pronto, mis ojos se encontraron con los de Jesús y una sonrisa iluminó mi rostro.

Él me sonrió tiernamente y poco a poco sentí que mis hombros se enderezaron, mi cabeza se levantó, y mientras la multitud miraba conmocionada y maravillada, me puse de pie frente a este Hombre de Nazaret.

Luego caí de rodillas ante él, entregada a la adoración total. ¡Había encontrado al Señor de mi vida! Ahora era una nueva criatura en Cristo Jesús. Desde ese momento supe que lo iba a seguir y servir el resto de mi vida como gratitud por esta nueva vida abundante que me había dado.

Los cuatro Evangelios me mencionan cuando hablan sobre la tragedia de la muerte del Señor Jesús en la cruz. Yo estaba allí, parada frente a él, junto con su madre y otras mujeres. Cuando la multitud se agolpó, nos alejamos un poco, pero nunca perdimos de vista al Maestro. Nadie, a excepción de su madre, lo amaba más que yo. Él había hecho mucho por mí. Cuando José de Arimatea y Nicodemo lo bajaron de la cruz y prepararon su cuerpo para la sepultura, yo estaba ahí observando todo.

La mañana siguiente, María de Nazaret y yo, con otras mujeres, corrimos por las silenciosas calles de Jerusalén hacia su tumba. Debajo de un brazo llevaba un paquete de especias aromáticas y una caja que contenía frascos de aceite y agua de rosas. Con el otro brazo ayudaba a María, la madre de Jesús. En el jardín, el camino a la tumba era estrecho y tuvimos que caminar en fila, una tras otra. Yo iba adelante para mirar los lugares de peligro en el camino y apartar las piedras donde María de Nazaret pudiera tropezar. También iba adelante para enfrentar primero al grupo de la guardia romana estacionada en la tumba. Mientras avanzábamos, una de las mujeres preguntó:

Mujeres de la Biblia hablan hoy

—¿Nos permitirán entrar a la tumba?

Yo estaba decidida. Dije con firmeza:

—Nos enfrentaremos con ellos a su debido tiempo.

Pero entonces vimos que alguien había movido la piedra.

Yo concluí que sin duda alguien se había llevado el cuerpo del Señor; no pude seguir caminando. Me senté sobre una piedra y me puse a llorar tratando de imaginar quién se podría haber llevado a mi amado Señor. Desde donde estaba podía ver la tumba, y con lágrimas en los ojos miré adentro y vi a dos seres vestidos de blanco. De repente escuché:

—Apreciada mujer, ¿por qué lloras?

—Porque se han llevado a mi Señor —contesté— y no sé dónde lo han puesto.

No hubo respuesta, así que pensé que estaba imaginando cosas. Decidí irme a casa, pues mis amigas ya se habían ido. Una voz que no pude reconocer me dijo de nuevo:

—Apreciada mujer, ¿por qué lloras? ¿A quién buscas?

Pensé que era el jardinero y le dije:

—Señor, si usted se lo ha llevado, dígame dónde lo puso, y yo iré a buscarlo.

De repente, la misma voz que una vez me había llamado por mi nombre cuando había expulsado de mí a los demonios, la voz que yo había escuchado muchas veces, me dijo:

—¡María!

Di la vuelta para ver si era él. ¡Oh, sorpresa! Era Jesús. Me puse de rodillas y grité emocionada:

—¡Maestro! ¡Mi querido Maestro!

Enseguida, Jesús me dijo:

—Ve a buscar a mis hermanos y diles: "Voy a subir a mi Padre y al Padre de ustedes, a mi Dios y al Dios de ustedes".

Entendí que Jesús quería que yo, además de adorarlo, fuera a cumplir con la misión de dar a otros la Buena Noticia de su resurrección. Y así lo hice.

LECCIONES PRÁCTICAS QUE APRENDEMOS DE MARÍA MAGDALENA

María Magdalena ha sido juzgada indebidamente a lo largo de la historia. Los relatos de los Evangelios solo

---

en una tumba que había sido tallada en la roca. Después hizo rodar una piedra en la entrada. María Magdalena y María, la madre de José, vieron dónde ponían el cuerpo de Jesús. [...]

El sábado al atardecer, cuando terminó el día de descanso, María Magdalena, Salomé y María, la madre de Santiago, fueron a comprar especias para el entierro, a fin de ungir el cuerpo de Jesús. El domingo por la mañana muy temprano, justo al amanecer, fueron a la tumba. En el camino, se preguntaban unas a otras: «¿Quién nos correrá la piedra de la entrada de la tumba?»; pero cuando llegaron, se fijaron y vieron que la piedra, que era muy grande, ya estaba corrida. [...]

La primera persona que lo vio fue María Magdalena, la mujer de quien él había expulsado siete demonios.

Marcos 15:25-32, 40-43, 46-47; 16:1-4, 9

María se encontraba llorando fuera de la tumba y, mientras lloraba, se agachó y miró adentro. Vio a dos ángeles vestidos con vestiduras blancas, uno sentado a la cabecera y el otro a los pies, en el lugar donde había estado el cuerpo de Jesús.

—Apreciada mujer, ¿por qué lloras? —le preguntaron los ángeles.

—Porque se han llevado a mi Señor —contestó ella—, y no sé dónde lo han puesto.

Dio la vuelta para irse y vio a alguien que estaba de pie allí. Era Jesús, pero ella no lo reconoció.

—Apreciada mujer, ¿por qué lloras? —le preguntó Jesús—. ¿A quién buscas?

Ella pensó que era el jardinero y le dijo:

—Señor, si usted se lo ha llevado, dígame dónde lo puso, y yo iré a buscarlo.

—¡María! —dijo Jesús.

Ella giró hacia él y exclamó:

—¡Raboní! (que en hebreo significa "Maestro").

—No te aferres a mí —le dijo Jesús—, porque todavía no he subido al Padre; pero ve a buscar a mis hermanos y diles: "Voy a subir a mi Padre y al Padre de ustedes, a mi Dios y al Dios de ustedes".

María Magdalena encontró a los discípulos y les dijo: «¡He visto al Señor!». Y les dio el mensaje de Jesús.

Juan 20:11-18

María Magdalena

dicen que María Magdalena tenía siete demonios; sin embargo, la tradición y la imaginación la han identificado con la «mujer de mala vida» mencionada en Lucas 7:37-38, quien lavó los pies de Jesús con un perfume extravagante y luego los secó con sus cabellos. Otros la han asociado con la mujer que fue sorprendida en adulterio e iba a ser apedreada cuando Jesús la salvó (Juan 8:1-12).

Sin embargo, lo que la Biblia dice de ella y sobre el milagro de su salvación y nueva vida es suficientemente claro, pues tenía siete demonios (Lucas 8:2 y Marcos 16:9). Luego fue una de varias mujeres que acompañaron a Jesús hasta la crucifixión y fue escogida como la primera testigo de la resurrección del Señor Jesús. De su poderosa historia de transformación podemos aprender cómo ser más reales, relevantes y radicales en nuestras vidas hoy.

Llevar a Jesús a las personas afligidas

A través de la radical transformación de María Magdalena, aprendemos lo que Jesús puede hacer por una mujer. Cuando Jesús la conoció por primera vez, era un alma afligida y atormentada. Jesús la sanó de su enfermedad mental, emocional y espiritual, y la convirtió en una de sus más fieles seguidoras y servidoras.

Dado que el tema de los demonios ha sido frecuentemente mal manejado en algunos círculos cristianos, nos parece importante tomar un momento para afirmar lo que las Sagradas Escrituras nos enseñan claramente.

Es notable que en los Evangelios las personas con demonios no recurrieron a Jesús para ser «sanadas» o liberadas por él. Alguien tuvo que llevarlas o el encuentro fue accidental (Mateo 8:16; 9:32; 12:22; Marcos 9:20). Muchas veces es Jesús quien llama o se acerca a las personas poseídas por los demonios mientras ellas gritan en su contra (Lucas 4:34; 13:12; Mateo 8:28-29). Cuando esto ocurre, los demonios reconocen la presencia de Jesús y gritan o hacen estremecer a la persona que los posee (Marcos 1:23-24; 9:20; Lucas 8:28).

Una palabra de advertencia: a menos que Jesús habite en una persona, «la liberación» por esfuerzo propio puede causar un problema aún más grande (Lucas 11:24-26). Pero no se preocupe: un cristiano no puede ser poseído por demonios porque pertenecemos a Dios y el Espíritu Santo que vive en nosotros es más poderoso que el espíritu del mundo (Romanos 8:9-11; 1 Corintios 6:19; 1 Juan 4:4).

Mujeres de la Biblia hablan hoy

Dicho eso, creemos que Dios sana, y él puede usar muchos medios como las nuevas medicinas y la psicoterapia, así como medios directos como la intervención en oración. A menudo Dios sana usando una combinación de los tres medios. El único punto que queremos remarcar aquí es que algún pariente de María Magdalena hizo lo único que alguien puede hacer: llevar a la persona afligida a Alguien que puede ayudarla. Es una locura común entre cristianos pretender hacer algo que ¡aun el ángel más inteligente temería hacer! Aquellos de nosotros que no estamos capacitados para comprender la mente y las emociones humanas no deberíamos instar a alguien con un indicio de enfermedad mental o emocional a curarse por sí mismo o hacerle creer que nosotros podemos ayudarlo si tiene fe. Lo más que podemos hacer es llevarlo ante Jesús e interceder por esa persona. Tanto hoy como en los días de María Magdalena, Jesús puede y quiere transformar la vida de las personas afligidas para convertirlas en una nueva creación.

Expresar nuestra gratitud por la manera en que Jesús nos ha salvado

Una vez que María Magdalena fue sana y salva, puso en práctica su fe al seguir y servir a Jesús con todos sus bienes materiales, y al dar testimonio a otros de su muerte y resurrección (Lucas 8:1-3). Es hermoso cuando una persona liberada por Cristo solamente desea ser un fiel seguidor y servidor del Señor el resto de su vida.

De esta historia de María Magdalena aprendemos lo que una mujer puede hacer por quien ha hecho tanto por ella. Sin lugar a duda, hay muchas y variadas formas en las que una mujer convertida y consagrada puede servir al Maestro. La gratitud y el amor se demuestran en obras de servicio a Cristo y a otros hasta el límite de nuestra capacidad dando testimonio diariamente del poder del Cristo resucitado.

Puede ser que lo mismo que le pasó a María Magdalena le ocurra a usted, y que otros malinterpreten sus motivos para seguir a Jesús. No se rinda. Siga siendo fiel.

Escuchar la voz de Jesús cuando nos llama por nuestro nombre

Frente a la tragedia o las dificultades, es posible que sintamos la tentación de creer que la oscuridad es más fuerte que la luz, y por eso, que es mejor desistir. Sin embargo, así como Jesús llamó a María por nombre, también nos llama a nosotros. A través de la Biblia tenemos muchos ejemplos en los cuales el Señor llamó a las personas por su nombre. Recordemos a Adán, Abraham, Jacob, Moisés, José el carpintero y Pablo.

Jesús no discrimina entre hombres y mujeres para que sean sus seguidores y servidores. Tuvo a los Doce, pero también permitió que varias mujeres estuvieran con él y lo sirvieran (Lucas 8:3). Jesús desea relacionarse con cada uno de nosotros por nuestro nombre. Es una relación personal, íntima y única.

ALGO PARA PENSAR O CONVERSAR

- *La experiencia de María Magdalena con Jesús presenta un dramático «antes y después». Puede ser que en su experiencia también haya un «antes y después». Escriba brevemente cómo era su vida antes de conocer a Jesucristo; luego escriba cómo y dónde se encontró con él; y cómo ha sido su vida después de ese encuentro. Tenemos que recordar que al compartir con otros nuestro testimonio no es necesario relatar cada detalle de nuestra vida pasada ni caer en lo morboso. Al contrario, hablemos con gratitud de la obra restauradora de Jesús en nuestra vida. La Biblia dice «Todo el que pertenece a Cristo se ha convertido en una persona nueva.*

María Magdalena

La vida antigua ha pasado; ¡una nueva vida ha comenzado!» (2 Corintios 5:17). ¿Con quién le gustaría compartir su testimonio?

- ¿Cómo ha experimentado usted la presencia de Dios en los tiempos de oscuridad personal? Comente uno o dos ejemplos.
- María Magdalena expresó su gratitud hacia Jesús al convertirse en su devota seguidora y servidora. En sus propias palabras, describa lo que usted piensa que significa ser una seguidora de Cristo en su situación personal hoy. ¿Cómo le gustaría mostrar su gratitud hacia Jesús?
- Imagine que Jesús hubiera pronunciado el nombre de usted cuando se encontraba junto a la tumba vacía. ¿Cómo se habría sentido? ¿De qué forma impacta esta experiencia su comprensión de quién es Jesús? ¿Quién es usted en relación con él? Converse con los miembros de su grupo y escuche lo que le compartan.

PARA RECORDAR:
María Magdalena encontró a los discípulos y les dijo: «¡He visto al Señor!». Y les dio el mensaje de Jesús.

JUAN 20:18

Safira

Una mujer que eligió la lealtad equivocada

PERFIL DE SAFIRA
Referencias bíblicas: Hechos 5:1-11
Lugar: Jerusalén
Fecha: Aproximadamente entre los años 30 y 35 d. C.

IMAGINEMOS LA ESCENA

Safira estaba en su lujosa mansión mirando por la ventana cómo el sol se iba ocultando poco a poco detrás de las montañas. Para distraerla, Ananías, su esposo, trajo un juego de mesa para iniciar una competencia amigable. El juego estuvo muy reñido, pero al final ella ganó.

—Te dejé ganar el primer juego, "mi zafiro" —dijo con alegría Ananías a su mujer. Solía llamarla así por sus lindos ojos color azul profundo. Terminó diciendo—: Me encanta jugar contigo porque eres una mujer ambiciosa, inteligente, agradable y, a veces, bastante atrevida.

—Y tú no te quedas atrás, querido —respondió ella mientras lanzaba una mirada impresionante con sus ojos brillantes, regalándole a la vez una sonrisa espectacular.

Safira y su esposo Ananías solían pasar tiempo juntos en juegos y otras actividades favoritas, como se dice que es bueno para un matrimonio fuerte, y se expresaban libremente su amor.

En una ocasión, cuando Safira volvió del mercado, Ananías le preguntó:

—¿Qué compraste para "mi zafiro" hoy?

SEGÚN LA BIBLIA

Todos los creyentes estaban unidos de corazón y en espíritu. Consideraban que sus posesiones no eran propias, así que compartían todo lo que tenían. Los apóstoles daban testimonio con poder de la resurrección del Señor Jesús y la gran bendición de Dios estaba sobre todos ellos. No había necesitados entre ellos, porque los que tenían terrenos o casas los vendían y llevaban el dinero a los apóstoles para que ellos lo dieran a los que pasaban necesidad.

Por ejemplo, había un tal José, a quien los apóstoles le pusieron el sobrenombre Bernabé (que significa «hijo de ánimo»). Él pertenecía a la tribu de Leví y era oriundo de la isla de Chipre. Vendió un campo que tenía y llevó el dinero a los apóstoles.

Había cierto hombre llamado Ananías quien, junto con su esposa, Safira, vendió una propiedad; y llevó solo una parte del dinero a los apóstoles pero afirmó que era la suma total de la venta. Con el consentimiento de su esposa, se quedó con el resto.

Entonces Pedro le dijo: «Ananías, ¿por qué has permitido que Satanás llenara tu corazón? Le mentiste al Espíritu Santo y te quedaste con una parte del dinero. La decisión de vender o no la propiedad fue tuya. Y, después de venderla, el dinero también era tuyo para regalarlo o no. ¿Cómo pudiste hacer algo así? ¡No nos mentiste a nosotros sino a Dios!».

En cuanto Ananías oyó estas palabras, cayó al suelo y murió. Todos los que se enteraron de lo sucedido quedaron aterrados. Después unos muchachos se levantaron, lo envolvieron en una sábana, lo sacaron y lo enterraron.

Como tres horas más tarde, entró su esposa sin saber lo que había pasado. Pedro le preguntó:

—¿Fue este todo el dinero que tú y tu esposo recibieron por la venta de su terreno?

—Sí —contestó ella—, ese fue el precio.

Y Pedro le dijo:

—¿Cómo pudieron ustedes dos siquiera pensar en conspirar para poner a prueba al Espíritu del Señor de esta manera? Los jóvenes que enterraron a tu esposo están justo afuera de la puerta, ellos también te sacarán cargando a ti.

Al instante, ella cayó al suelo y murió. Cuando los jóvenes entraron y vieron que estaba muerta, la sacaron y la enterraron al lado de su esposo. Gran temor se apoderó de toda la iglesia y de todos los que oyeron lo que había sucedido.

Hechos 4:32–5:11

Safira

Safira respondió con un poco de desdén:

—No compré nada. No había nada realmente atractivo. Pero me di cuenta de que, con motivo del cierre de las fiestas de Pentecostés, en el atrio del templo habrá una reunión a la cual van a asistir nuestros hermanos judíos que han venido de todas partes del mundo para participar en las fiestas de las cosechas. Debemos ir para adorar al Señor junto con ellos. Alguien dijo que posiblemente estén presentes los llamados discípulos de Jesús el Nazareno. Sería algo interesante oír lo que ellos tienen que decir.

Aquel día Ananías y Safira se convirtieron al Señor y se bautizaron, junto con unas tres mil personas más, después de un poderoso mensaje del apóstol Pedro en el atrio del templo. Después escucharon más testimonios de los apóstoles acerca del poder de Dios que levantó a Jesús de entre los muertos.

Safira y su esposo llegaron a ser miembros activos de la primera iglesia cristiana que se estableció en Jerusalén. Se unieron a los apóstoles con mucho entusiasmo para proclamar el reino de Dios, y eran muy activos para testificar, discipular y ayudar a los nuevos creyentes a crecer en su nueva fe. Ambos tuvieron el gozo de experimentar los actos portentosos de la obra del Espíritu Santo en la naciente iglesia, cuando se oyó un ruido como un viento fuerte y aparecieron llamas de fuego sobre la cabeza de cada persona. Se emocionaban cada vez que Pedro y Juan explicaban el evangelio de Jesús, pues muchos se convertían y se agregaban a la iglesia, la cual estaba creciendo de manera impresionante tanto en número como espiritualmente.

Safira disfrutaba mucho el compañerismo con Dios por medio del Espíritu Santo y sentía un gozo especial al poder trabajar junto con su esposo Ananías en esta nueva dimensión espiritual y de servicio.

Viendo que había familias y personas necesitadas de la iglesia, algunos que tenían propiedades y bienes decidieron venderlas y llevar el producto de lo vendido a los apóstoles para que ellos lo administraran según las necesidades. Todos se sintieron impresionados y admiraron el ejemplo que dio Bernabé al vender su propiedad y dedicar absolutamente todo a Cristo. Ananías y Safira también eran un buen ejemplo de lo que era un matrimonio cristiano que daba con generosidad. Ellos generosamente compartían su vida, sus convicciones religiosas, su amor y sus recursos.

Sin embargo un día, mientras volvían camino a casa, Safira le hizo a su esposo un comentario interesante:

—¿Te das cuenta, mi amor, de cuántas veces Pedro y Juan celebran y mencionan el hecho de que Bernabé vendió una propiedad y le dio el dinero a la iglesia?

—Sí, me he fijado. Es más, a veces me siento un poco incómodo, pues nosotros tenemos muchas propiedades, negocios y recursos —dijo Ananías—. También he observado que hay creyentes que no tienen mucho, pero se sienten impulsados a hacer algo con tal de ver crecer el reino de Dios.

Safira recorrió en silencio el resto del camino a casa. Después de haber cenado, Ananías sugirió:

—Estoy pensando que también nosotros deberíamos vender alguno de nuestros terrenos para ayudar de manera más significativa.

Safira agregó:

—Significativa y visible, pues en cada reunión y por dondequiera que voy no se habla de otra cosa que no sea lo "maravilloso" que ha hecho Bernabé —dijo con un tono de burla—. ¡Ya no lo soporto más! Demostremos a los apóstoles qué él no es el único generoso. ¡Que nos alaben a nosotros también!

El terreno que decidieron vender no era muy grande, pero estaba bien ubicado en una calle principal de la ciudad. Ananías, un astuto negociante, encontró la manera de vender la propiedad a muy buen precio, mucho más alto de lo que habían fijado como el precio mínimo de venta. Safira, por su parte, había comenzado a pedir oraciones entre las mujeres para que pronto se pudiera vender la propiedad y así llevar el dinero a la iglesia. Para ella comenzaba a ser importante «vender su imagen» de generosa.

Cuando Ananías le informó a Safira sobre la buena diferencia entre lo que habían estimado ganar de la propiedad y lo que habían conseguido, agregó una sugerencia:

—¿Qué te parece si entregamos solamente lo que habíamos estimado recibir?

Safira pensó por un momento. Sabía que sería una mentira, y su lealtad a Dios le prohibía hacerlo. Por otro lado, su lealtad hacia su esposo, el hombre de su vida, hacía que quisiera apoyarlo en todo. Y su esposo estaba allí, parado frente a ella.

Sonrió y susurró al oído de Ananías:

—¿Y la diferencia me la das a mí para cambiar algunos muebles, remodelar la cocina y comprar otro camello más joven para ti?

—Cariño, todo lo que tengo es tuyo. De modo que te apoyo y me uno a ti en lo que decidas dar a la iglesia. Es nuestro dinero y podemos administrarlo como bien nos parezca —comentó Ananías, tomando entre sus manos las de su amada Safira.

Safira sintió que el amor y el apoyo de su esposo la llenaban como esposa y como mujer. Dijo:

—¿Sabes qué? Puesto que pedí oraciones entre las mujeres para que se vendiera la

Safira

propiedad, digamos que estamos entregando todo, hasta el último centavo, de lo que recibimos. Y si te das cuenta, aun así estamos dando un poco más de lo que dio Bernabé.

Ananías expresó su amor hacia su mujer diciendo:

—Tú eres "mi zafiro" y eres mi ayuda idónea. ¡Te amo! Estamos juntos en esto también.

Se pusieron de acuerdo sobre la fecha de la entrega. Safira seguía sintiendo un poco de duda ante la idea de mentir; entonces, en el último momento, le dijo a Ananías que llevara el dinero él solo. En vez de ir a la iglesia, ella se fue de compras al mercado de la ciudad.

Puesto que Safira había contado a las hermanas lo que ella y su esposo iban a hacer, el lugar de reunión estaba lleno y había una enorme expectativa en el ambiente. Algunas damas habían especulado sobre la suma que sería donada. Una había comentado ese detalle con Pedro y con otros apóstoles. Cuando todos habían guardado silencio, Ananías dijo, modulando la voz:

—Hermanos apóstoles y hermanos presentes, es un placer entregar a nombre mío y de mi esposa Safira el producto de la venta de nuestra propiedad. ¡Aquí está todo!

Pedro miró fijamente a los ojos de Ananías y le preguntó:

—¿Está todo?

Ananías bajó la vista, sintiendo como si un fuego lo estuviera quemando por dentro. Titubeó un poco pero finalmente dijo:

—Sí, es todo.

Entonces Pedro le dijo a Ananías:

—No puedes mentirle al Espíritu Santo. A Dios no le importa la cantidad que uno da. Para él es más importante el motivo: darle la gloria a él y demostrar amor genuino por los hermanos necesitados.

El fuego que Ananías había sentido dentro de su ser se intensificó. Quiso apoyarse en algo para no caer. Se le nubló la vista; todo parecía dar vueltas a gran velocidad. Sin poder articular una palabra, cayó muerto allí mismo.

Alguien corrió a la casa de Ananías y Safira para contarle a ella lo que acababa de suceder con su esposo, pero nadie abrió la puerta: Safira andaba de compras. Cuando les informaron a los apóstoles, uno de ellos sugirió: «Dadas las circunstancias y el calor intenso, es mejor que sepulten inmediatamente el cuerpo de Ananías».

Todos los que estaban en la reunión sintieron mucho miedo, pues nunca habían presenciado algo así. Pedro les pidió a unos hermanos jóvenes que ayudaran a enterrarlo. Ellos envolvieron el cuerpo de Ananías y lo llevaron a enterrar.

Como tres horas más tarde llegó Safira a su casa y se dio cuenta de que Ananías no estaba. Colocó sus compras sobre la cama mientras pensaba en que seguramente todos estaban celebrando la generosa ofrenda que su esposo había llevado. Ella no se iba a perder ese momento de alabanza personal. Al llegar al lugar de la reunión, se dio cuenta de que había mucha gente. Todos la miraban tanto que ella percibió que por fin ella y su esposo habían logrado ser protagonistas, miembros distinguidos de la iglesia. Pero no vio a Ananías.

Safira se acercó a donde estaban los apóstoles y con una sonrisa cautivante preguntó por su esposo. Nadie le respondió, hasta que el apóstol Pedro le preguntó:

—Dime, ¿es esta la cantidad completa que obtuvieron de la venta del terreno?

La pregunta daba a Safira la oportunidad de decir la verdad, de elegir la lealtad a Dios, de no seguir siendo cómplice de su esposo en la mentira para tratar de engañar a la iglesia. Lo pensó unos segundos. Tenía que tomar una decisión. Demostrar en vivo su lealtad. Pero si ahora contradecía lo que había dicho su querido Ananías, ¿no causaría más problemas para los dos?

—Así es —respondió ella—. Ese fue el precio. ¿Hay algún problema?

Entonces Pedro, mirando con compasión los lindos ojos de color azul profundo de Safira, le dijo:

—¿Por qué se pusieron de acuerdo para engañar al Espíritu del Señor? ¿Por qué mientes? Mira, ahí vienen los muchachos que acaban de enterrar a tu esposo, y ellos mismos te enterrarán a ti.

Al instante, Safira cayó muerta a los pies del hermano Pedro. Inmediatamente después entraron los jóvenes que volvían de enterrar a Ananías. La envolvieron en unas sábanas y se la llevaron para enterrarla junto a su esposo, con quien había colaborado para engañarse a sí misma y tratar de engañar a la iglesia y a Dios. Pues había elegido ser leal a su esposo incluso a costa de su lealtad a Dios.

LECCIONES PRÁCTICAS QUE APRENDEMOS DE SAFIRA

En la historia de Safira vemos el ejemplo de una mujer real que tuvo una elección relevante y decidió tomar la opción más fácil en vez de dejar que su amor por Dios la guiara para ser radical. De la historia de ella y su ejemplo negativo, podemos aprender varias lecciones prácticas.

Dar a Dios con un corazón sincero

Ananías y Safira eran parte del grupo que Lucas describió de esta manera: «Todos los creyentes estaban unidos de corazón y en espíritu. Consideraban que sus posesiones no eran propias, así que compartían todo lo que tenían» (Hechos 4:32). «Unidos de corazón» significa que adoraban juntos a Dios con la libertad que provee el Espíritu Santo. «Unidos en espíritu» significa que no había desacuerdos, sino que todos participaban y apoyaban los esfuerzos para hacer crecer la iglesia. Literalmente, la iglesia era una unidad de fe, de intereses y de trabajo en equipo. Es por la unidad que había que la mentira de Ananías y Safira fue una traición tan notable. Ellos querían mantener la apariencia de unidad y a la vez guardar algo para sí.

Los motivos de fingir ser más generosos y, luego, los resultados funestos que esos motivos les trajeron, fácilmente nos conducen a revisar los motivos por los cuales nosotros hoy damos nuestro tiempo, talentos y recursos al Señor por medio de la iglesia. Tenemos que

Safira

preguntarnos: ¿doy a Dios para conseguir más dinero o renombre o reputación, o doy como muestra de gratitud por lo que Dios me ha dado? La enseñanza de este relato es que fingir ser generosos no engaña a nadie. Dios quiere que entreguemos nuestras ofrendas con un corazón sincero.

Actuar con temor reverente de Dios

La muerte dramática de Safira y de su esposo sorprendió a los presentes y seguramente a nosotros también. Para los que estamos familiarizados con la idea de un Dios infinitamente amoroso, el final de este relato nos parece algo discordante. Sin embargo, el amor de Dios solo tiene sentido cuando, junto con su amor, reconocemos su gloria, su poder y su justicia.

Ananías y Safira no tomaron en cuenta la justicia y el poder de Dios... y sufrieron las consecuencias. En contraste, el himno de John Newton, quien llegó a conocer a Cristo siendo un comerciante de esclavos, expresa su amor y temor reverente de Dios. La segunda y la tercera estrofa de «Gracia admirable» (también conocido como «Sublime Gracia»), dicen así:

> *Su gracia me enseñó a temer,*
> *mis dudas ahuyentó.*
> *¡Oh, cuán precioso fue a mi ser,*
> *al dar mi corazón!*

> *En los peligros o aflicción*
> *que yo he tenido aquí,*
> *su gracia siempre me libró,*
> *y me guiará feliz.*

¡No subestimemos la gracia del Señor hacia nosotros!

Confesar nuestros pecados mientras tenemos la oportunidad

Ananías y Safira tuvieron la opción de someterse al señorío de Cristo y confesar su mentira. La confesión habría salvado su vida, pero ambos se negaron a hacerlo. El compañerismo en el matrimonio es importante, pero puede ser mal orientado y, como en este caso, puede resultar en un desastre.

Yo no sé cómo se siente usted, pero a mí, Jorge, me corre un aire frío por la espalda al pensar en cuántas veces he pecado contra Dios y he seguido vivo. Sin duda el Señor es paciente y lento para la ira, no por tolerancia al pecado, sino porque nos ofrece la oportunidad de arrepentirnos, de pedir perdón y de tomar su mano amorosa para salvarnos (Números 14:18; Salmo 103:8; 2 Pedro 3:9). Quizás como Safira, solo tengamos unos segundos más para arrepentirnos y confesar nuestros pecados. Sugiero que tome los siguientes segundos para hablar con Dios y decirle toda la verdad y nada más que la verdad. Como dice 1 Juan 1:9: «Si confesamos nuestros pecados a Dios, él es fiel y justo para perdonarnos nuestros pecados y limpiarnos de toda maldad».

ALGO PARA PENSAR O CONVERSAR

- Algunas personas dan sus diezmos y ofrendas sistemáticamente a la iglesia. Lo hacen con disciplina y como algo que se espera que haga todo discípulo de Jesús. Es más, lo incluyen en su presupuesto familiar. Algunas personas solamente dan cuando se les pide o se presenta una oportunidad «especial». Es decir, dan cuando hay necesidad. Otras, dan «algo» como ofrenda, pero nada más. ¿Cuál cree que es la mejor manera de dar a Dios lo que le pertenece? En su caso particular, ¿cuál es su manera de dar? ¿Por qué prefiere hacerlo así? ¿Por qué da? ¿Por qué no lo hace?

- Pensando en el himno de John Newton, trate de escribir unas cuatro o cinco líneas que expresen su amor y temor reverente de Dios y su gratitud hacia él. No importa si no tienen rima ni métrica.

- ¿Cree usted que el pecado de Safira y de su esposo fue un pecado imperdonable (Mateo 12:31-32; Marcos 3:28-29)? Escriba brevemente sus ideas y converse con uno o dos miembros de su grupo de estudio.

- ¿Hay algún pecado que haya cometido y que recuerda en este momento? Si es así, haga una confesión. Luego dé gracias a Dios por el perdón de sus pecados. Pídale que la ayude a no volver a caer en la misma falta.

- Safira escogió la lealtad a su esposo en vez de ser fiel a Dios y a la iglesia. Las noticias por radio, revistas, redes sociales, periódicos y televisión han dado a conocer los abusos físicos y emocionales de ciertos hombres y mujeres influyentes a sus cónyuges. Muchas de las esposas niegan lo sucedido y se han mantenido al lado de sus esposos; otras los han dejado o se han divorciado de ellos. ¿Qué debe hacer una mujer en estos casos? ¿Qué piensa usted y qué le aconsejaría a alguien en una situación parecida?

PARA RECORDAR:

La decisión de vender o no la propiedad fue tuya. Y, después de venderla, el dinero también era tuyo para regalarlo o no. ¿Cómo pudiste hacer algo así? ¡No nos mentiste a nosotros sino a Dios!

HECHOS 5:4

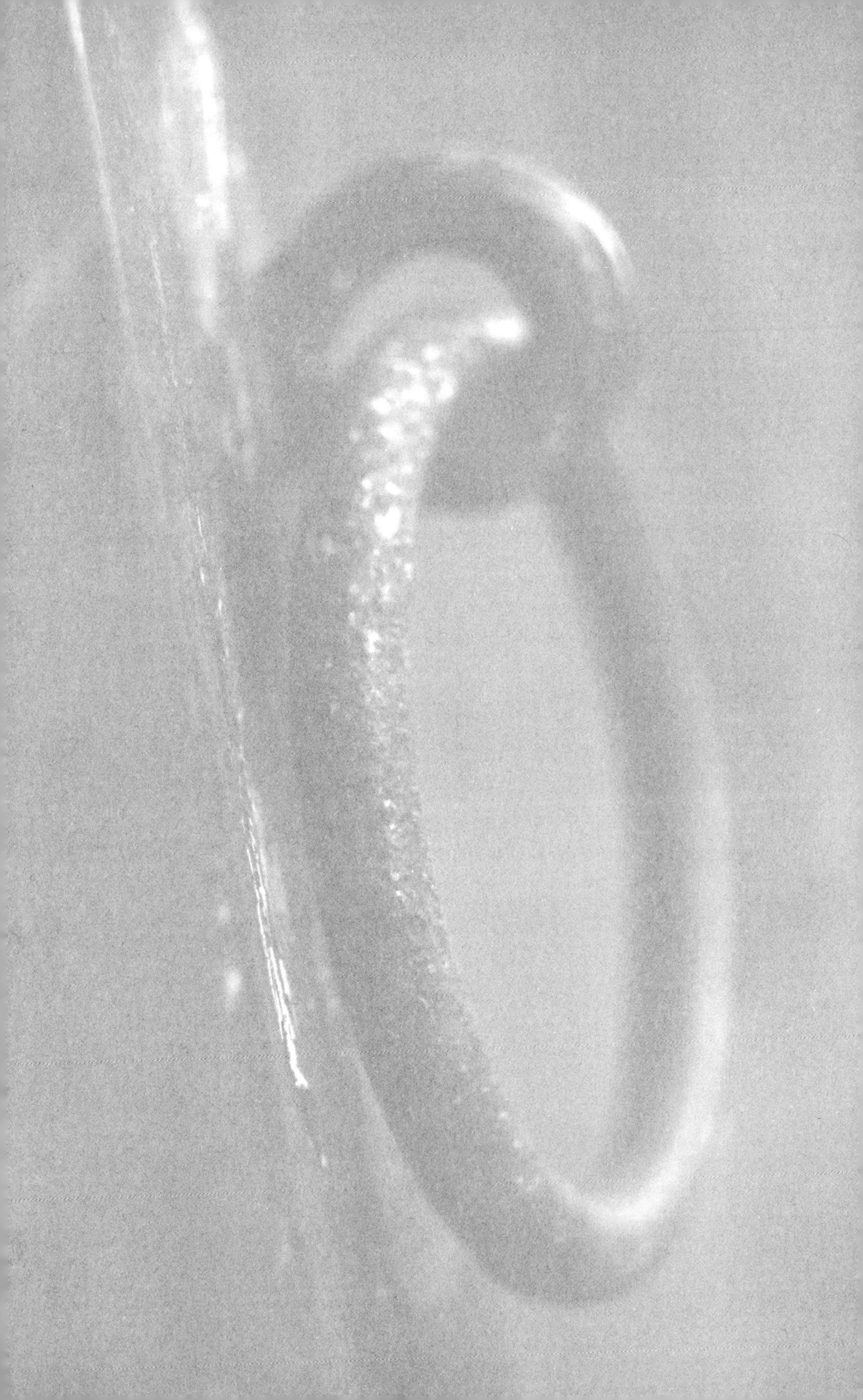

Rode

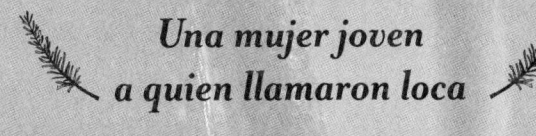

Una mujer joven a quien llamaron loca

PERFIL DE RODE
Referencias bíblicas: Hechos 12:13-17
Lugar: Jerusalén
Fecha: Aproximadamente entre los años 41 a 44 d. C.

IMAGINEMOS LA HISTORIA

Diez años después de la muerte de Jesús, la iglesia primitiva tuvo que afrontar momentos muy difíciles. Las peores dificultades las vivieron los apóstoles y líderes. La muerte de Santiago, hijo de Zebedeo, el hermano de Juan, trajo una profunda tristeza a la iglesia y marcó el comienzo de la persecución implacable contra los seguidores de Jesús.

El rey Herodes Agripa I, nieto de Herodes el Grande, vio que podía ganar el favor de los judíos e inmediatamente procedió a encarcelar a Pedro. Eran los días en que los judíos celebraban la fiesta de la Pascua y eso le daba tiempo a Herodes para decidir cómo ejecutar a Pedro. Si lo hacía en secreto se libraría rápidamente del apóstol; pero si lo hacía en público podría intimidar a más cristianos. Mientras tanto, se aseguró de que Pedro estuviera bien custodiado, pues ya una vez antes unos apóstoles habían sido liberados de la prisión.

La iglesia decidió orar mucho más intensa y extensamente. Decidieron hacerlo hasta que el Señor diera una respuesta a favor del hermano Pedro.

Una mujer llamada María, madre de Juan Marcos, tenía una casa muy amplia con un gran patio al frente y personal a su servicio. Invitó a los hermanos de la iglesia a que se reunieran en su casa para orar al Señor por la situación. Sin duda María era una mujer muy

SEGÚN LA BIBLIA

Por ese tiempo, el rey Herodes Agripa comenzó a perseguir a algunos creyentes de la iglesia. Mandó matar a espada al apóstol Santiago (hermano de Juan). Cuando Herodes vio cuánto esto le agradó al pueblo judío, también arrestó a Pedro. (Eso sucedió durante la celebración de la Pascua). Después lo metió en la cárcel y lo puso bajo la vigilancia de cuatro escuadrones de cuatro soldados cada uno. Herodes tenía pensado llevar a Pedro a juicio público después de la Pascua. Pero, mientras Pedro estaba en la cárcel, la iglesia oraba fervientemente por él.

La noche antes de ser sometido a juicio, Pedro dormía sujetado con dos cadenas entre dos soldados. Otros hacían guardia junto a la puerta de la prisión. De repente, una luz intensa iluminó la celda y un ángel del Señor se puso frente a Pedro. El ángel lo golpeó en el costado para despertarlo y le dijo: «¡Rápido! ¡Levántate!». Y las cadenas cayeron de sus muñecas. Después, el ángel le dijo: «Vístete y ponte tus sandalias». Pedro lo hizo, y el ángel le ordenó: «Ahora ponte tu abrigo y sígueme».

Así que Pedro salió de la celda y siguió al ángel, pero todo el tiempo pensaba que era una visión; no se daba cuenta de que en verdad eso estaba sucediendo. Pasaron el primer puesto de guardia y luego el segundo y llegaron a la puerta de hierro que lleva a la ciudad, y esta puerta se abrió por sí sola frente a ellos. De esta manera cruzaron la puerta y empezaron a caminar por la calle, y de pronto el ángel lo dejó.

Finalmente Pedro volvió en sí. «¡De veras es cierto! —dijo—. ¡El Señor envió a su ángel y me salvó de Herodes y de lo que los líderes judíos tenían pensado hacerme!».

Cuando se dio cuenta de esto, fue a la casa de María, la madre de Juan Marcos, donde muchos se habían reunido para orar. Tocó a la puerta de entrada, y una sirvienta llamada Rode fue a abrir. Cuando ella reconoció la voz de Pedro, se alegró tanto que, en lugar de abrir la puerta, corrió hacia adentro y les dijo a todos:

—¡Pedro está a la puerta!

—¡Estás loca! —le dijeron.

Como ella insistía, llegaron a la conclusión: «Debe ser su ángel».

Mientras tanto, Pedro seguía tocando. Cuando por fin abrieron la puerta y lo vieron, quedaron asombrados. Él les hizo señas para que se callaran y les contó cómo el Señor lo había sacado de la cárcel. «Díganles a Santiago y a los demás hermanos lo que pasó», dijo. Y después se fue a otro lugar.

Hechos 12:1-17

Rode

valiente, pues ofreció su casa a pesar de la persecución. La anfitriona dio instrucciones a sus empleados de que atendieran a los hermanos y se aseguraran de que todos estuvieran cómodos.

Rode era una de esos empleados, una joven griega nacida en la isla de Chipre, cuyos padres la habían entregado a María cuando era casi una niña. María misma la había guiado a los pies del Señor Jesús. Dirigiéndose a la muchacha, María le dijo:

—Rode, tú serás la encargada de abrir si alguien llama a la puerta. Por favor, antes de abrir te fijas bien por la ventanita pequeña para ver quién es. Si es alguien que conoces bien o alguno de los hermanos de la iglesia, lo dejas entrar, pero si no, avísame primero antes de abrir.

Rode, con su buena disposición cristiana, respondió:

—Como usted me ha dicho, así lo haré. Yo también estoy orando por el amado hermano Pedro para que el Señor lo fortalezca y lo guarde de la maldad de los soldados. Estaré orando aquí junto a la puerta por si alguna persona desea entrar.

De vez en cuando alguien golpeaba la puerta. Rode miraba por la ventanita para ver de quién se trataba y siempre les abría a los creyentes que venían a orar. Algunos se iban después a sus hogares para estar con sus hijos y familias, pero la mayoría se quedaba haciendo oraciones de intercesión por Pedro. Cada vez que volvía a asegurar la puerta del patio, Rode regresaba a su lugar de oración y continuaba pidiendo una respuesta amorosa a Dios.

Cuando era casi la medianoche, había silencio en las calles de la ciudad. Todo parecía tranquilo. De repente, alguien más llegó a la entrada de la casa y llamó a la puerta. Rode abrió la ventanita para ver quién llamaba. ¿Eran otros cristianos que venían a orar? ¿O era un soldado que venía para investigar lo que estaban haciendo? Estaba muy oscuro y, además, el señor al otro lado de la puerta se había cubierto la cabeza con su túnica. Era difícil identificarlo. Así que Rode preguntó:

—¿Quién es usted? ¿Qué desea? Identifíquese por favor.

El señor respondió en voz baja, como temiendo ser escuchado por alguien:

—Rode, soy yo, el hermano Pedro. ¡Ábreme la puerta!

¡Era la voz de Pedro! Ella lo conocía muy bien, pues

muchas veces lo había escuchado predicar y enseñar la Palabra de Dios. Fue tanta la alegría de Rode que, en vez de abrir la puerta, se fue corriendo a avisarles a los demás. Les dijo:

—¡El hermano Pedro está a la puerta!

Ellos le dijeron:

—Estás loca. Eso no es posible. Pedro está en la cárcel bien custodiado.

—No —les dijo—, no estoy loca. Pedro está a la puerta.

—¿Tú lo viste, o te lo imaginaste? —le preguntó uno de los líderes.

Ella, con una firme y fuerte convicción, explicó:

—No, no abrí la puerta, pero conozco su voz. ¡Es él!

—¡Ah! —dijeron ellos—. ¡Quizás es su ángel!

Mientras tanto, Pedro seguía llamando a la puerta con temor de que los soldados hubieran salido en su busca para capturarlo y meterlo a la cárcel otra vez.

Finalmente Rode insistió tanto que le dieron permiso para abrir la puerta, y todos se quedaron sorprendidos de ver al apóstol parado allí en la calle oscura.

Pedro les hizo señas para que se callaran, y empezó a contarles cómo Dios lo había sacado de la cárcel. También les dijo: «Vayan y cuéntenles esto a Santiago y a los demás seguidores de Jesús, que estoy libre. El Señor ha respondido a sus oraciones».

Luego se despidió de todos, y se fue a otro pueblo.

Rode se fue a su lugar de descanso para tratar de dormir, pero seguía pensando en la aparición de Pedro. Se dio cuenta de que Dios había respondido a las oraciones de los hermanos a favor de Pedro. También sonrió al recordar que había dejado al apóstol parado en la puerta cuando se fue gritando la noticia a los que estaban orando. Se durmió pensando que, cuando Dios responde a nuestras peticiones, puede ser que ante los demás parezcamos locos cuando solo sentimos sorpresa por su gracia.

LECCIONES PRÁCTICAS QUE APRENDEMOS DE RODE

A través de esta breve historia en Hechos podemos llegar a conocer a Rode, una joven señorita y miembro del personal de servicio que bien puede servir de modelo para muchos de nosotros hoy. Ella supo expresar su gozo y contentamiento en el Señor de una manera real y relevante. Esta historia también nos enseña cómo ser relevantes, siendo persistentes a pesar de las dudas de los demás. También podemos aprender a ser radicales en nuestra fe al confiar en el poder de la oración.

Expresar gozo y contentamiento por las obras del Señor

En este acontecimiento, algo muy destacado en la reacción de Rode es su gozo y su impetuosidad. Estaba tan contenta de saber que Dios había escuchado las oraciones de los suyos que no pudo esperar para ir a contárselo a los demás.

Es impresionante que Rode pudiera alegrarse de tal manera en medio de un momento muy incierto. La paranoia de Herodes había producido conmoción social, persecución contra la iglesia y el encarcelamiento de Pedro. Pero en medio de todo, Rode pudo mantener un

Rode

corazón noble, tierno, lleno de buenos sentimientos y de emociones sanas. Su corazón se llenó de gozo al oír la voz del apóstol y ella corrió a comunicar a los hermanos esta buena nueva.

Muchos cristianos de hoy tienen los sentimientos trastocados y las emociones lastimadas. Muchos hoy no sabemos lo que es el gozo interior, ni la alegría que se experimenta dentro del pueblo de Dios. Algunas personas tienen otras expectativas y piensan que son astutas mientras se burlan de quienes aman a Dios. En medio de la inestabilidad que reina en nuestros sentimientos, nuestro interior nunca se debe alejar de la sincera fidelidad a Cristo y a su pueblo.

¿Mostramos nosotros el gozo tan impetuoso de Rode por nuestro Señor y la Buena Noticia de salvación? Podemos ser creyentes grises y apagados, pero el Señor nos llama a regocijarnos una y otra vez en él.

Ser fuerte y persistente, aun cuando otros duden de nosotros

Otra reacción de Rode fue su persistencia, pues insistió en decir que la persona que llamaba a la puerta era Pedro. A pesar de que la acusaron de loca, no le importó ni se ofendió. Por el contrario, fue firme en su declaración. Esta fuerza de Rode muestra que su corazón había sido conquistado por el amor de Dios.

La Biblia no especifica la hora en que Pedro fue liberado, pero es posible que haya sido a la medianoche o de madrugada. Lo cierto es que era de noche y en un momento peligroso. Abrir la puerta a la medianoche a un hombre que grita que le abran no parece algo prudente; sin embargo, Rode era una joven valiente y prudente. Sabemos que una joven que ora será una mujer valiente y persistente para hacer lo que es necesario.

Ser radical a través de la oración

Rode era una joven que oraba. La encontramos reunida con los hermanos de la iglesia, como miembro activo de su comunidad de fe, e imaginamos que ella entendió que debía estar donde estaba la iglesia reunida, que su fortaleza provenía de su unión con sus hermanos en la fe.

La oración comunitaria produce cosas que solo Dios puede hacer cuando los suyos oran e invocan su Nombre. La oración colectiva fue un factor fundamental en el crecimiento y la expansión de la iglesia primitiva, era su práctica, su dinámica, su respirar. Esta joven no despreció la oración; era parte de ese clamor unánime.

Sin embargo, Rode también estaba atenta a su contexto. Mientras oraba, captaba la realidad de su medio ambiente. Esto le permitió reconocer que era Pedro el que llamaba a la puerta. Nuestra sensibilidad espiritual nos debe llevar a orar con profundidad y simultáneamente a estar despiertos para ver lo que pasa a nuestro alrededor, ya que la oración a veces produce cosas que suceden en el preciso momento en que oramos.

Es irónico que los demás no pudieran creer que era Pedro quien llamaba a la puerta. Estaban orando para que Dios liberara a Pedro de la cárcel, pero cuando Dios lo liberó, no lo creyeron. Así somos los creyentes muchas veces, cuando le pedimos cosas a Dios y no lo creemos cuando él responde. Mejor seamos como Rode, y desarrollemos una confianza en el poder radical de la oración.

Mujeres de la Biblia hablan hoy

ALGO PARA PENSAR O CONVERSAR

- ¿Cuál es su reacción cuando recibe respuestas afirmativas a las oraciones sinceras, sean suyas o de los otros hermanos? ¿Cuándo fue la última vez que sintió gozo y contentamiento verdaderos por algo que hizo el Señor? ¿Qué podría estar impidiendo hoy su expresión de gozo? ¿Qué le gustaría decirle al Señor con respecto a las expresiones de gozo en su vida?

- ¿En qué podría estar llamándola Dios a ser más fuerte y persistente? ¿Qué puede hacer para recordar que debe ser más fuerte y persistente cuando los demás dudan de usted? ¿Qué piensa cuando parece que Dios no escucha o parece decirle «espera»?

- ¿Cree usted que la oración funciona hoy como en los días de Rode? ¿Qué importancia tiene o debería tener en nuestra vida? ¿Por cuáles problemas necesita pedir una solución radical a través de la oración?

PARA RECORDAR:

Una sirvienta llamada Rode fue a abrir. Cuando ella reconoció la voz de Pedro, se alegró tanto que, en lugar de abrir la puerta, corrió hacia adentro y les dijo a todos: «¡Pedro está a la puerta!».

HECHOS 12:13-14

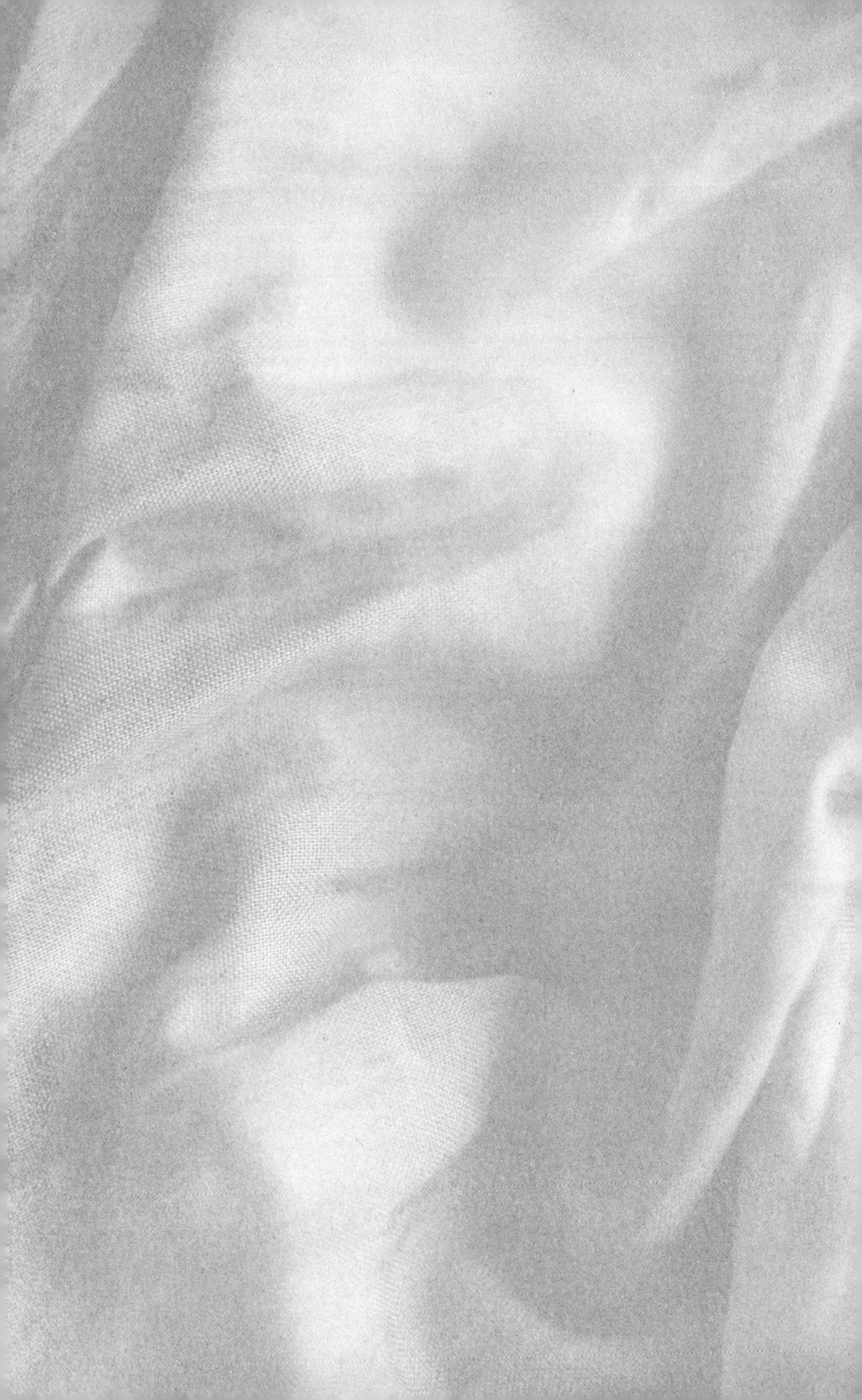

Lidia

Una mujer empresaria cristiana

PERFIL DE LIDIA

Referencias bíblicas: Hechos 16:9-15, 40
Lugar: La ciudad de Filipos en Asia Menor
Fecha: Aproximadamente entre los años 35 y 40 d. C.

IMAGINEMOS LA ESCENA

—Muchachos —dijo Pablo a sus compañeros de viaje, Timoteo, Silas y Lucas—, es muy claro que el Señor tiene un plan diferente para nosotros. Nos ha impedido que sigamos predicando en Asia, no pudimos ir a Bitinia y nos ha traído aquí a Troas. Sugiero que tengamos una media vigilia de oración pidiendo la dirección del Señor antes de irnos a dormir.

Todos se pusieron de rodillas en un círculo y cada uno oró a Dios. Al terminar, todos dijeron «Amén» y cada uno se fue a su lugar designado para dormir.

Durante la noche, mientras Pablo dormía, se le apareció en una visión un hombre de la región de Macedonia que le rogaba que fuera a Macedonia. Pablo esperó hasta que todos los demás se despertaran y estuvieran alrededor de la mesa para compartirles lo que había visto en la visión. Lucas, el médico, dijo:

—Sugiero que nos preparemos para viajar inmediatamente. Ahora estamos seguros de que Dios nos ordena ir a esa región para anunciar la Buena Noticia del amor de Dios. Sugiero que vayamos a la ciudad de Filipos, "la ciudad de las fuentes". Para que tengan un poco de información del lugar adonde vamos, les comparto que esta ciudad fue fundada por el rey de Macedonia, Filipo II, el padre de Alejandro Magno, y el fundador le dio su nombre a la ciudad. Ahora es una colonia romana con muy buenos caminos, y el comercio allí está

SEGÚN LA BIBLIA

Pablo y Silas viajaron por la región de Frigia y Galacia, porque el Espíritu Santo les había impedido que predicaran la palabra en la provincia de Asia en ese tiempo. Luego, al llegar a los límites con Misia, se dirigieron al norte, hacia la provincia de Bitinia, pero de nuevo el Espíritu de Jesús no les permitió ir allí. Así que siguieron su viaje por Misia hasta el puerto de Troas.

Esa noche Pablo tuvo una visión. Puesto de pie, un hombre de Macedonia —al norte de Grecia— le rogaba: «¡Ven aquí a Macedonia y ayúdanos!». Entonces decidimos salir de inmediato hacia Macedonia, después de haber llegado a la conclusión de que Dios nos llamaba a predicar la Buena Noticia allí.

Subimos a bordo de un barco en Troas, navegamos directo a la isla de Samotracia y, al día siguiente, desembarcamos en Neápolis.

Lidia

De allí llegamos a Filipos, una ciudad principal de ese distrito de Macedonia y una colonia romana. Y nos quedamos allí varios días.

El día de descanso nos alejamos un poco de la ciudad y fuimos a la orilla de un río, donde pensamos que la gente se reuniría para orar, y nos sentamos a hablar con unas mujeres que se habían congregado allí. Una de ellas era Lidia, de la ciudad de Tiatira, una comerciante de tela púrpura muy costosa, quien adoraba a Dios. Mientras nos escuchaba, el Señor abrió su corazón y aceptó lo que Pablo decía. Ella y los de su casa fueron bautizados, y nos invitó a que fuéramos sus huéspedes. «Si ustedes reconocen que soy una verdadera creyente en el Señor —dijo ella—, vengan a quedarse en mi casa». Y nos insistió hasta que aceptamos.

Hechos 16:6-15

bien desarrollado. Sin duda es la ciudad más importante de la región de Macedonia. Recuerdo que había una fuerte comunidad judía con una sinagoga bien establecida.

Silas, con una sonrisa, golpeó amigablemente el hombro de Lucas y le dijo:

—No hay duda de que tú eres un filipense orgulloso de tu ciudad. Olvidas que Filipos es la segunda ciudad en importancia, no la primera.

Todos se rieron de buena gana.

Alguien ha dicho que los caminos romanos eran los mejores del mundo occidental hasta que se desarrolló el ferrocarril en el siglo XIX. Cuando Pablo y sus compañeros llegaron a Neápolis, el puerto marítimo de Macedonia, se dirigieron hacia Filipos usando la vía Ignacia para viajar quince kilómetros hacia el norte, pasando por la cordillera de Pangea hacia el oeste. Cuando los cuatro caminantes comenzaron a descender a las llanuras, vieron por primera vez las imponentes construcciones de la moderna y bulliciosa ciudad. Pablo y sus amigos esperaban encontrar una comunidad de judíos bien establecida en Filipos, pues los buenos negocios atraían negociantes judíos.

Después de hospedarse en una hostería cerca del centro de la ciudad, comieron, descansaron y muy pronto estaban recorriendo las calles buscando una sinagoga judía. No encontraron ninguna. *¡Qué raro!* Tampoco encontraron a ningún varón macedonio pidiendo que lo ayudaran a comprender el mensaje de Jesucristo. Recorrieron las calles principales, caminaron por los barrios de los alrededores... ¡nada!

Unos días después, alguien les informó que un grupo de judíos se reunía en las afueras de la ciudad, en la ribera del río Gangites, los días sábado. El informante dijo que no era un grupo muy grande pero que hacían sus oraciones y hablaban de cosas sin importancia.

Cuando llegó el día sábado, Pablo, Silas, Timoteo y Lucas se levantaron temprano, desayunaron y se prepararon para buscar el lugar a la orilla del río donde esperaban encontrar a un buen grupo de judíos reunidos para orar.

¡Era un grupo de mujeres!

Se sentaron a hablar con ellas. Pablo usó un tono conversacional, pues el grupo era pequeño, pero entusiasmo no le hizo falta. Él siempre se apasionaba cuando se trataba de compartir con otros el mensaje de la salvación por medio de Jesús.

Entre el grupo se encontraba una mujer llamada Lidia. Era una vendedora de telas finas que se fabricaban en su ciudad natal de Tiatira, una ciudad famosa por la industria textil. Lidia vendía telas que solamente podían comprar personas importantes, o esposas de hombres que ocupaban altos cargos en el gobierno o que tenían buenos negocios. Lidia no fabricaba las telas, pero tenía sus proveedores exclusivos, y como buena negociante sabía cómo comprar y vender a los mejores precios. Era una mujer temerosa de Dios. Aunque no era judía, simpatizaba con la fe de Israel; se había convertido al judaísmo y esperaba la venida del Mesías. Cuando su esposo murió, ella y su familia tuvieron que trasladarse de Tiatira a Filipos para desarrollar el negocio y sostener su casa. Dios la había bendecido con una casa grande, con sus hijos y personal a su servicio. Era una persona bien relacionada y reconocida como una empresaria exitosa. Lidia no era una mujer con una vida desordenada, pero sin duda era una mujer incompleta, ya que todas las mujeres están incompletas sin Cristo.

Cuando Pablo comenzó a hablar, Lidia escuchaba con mucha atención el mensaje, y Dios abrió su mente y su corazón para que comprendiera e invitara a Jesucristo a ser el Señor y Salvador de su vida. Tan pronto como fue posible, Lidia y las otras mujeres fueron bautizadas, dando así comienzo a la primera iglesia cristiana en el continente europeo. Además, les rogó a Pablo y a sus compañeros que se trasladaran a su casa y se quedaran todo el tiempo que fuera necesario.

Una vez que ella encontró a Cristo, su vida y la de su familia cobraron un significado trascendental. Cuando Pablo y sus amigos llegaron a conocerla personalmente, descubrieron que era fácil amarla y trabajar con ella, pues usaba para el bien de la iglesia los dones que la habían hecho una empresaria exitosa.

Mientras Pablo y sus amigos estuvieron en Filipos, ocurrieron varios sucesos importantes. Una joven esclava que tenía un espíritu de adivinación hacía que sus dueños ganaran mucho dinero. Pablo ordenó en el nombre de Jesús que ese espíritu dejara libre a la muchacha y ella fue sanada. Eso provocó un alboroto en la ciudad, pero sirvió para dar a conocer que el mensaje de Jesús había llegado. Pablo y sus amigos fueron azotados, maltratados y encarcelados. Estando allí, Dios obró un milagro maravilloso, y el carcelero y su familia creyeron en Cristo. Luego de ser bautizados se unieron al grupo cristiano del cual Lidia formaba parte.

Después de salir de la cárcel, Pablo y sus compañeros fueron otra vez a la casa de Lidia y se quedaron por algunos días confirmando y enseñando a los nuevos creyentes. Luego Pablo y Silas continuaron su viaje hacia otras ciudades de Europa mientras que Lucas y Timoteo se quedaron ayudando a establecer de manera permanente la iglesia con los creyentes que se habían convertido junto con Lidia y los de su hogar.

LECCIONES PRÁCTICAS QUE APRENDEMOS DE LIDIA

El ejemplo real y relevante y la generosidad radical de Lidia fueron de influencia permanente para la iglesia. Fue esa generosidad la que animó al apóstol Pablo, años después, a escribir la Carta a los Filipenses para expresar su gratitud por el amor de ellos y por los donativos que le habían enviado mientras se encontraba prisionero en Roma. Con ternura dijo: «Doy gracias a mi Dios cada vez que me acuerdo de ustedes» (Filipenses 1:3, RVA-2015).

A través de la historia de Lidia, veamos dos áreas en particular que pueden ser un desafío para nosotros hoy.

Lidia

Alcanzar a las personas con influencia

Lidia vivió en los tiempos en que los negocios eran propiedad de los hombres, y competir con ellos era una batalla perdida. Sin embargo, ella supo administrar bien su negocio y tener éxito. Eso le dio influencia, un nombre e independencia para ayudar a las mujeres que se reunían con ella junto al río, y después a la iglesia que posiblemente se reunía en su casa. Dios honra y bendice a las personas que son temerosas de él y están dispuestas a compartir con otros el fruto de sus negocios en el nombre de Jesús.

La historia de Lidia nos anima a compartir el mensaje de Jesucristo con los empresarios y dueños de negocios. Sin duda existe una dinámica particular y necesidades pastorales diferentes entre los empresarios y los que solamente son empleados. Muchas veces los dueños de empresa son exigentes, impacientes y desean hacer las cosas «a su manera»; sin embargo, ellos también necesitan el mensaje del amor de Dios. También necesitan ser pastoreados, de manera que sean desafiados según su estilo de ver la vida y el quehacer de cada día.

Hay un fenómeno social por el cual personas con los mismos intereses tienden a atraerse entre sí. Los profesionales de cierta rama (médicos, abogados, ingenieros y otros) se juntan con los de su mismo gremio. Los dueños de negocios se juntan con personas como ellos pues les gusta ese espíritu de riesgo y aventura que hay en iniciar o mantener una empresa. Cada vez más, hay mujeres en nuestras iglesias que son empresarias, ejecutivas, gerentes y directoras de grandes corporaciones. Es importante asociarlas y guiarlas hacia un encuentro personal con Jesucristo. Ellas, como se ha comprobado por experiencia, necesitan muy poco «mantenimiento» para tomar la iniciativa y hacer cosas extraordinarias para el reino de Dios.

Crecer donde estamos plantados

Lidia tenía tanto renombre y posición como para negarse a ser parte, con otros cristianos, de un grupo pequeño donde estaría sirviendo, adorando y compartiendo sus recursos para ver crecer la obra. Muchos empresarios y negociantes se habrían unido a una iglesia grande y de renombre, aunque no fuera cristiana y no estuviera de acuerdo con su fe en el Dios de Israel. Pero Lidia estaba dispuesta a servir a las personas que tenía a su alrededor.

Para algunas personas, en particular empresarios y gerentes, puede ser una tentación hacerse miembros de una iglesia numerosa simplemente por motivos sociales y porque las obligaciones económicas de una iglesia pequeña son mayores. Es más cómodo asistir, sentarse y observar lo que hacen los demás.

Oremos para que Dios nos guíe a participar activamente en el crecimiento de la iglesia, sea grande o pequeña, en el lugar donde nos encontremos, junto con las personas que tenemos a nuestro alrededor.

ALGO PARA PENSAR O CONVERSAR

- En la iglesia a la cual usted asiste, ¿hay mujeres empresarias, gerentes o profesionales? ¿Cómo podemos animarlas para que ellas sean el puente para alcanzar a más mujeres de su nivel para Cristo? ¿Cuáles son los desafíos que usted observa para ganar a los empresarios de su ciudad para Cristo? Si le es posible, haga una lista y converse con otras personas de su grupo.

- Sin duda el tamaño de una iglesia repercute en el impacto de su ministerio a la comunidad. Una iglesia grande puede hacer más que una iglesia pequeña. Sin embargo, una iglesia pequeña ofrece ciertas ventajas que una iglesia grande no brinda. ¿Cuáles son para usted algunas ventajas y desventajas de una iglesia grande? Y, ¿cuáles son algunas ventajas y desventajas de una iglesia pequeña? ¿Cuáles piensa que son los dones particulares que su iglesia ofrece a la comunidad en general? ¿Cuáles son los dones que usted puede ofrecer a su iglesia?

- Es muy interesante que Lucas escribió que Lidia «insistió hasta que aceptamos». Ellos aparentemente no se molestaron, ni se sintieron amenazados ni expresaron reservas de quedarse como un grupo de hombres cristianos en la casa de una mujer. Ella usó sus recursos y sus dones para el bien de la obra de Dios. ¿Qué dones y recursos tiene usted que podría ofrecer para el servicio de Dios? ¿Qué pasos puede dar hoy para entregarse más completamente a la obra de Dios?

PARA RECORDAR:

Ella y los de su casa fueron bautizados, y nos invitó a que fuéramos sus huéspedes. «Si ustedes reconocen que soy una verdadera creyente en el Señor —dijo ella—, vengan a quedarse en mi casa». Y nos insistió hasta que aceptamos.

HECHOS 16:15

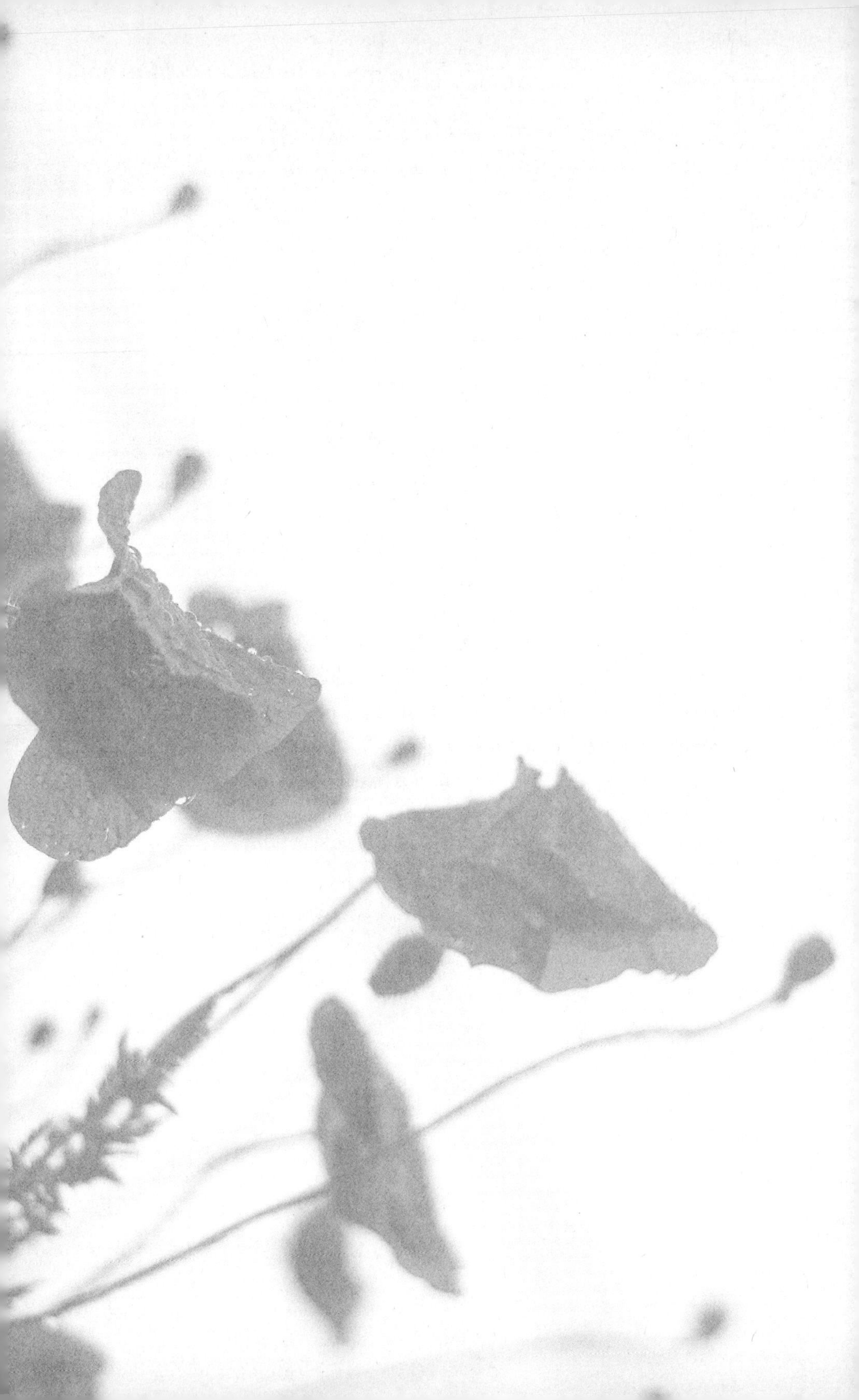

Priscila

Una mujer que se atrevió a usar su mente

PERFIL DE PRISCILA

Referencias bíblicas: Hechos 18; Romanos 16:3-5; 1 Corintios 16:19; 2 Timoteo 4:19
Lugar: Roma, Corinto, Éfeso
Fecha: Aproximadamente entre los años 50 y 65 d. C.

IMAGINEMOS LA ESCENA

—Usted sabe cómo hacer buenos negocios. Aquí tiene su dinero. Por favor entregue las tiendas de campaña al jefe de los equipos militares —expresó con una sonrisa el alto procurador militar a Aquila.

—Se hará como lo ha ordenado, señor —respondió Aquila mientras guardaba el dinero en una bolsa. Aclarándose la garganta se apresuró a decir—: Jefe, ¿quién es esa hermosa joven que cruzó el patio del palacio mientras conversábamos?

—Se llama Prisca. Su familia y sus amigos la llaman con el diminutivo "Priscila". Es hija de una familia noble, muy distinguida y reconocida aquí en Roma. No se le ocurra hacer lo que está pensando, pues esa muchacha es amiga de mi hija y es muy inteligente. Es sencillamente excelente —respondió el militar.

Aquila había sentido el amor a primera vista cuando la vio en el patio, pero su corazón se quedó cautivado por la muchacha cuando ella entró a la reunión del grupo de cristianos en Roma, a la cual él asistía cada vez que los negocios lo llevaban a esa ciudad.

Aquila había nacido en la región del Ponto, que se ubicaba en la costa norte de Asia Menor cerca de Bitinia. Conoció el evangelio en Jerusalén el día de Pentecostés, junto con otros judíos del Ponto que oyeron el discurso de Pedro. Prisca también llegó a conocer a Jesucristo

SEGÚN LA BIBLIA

Después Pablo salió de Atenas y fue a Corinto. Allí conoció a un judío llamado Aquila, nacido en la región del Ponto, quien estaba recién llegado de Italia junto con su esposa, Priscila. Habían salido de Italia cuando Claudio César deportó de Roma a todos los judíos. Pablo se quedó a vivir y a trabajar con ellos, porque eran fabricantes de carpas al igual que él.

Cada día de descanso, Pablo se encontraba en la sinagoga tratando de persuadir tanto a judíos como a griegos. Después de que Silas y Timoteo llegaron de Macedonia, Pablo pasó todo el tiempo predicando la palabra. Testificaba a los judíos que Jesús era el Mesías; pero cuando ellos se opusieron y lo insultaron, Pablo se sacudió el polvo de su ropa y dijo: «La sangre de ustedes está sobre sus propias cabezas; yo soy inocente. De ahora en adelante iré a predicar a los gentiles». [...]

Priscila

> Una noche, el Señor le habló a Pablo en una visión y le dijo: «¡No tengas miedo! ¡Habla con libertad! ¡No te quedes callado! Pues yo estoy contigo, y nadie te atacará ni te hará daño, porque mucha gente de esta ciudad me pertenece». Así que Pablo se quedó allí un año y medio enseñando la palabra de Dios. [...]
>
> Después Pablo se quedó en Corinto un tiempo más, luego se despidió de los hermanos y fue a Cencrea, que quedaba cerca. [...] Después se embarcó hacia Siria y llevó a Priscila y a Aquila con él.
>
> Primero se detuvieron en el puerto de Éfeso, donde Pablo dejó a los demás. Mientras estuvo en Éfeso, fue a la sinagoga para razonar con los judíos. Le pidieron que se quedara más tiempo, pero él se negó. Al irse, sin embargo, dijo: «Si Dios quiere, regresaré». Entonces zarpó de Éfeso. La siguiente parada fue en el puerto de Cesarea. De allí subió y visitó a la iglesia de Jerusalén, y luego regresó a Antioquía.
>
> Después de pasar un tiempo en Antioquía, Pablo regresó por Galacia y Frigia, donde visitó y fortaleció a todos los creyentes.
>
> Mientras tanto, un judío llamado Apolos —un orador elocuente que conocía bien las Escrituras— llegó a Éfeso desde la ciudad de Alejandría, en Egipto. Había recibido enseñanza en el camino del Señor y les enseñó a otros acerca de Jesús con espíritu entusiasta y con precisión. Sin embargo, él solo sabía acerca del bautismo de Juan. Cuando Priscila y Aquila lo escucharon predicar con valentía en la sinagoga, lo llevaron aparte y le explicaron por medio del testimonio de algunos de los que se convirtieron en el gran evento de Pentecostés.

Así fue como una linda mujer de la corte romana llamada Prisca, o Priscila, se casó con un hábil judío negociante de tiendas de campaña llamado Aquila. Todo parecía ir bien para la pareja, aunque ambos tuvieron que aprender a convivir con las diferencias étnicas y culturales que sus familias les habían heredado, sin mencionar que la personalidad de Priscila era más fuerte que la de su esposo. Ambos estuvieron dispuestos a todo por el amor de su vida y su deseo de ser buenos seguidores de Jesucristo. Ubicaron su residencia en una de las hermosas ciudades de Italia desde donde podían atender con facilidad sus negocios y su activa vida familiar.

Un día, Aquila vio que su esposa estaba algo nerviosa y preocupada. Después de cenar, él le preguntó acerca de su inquietud. Priscila le dijo que había sido informada por sus contactos familiares y amigos en la corte romana que los asesores políticos le habían aconsejado al emperador Claudio expulsar a la comunidad judía de Roma.

—Te amo con toda mi alma, mi Priscila —dijo Aquila, mientras miraba los hermosos ojos grandes de su esposa—. Pero no puedo obligarte a dejar todo esto que es tu cultura, tu gente y tu mundo.

Ella inmediatamente le dijo lo que había pensado desde que escuchó sobre la posible expulsión de los judíos de Roma:

—Me casé contigo para toda mi vida. Adonde quiera que el Señor te guíe, yo estoy lista y dispuesta a seguirte. —Casi sin parar, agregó—: Sugiero que vayamos a Corinto, ya que el puerto marítimo de esa ciudad sirve de cruce a muchos otros lugares del mundo. Allá podemos establecernos y hacer nuestro negocio; además podemos compartir el mensaje de Jesucristo con gente de otros países. Ideas mías, pero haremos como tú digas.

Sin más, se levantó de su asiento y le estampó un beso a su esposo.

—Soy un hombre muy afortunado. Además de hermosa, eres muy inteligente —dijo Aquila cuando por fin pudo respirar. Ambos sonrieron y terminaron de comer el rico postre que Priscila había ordenado hacer a su cocinera.

Efectivamente, unos días después el emperador Claudio mandó que todos los judíos fueran expulsados de Roma. Aquila y Priscila, a través de algunos contactos y amigos que tenían en Corinto, consiguieron una casa con dos ambientes y una sala muy amplia. Un ambiente era para la familia y el otro ambiente era para el negocio. La sala amplia servía para invitar a personas a cenar y compartir con ellas el evangelio de Jesús en un entorno tranquilo.

Cuando Pablo llegó a Corinto de Atenas, Grecia, se enteró de que Aquila y Priscila eran fabricantes de tiendas y que tenían un negocio establecido en su casa. Pablo tenía el mismo oficio que ellos, así que los buscó y les pidió trabajo. Inmediatamente se identificaron como cristianos y la pareja le ofreció su amistad y apoyo a Pablo. Este aprovechaba todos los sábados para ir a la sinagoga a hablar y guiar tanto a judíos como a griegos a la fe en Jesucristo.

Este patrón continuó por varios meses hasta que la primera iglesia cristiana en Corinto quedó firmemente establecida con su propio sistema de multiplicación, crecimiento y ministerio. Entonces Pablo les comentó a sus socios y colaboradores Aquila y Priscila que deseaba hacer lo mismo en Éfeso, otra ciudad importante de Asia Menor. La pareja conversó sobre la posibilidad de acompañar a Pablo y mover sus actividades a Éfeso. Unos días después, los tres se despidieron de los demás hermanos de la iglesia de Corinto y se trasladaron a su nuevo centro de operaciones: Éfeso.

Pablo se dedicó a lo que sabía hacer: ir a la sinagoga y convencer a los judíos de que Jesús era el Mesías y de que debían creer en él. Por su parte, Aquila y Priscila abrieron las puertas de su casa como un punto de reunión para los nuevos creyentes. Recordemos que esto era mucho antes de que hubiera tal cosa como edificios que se usaran como templos para las iglesias. La casa de Priscila y Aquila se usaba como el lugar de reunión para el grupo de cristianos.

En poco tiempo, Pablo se fue de Éfeso, y Aquila y Priscila se quedaron solos.

Una noche recibieron la visita de un educado joven, brillante e intelectual, que se llamaba Apolos, oriundo de Alejandría, donde estaban la mejor biblioteca y el centro cultural más importante de la época. Apolos inmediatamente demostró su capacidad como comunicador y su pasión por enseñar todo lo que sabía acerca de Jesús tanto en la iglesia como en la sinagoga.

Priscila quedó muy impresionada con el estilo de liderazgo de Apolos; sin embargo, observó que este todavía no había comprendido del todo la fe cristiana.

Después de conversar con Aquila, orar juntos y

el camino de Dios con aún más precisión.

Apolos pensaba ir a Acaya, y los hermanos de Éfeso lo animaron para que fuera. Les escribieron a los creyentes de Acaya para pedirles que lo recibieran. Cuando Apolos llegó, resultó ser de gran beneficio para los que, por la gracia de Dios, habían creído. Refutaba a los judíos en debates públicos con argumentos poderosos. Usando las Escrituras, les explicaba que Jesús es el Mesías.

Hechos 18:1-6, 9-11, 18-28

Den mis saludos a Priscila y Aquila, mis colaboradores en el ministerio de Cristo Jesús. De hecho, ellos una vez arriesgaron la vida por mí. Yo les estoy agradecido, igual que todas las iglesias de los gentiles. Den también mis saludos a la iglesia que se reúne en el hogar de ellos.

Romanos 16:3-5

Las iglesias de aquí, en la provincia de Asia, les mandan saludos en el Señor, igual que Aquila y Priscila y todos los demás que se congregan en la casa de ellos para las reuniones de la iglesia.

1 Corintios 16:19

Dales mis saludos a Priscila y a Aquila, y a los que viven en la casa de Onesíforo.

2 Timoteo 4:19

Priscila

reflexionar sobre el asunto, decidieron invitar a Apolos a su casa. Al calor del hogar, Priscila y Aquila le ofrecieron su amistad y enseñanza del evangelio. Al parecer, Apolos no había tenido la oportunidad de aprender la verdad más profunda sobre el Espíritu Santo, que mora en cada creyente y es la fuerza impulsora de la iglesia de Cristo. Hasta cierto punto, su conocimiento se había detenido en las enseñanzas de Juan el Bautista.

Tierna y cuidadosamente, Aquila y Priscila le contaron a Apolos su propia experiencia con Cristo, el proceso de su crecimiento y su actual compromiso misionero. Apolos comprendió inmediatamente y desde ese encuentro en adelante se dedicó con empeño a enseñar toda la verdad sobre Jesucristo.

Probablemente Priscila y su marido se quedaron en Éfeso durante algunos años. Siempre que Pablo iba allí se alojaba en la casa de ellos. Juntos compartían las preocupaciones y los avances de la obra. Juntos alababan a Dios por su gracia y por ver una floreciente iglesia de nuevos creyentes.

Después de la muerte del emperador Claudio, el edicto por el que se había desterrado de Roma a los judíos dejó de ser vigente. Priscila y Aquila, como muchos otros judíos, volvieron a sus antiguas casas y negocios, de los que habían conservado las llaves con la esperanza de volver algún día. Allí, también Priscila y Aquila abrieron las puertas de su casa para que un grupo de cristianos se reuniera en ella.

Priscila al final murió como mártir, y su fe firme siguió sólida hasta el final. Aún después de su muerte, siguió vivo el recuerdo de su dedicación y su ministerio. Esta mujer que se atrevió a usar su mente y a ofrecer hospitalidad de manera radical llevó a muchos a conocer a Cristo como su Señor y Salvador.

LECCIONES PRÁCTICAS QUE APRENDEMOS DE PRISCILA

Observe que Lucas en el libro de los Hechos y Pablo en sus cartas ubican el nombre de Priscila antes que el de su esposo, Aquila. Uno se siente tentado a pensar que ella aportaba generalmente las ideas proactivas o era socialmente más abierta que Aquila. Es decir, cuando alguien pensaba en la pareja, el nombre de Priscila surgía primero. Esta mujer dejó una importante impresión en todos los que la conocieron, y tuvo una gran influencia en la iglesia del primer siglo. De ella podemos aprender a ser relevantes y radicales en nuestro mundo hoy en día, usando nuestra mente y nuestros dones para liderar, así como compartiendo nuestros hogares.

Usar la mente para absorber la buena enseñanza

En un período de la historia en el que a las mujeres no se les animaba a usar su mente, Priscila no tenía miedo de usar la suya. Cuando Pablo enseñaba la palabra, Priscila prestó atención. Luego, cuando un joven predicador altamente educado enseñaba acerca de Jesús, Priscila tuvo el valor de acercarse a él para corregirlo. Priscila le enseñó a Apolos su error, y este reconoció su falta de información frente a lo que le contaba Priscila. Los hechos son: ¡Priscila lo enderezó en su doctrina! Ella lo hizo sin ofender a Apolos, y su guía lo convirtió en un mejor predicador, para el beneficio de toda la iglesia primitiva. Ella lo había guiado a extender su visión y le había mostrado cómo aferrarse al poder que necesitaba en su ministerio, y él estaba agradecido por que Dios hubiera usado a una mujer para hacer esto por él.

Priscila dejó que la mente de Cristo estuviera en ella, como su buen amigo Pablo la instó a que hiciera (1 Corintios 2:13-16). Hoy en día, también nosotros podemos usar nuestra mente y prestar atención a la enseñanza de la Palabra para poder distinguir cuando algo no está bien.

Liderar según Dios nos dé la oportunidad

Priscila y su esposo le suplicaron a Pablo que se quedara con ellos cuando él les anunció que deseaba salir de Éfeso; sin embargo, Pablo ya sabía que los cristianos en Éfeso estarían en buenas manos con Priscila y Aquila.

Debido a que el nombre de ella, y no el de él, es el que se ha mantenido vivo a lo largo de los años, ella debe haber sido la más sobresaliente de los dos. En una iglesia en Roma se dedicó un monumento «a Priscila», sin siquiera mencionar a Aquila. Tertuliano, uno de los llamados padres de la iglesia, escribió sobre ella, no sobre su esposo. La catacumba en Roma, donde la llevaron al reposo después de su muerte como mártir, llegó a ser conocida por el nombre de ella, no por el de Aquila.

Sin duda, Aquila fue un seguidor profundamente devoto de Jesucristo, que trabajó junto a su esposa y con Pablo en la obra de la iglesia primitiva, con tal vez la misma devoción pero posiblemente con capacidad desigual a la de su esposa. Que hubiera armonía entre ellos, de modo que Pablo se sintiera cómodo al dejar la nueva iglesia en sus manos, es un tributo de primera clase a la capacidad de Priscila para liderar y manejar las relaciones humanas.

Priscila podría haber rechazado la oportunidad de liderar la iglesia primitiva en Éfeso después de la partida de Pablo, pero decidió responder al llamado de usar los dones que Dios le había dado para el bien de la iglesia. A veces hoy también Dios nos presenta oportunidades de liderazgo, aun si no nos consideramos líderes. Podríamos poner excusas, o dar un paso adelante para servir a la iglesia. El ejemplo de Priscila nos anima a responder cuando Dios nos dé oportunidades así.

Ofrecer hospitalidad

Priscila y Aquila vivieron una vida curiosamente nómada y desarraigada. Aquila nació en la región del Ponto, en Asia Menor (Hechos 18:2); Priscila probablemente era oriunda de Roma, la capital del imperio romano. La primera vez que encontramos a esta pareja es en Roma; luego, en Corinto; después, en Éfeso; luego, otra vez en Roma y, finalmente, de nuevo en Éfeso. Sin embargo, siempre que los encontramos, su casa es el centro de encuentro y de servicio a los hermanos cristianos.

Prestar su hogar para las reuniones de la iglesia fue un riesgo en un contexto de persecución, y seguramente surgieron inconvenientes e incomodidades. Sin embargo, Priscila continuó ofreciendo su hogar como un refugio para la iglesia, como una extensión de su servicio a la iglesia y su liderazgo en cada ciudad en que vivía.

Hoy, a diferencia de esa época, muchas iglesias tienen edificio propio. Sin embargo, no cambia la necesidad de hospitalidad entre los hermanos cristianos. También puede ser un ambiente donde un vecino o un amigo no cristiano, alguien que nunca entraría al edificio de una iglesia, pueda escuchar la verdad acerca de Cristo. La hospitalidad puede ofrecer un entorno más acogedor, más apropiado para conversaciones reales, íntimas y difíciles. En verdad, todos los hogares cristianos podrían ser iglesias, porque una iglesia es un lugar donde se puede encontrar a Cristo.

Priscila

ALGO PARA PENSAR O CONVERSAR

- *Priscila usó la mente que Dios le dio para absorber la buena enseñanza y luego enseñarla a otros. ¿De qué manera puede usted crecer para amar a Dios con toda su mente (Mateo 22:37)?*

- *¿Se considera usted una líder de la iglesia? ¿Por qué sí o por qué no? ¿Cómo puede saber si tiene dones de liderazgo que puedan servir para el bien de la iglesia?*

- *¿Cómo pueden usted y su esposo usar su hogar para comunicar a sus vecinos y familiares el evangelio? Escriba sus ideas para conversarlas con él.*

- *¿Cuáles son las habilidades en las cuales son fuertes individualmente usted y su esposo? ¿Cómo pueden formar una sinergia creativa para servir a Jesucristo? Piense y converse con él.*

- *Es posible que usted sea una mujer muy inteligente y capaz. Sin embargo, eso no significa que no le siga gustando que su marido la conquiste, la enamore, la ame, la apoye, la anime, la elogie, la valore y la respete. Aunque parezca «la mujer de acero», sigue siendo una mujer de carne y hueso. Piense en oportunidades para conversar con su pareja sobre esas necesidades personales de afecto y amor que están detrás de la apariencia.*

PARA RECORDAR:

Den mis saludos a Priscila y Aquila, mis colaboradores en el ministerio de Cristo Jesús. De hecho, ellos una vez arriesgaron la vida por mí. Yo les estoy agradecido, igual que todas las iglesias de los gentiles.

ROMANOS 16:3-4

Evodia y Síntique

Unas mujeres llamadas a perdonar

PERFIL DE EVODIA Y SÍNTIQUE

Referencias bíblicas: Filipenses 4:2-3
Lugar: Filipos, una ciudad importante de la región de Macedonia
Fecha: Aproximadamente entre los años 60 y 62 d. C.

IMAGINEMOS LA ESCENA

Durante su segundo viaje misionero, alrededor del año 50 d. C., Pablo llegó a la cosmopolita ciudad de Filipos, situada en la llanura oriental de Macedonia. Allí encontró a un grupo de mujeres que se reunían para orar a la orilla del río, como vimos en el capítulo sobre Lidia.

Unos diez o doce años después, la iglesia había crecido y florecido muy bien. La iglesia estaba bien organizada con sus pastores, diáconos y otros líderes. La iglesia de Filipos amaba a Pablo y apoyaba constantemente su ministerio de manera financiera, así que decidieron enviar a su pastor principal, Epafrodito, a Roma para visitar a Pablo y llevarle una generosa ofrenda.

Después de los saludos y la entrega de la ofrenda enviada por los hermanos de Filipos, Epafrodito se sintió muy enfermo. El cansancio del viaje, la alimentación irregular y el clima contribuyeron a que la salud del pastor de Filipos se deteriorara. Afortunadamente, el doctor Lucas estaba presente y cuidó del hermano Epafrodito con mucha diligencia e interés. La recuperación fue lenta, pero gracias a las oraciones del grupo, el Señor sanó al apreciado hermano Epafrodito. Un día, Pablo le preguntó al pastor:

—Cuéntame en detalle cómo están cada uno de los hermanos. ¿Cómo está Lidia? ¿Cómo está la muchacha griega que fue sanada? ¿Cómo están el carcelero

SEGÚN LA BIBLIA

Llegamos a Filipos, una ciudad principal de ese distrito de Macedonia y una colonia romana. Y nos quedamos allí varios días.

El día de descanso nos alejamos un poco de la ciudad y fuimos a la orilla de un río, donde pensamos que la gente se reuniría para orar, y nos sentamos a hablar con unas mujeres que se habían congregado allí. Una de ellas era Lidia, de la ciudad de Tiatira, una comerciante de tela púrpura muy costosa, quien adoraba a Dios. Mientras nos escuchaba, el Señor abrió su corazón y aceptó lo que Pablo decía. Ella y los de su casa fueron bautizados, y nos invitó a que fuéramos sus huéspedes. «Si ustedes reconocen que soy una verdadera creyente en el Señor —dijo ella—, vengan a quedarse en mi casa». Y nos insistió hasta que aceptamos.

Hechos 16:12-15

Evodia y Síntique

Saludos de Pablo y de Timoteo, esclavos de Cristo Jesús.

Yo, Pablo, escribo esta carta a todo el pueblo santo de Dios en Filipos que pertenece a Cristo Jesús, incluidos los líderes de la iglesia y los diáconos.

Que Dios nuestro Padre y el Señor Jesucristo les den gracia y paz.

Cada vez que pienso en ustedes, le doy gracias a mi Dios. Siempre que oro, pido por todos ustedes con alegría, porque han colaborado conmigo en dar a conocer la Buena Noticia acerca de Cristo desde el momento en que la escucharon por primera vez hasta ahora. Y estoy seguro de que Dios, quien comenzó la buena obra en ustedes, la continuará hasta que quede completamente terminada el día que Cristo Jesús vuelva.

Está bien que sienta estas cosas por todos ustedes, porque ocupan un lugar especial en mi corazón. Participan conmigo del favor especial de Dios, tanto en mi prisión como al defender y confirmar la verdad de la Buena Noticia. Dios sabe cuánto los amo y los extraño con la tierna compasión de Cristo Jesús.

Le pido a Dios que el amor de ustedes desborde cada vez más y que sigan creciendo en conocimiento y entendimiento. Quiero que entiendan lo que realmente importa, a fin de que lleven una vida pura e intachable hasta el día que Cristo vuelva. Que estén siempre llenos del fruto de la salvación —es decir, el carácter justo que Jesucristo produce en su vida— porque esto traerá mucha gloria y alabanza a Dios. [...]

romano y su familia? ¿Cómo están los otros pastores y diáconos?

Epafrodito trató de responder a todas las preguntas de Pablo. Después, con un suspiro y un rostro de preocupación, dijo:

—Estoy algo preocupado por las hermanas Evodia y Síntique. Parece que tuvieron un disgusto entre ellas, y como son muy influyentes, hay un grupo de hermanos que sigue a una y otro grupo a la otra. La verdad, me preocupa que sus diferencias personales puedan dividir nuestra floreciente iglesia. No sé cómo ayudarlas a resolver sus discrepancias.

Pablo se puso serio y comentó:

—Indudablemente nuestra naturaleza humana nos hace diferentes a unos y a otros. A veces tenemos puntos de vista y actitudes que nos alejan de quienes más amamos o de aquellos con quienes tenemos la oportunidad de trabajar. Yo mismo tuve una discusión con el hermano Bernabé por causa de Juan Marcos. Gracias a Dios lo resolvimos pronto y hoy Juan Marcos es uno de mis buenos colaboradores.

Epafrodito dijo:

—Sí, lo sabemos, pues a veces tienes poca paciencia. —Lo dijo con una sonrisa, pero luego volvió a expresar su frustración por la relación rota entre las hermanas Evodia y Síntique—. Ojalá existiera una manera práctica y eficaz de la cual todos pudiéramos echar mano para resolver nuestras diferencias de opinión, de perspectiva y, sobre todo, de actitud. Muchas veces dejamos que nuestros sentimientos heridos derramen mucha amargura y nos cuesta perdonar y pedir perdón.

Pablo se quedó pensando un momento y después dijo:

—Hay dos o tres cosas prácticas que podemos hacer. He pensado en escribir una carta de agradecimiento por la ofrenda que me enviaron, y ya que tú estás ansioso por volver allá, puedes llevar la carta y animar a que pongan en práctica mis consejos.

Epafrodito, casi con una sonrisa, comentó:

—En cuanto tengas la carta lista, yo con gusto la llevaré y me pondré a implementar las ideas que el Señor ponga en tu corazón y escribas en tu carta.

Cuando Epafrodito llegó a Filipos, toda la iglesia se reunió para darle la bienvenida, celebrar la mejoría de su

Mujeres de la Biblia hablan hoy

salud y escuchar la lectura de la carta que Pablo les había enviado. Todos estaban atentos.

Pablo les daba gracias por la ofrenda y les aseguraba sus oraciones de intercesión. A renglón seguido, los animó a imitar y vivir el ejemplo de Cristo. Epafrodito hizo una pausa en la lectura y los animó a que todos repitieran en voz alta: «Jesucristo, es el Señor». Epafrodito siguió leyendo la parte que mencionaba a Evodia y a Síntique por nombre.

Al escuchar sus nombres, Evodia y Síntique se miraron. Habían sido buenas amigas desde antes de conocer a Cristo como Señor y Salvador. Se habían puesto de acuerdo para facilitar la comunicación de la Buena Noticia sobre Jesucristo y además juntas habían apoyado a la iglesia de la cual eran miembros fundadores.

Sin embargo, como suele pasar entre amigos y miembros de la iglesia, o aun entre familiares, diferentes puntos de vista, perspectivas u opiniones, o conflictos de intereses, abrieron una grieta en la relación personal. Ninguna quiso poner de su parte para resolver el tema, por lo que la situación no se solucionó ni la división sanó inmediatamente. Algunos a su alrededor estaban a favor del punto de vista de Evodia, y otros del punto de vista de Síntique. La iglesia se dividió por el conflicto y estaba pasando por un desgaste innecesario y trágico.

Imaginemos la sorpresa que ambas damas sintieron al escuchar sus nombres en la carta del hermano Pablo. Lo primero que se preguntaron fue: ¿quién las había delatado ante Pablo? ¿Dijo todo el informante, o solamente dio un punto de vista? El asunto se prestaba para mucha especulación de ambos lados.

Al terminar la reunión, Evodia le dijo a Síntique que deseaba conversar con ella, con Sícigo y Clemente y, por supuesto, con Epafrodito.

Cuando ya se habían ido todos los demás hermanos, Evodia y Síntique estaban sentadas una al lado de la otra. Evodia comenzó diciendo a los demás:

—Síntique y yo hemos conversado y nos hemos pedido perdón la una a la otra. Gracias a Dios estamos en paz. Ella siempre ha sido y será mi mejor amiga.

Síntique agregó:

—Evodia y yo hemos sido buenas amigas por muchos años. Ya estamos bien otra vez. Pero deseamos pedirles

Mis amados hermanos, manténganse fieles al Señor. Los amo y anhelo verlos, mis queridos amigos, porque ustedes son mi alegría y la corona que recibo por mi trabajo.

Ahora les ruego a Evodia y a Síntique, dado que pertenecen al Señor, que arreglen su desacuerdo. Y te pido a ti, mi fiel colaborador, que ayudes a esas dos mujeres, porque trabajaron mucho a mi lado para dar a conocer a otros la Buena Noticia. Trabajaron junto con Clemente y mis demás colaboradores, cuyos nombres están escritos en el libro de la vida.

Filipenses 1:1-11; 4:1-3

Evodia y Síntique

perdón a ustedes, nuestros pastores y líderes, y también a nuestros esposos y a nuestros hermanos de la iglesia por haberlos preocupado.

Todos formaron un círculo alrededor de las dos mujeres y se tomaron de las manos. Epafrodito dio gracias a Dios por encontrar en Cristo Señor la manera de resolver el conflicto entre estas dos mujeres.

LECCIONES PRÁCTICAS QUE APRENDEMOS DE EVODIA Y SÍNTIQUE

El pasaje de Filipenses 4:1-7 contiene un trasfondo del cual no sabemos muchos detalles. Está claro que hay un drama lleno de dolor y de lágrimas, como también de grandes acciones, pero no tenemos idea alguna de la causa del enfrentamiento entre Evodia y Síntique. Pudo haber sido una diferencia de opinión, celos personales, algún comentario inapropiado que alguien expresó de una de las dos. Lo que sí sabemos es que estas dos mujeres eran una parte real y relevante de la iglesia de Filipos, y hasta habían colaborado con Pablo. Sin embargo, dejaron que algo causara división entre ellas, y eso afectó a la comunidad cristiana de manera perjudicial. También tuvo un efecto negativo en el impacto de la iglesia en la sociedad. El llamado a estas dos mujeres fue algo radical: perdonar.

Perdonar según la fórmula que dio Jesús

Uno de los ministerios de la iglesia es facilitar y promover la reconciliación y restauración de las relaciones que a veces se dañan entre los miembros. La esencia misma del evangelio de Jesucristo es la reconciliación del hombre con Dios y el fortalecimiento de las relaciones entre todos los creyentes. Cuando percibimos alguna pequeña grieta en las relaciones interpersonales, debemos seguir el procedimiento que propuso el Señor Jesús en Mateo 18:15-17. Según esas instrucciones:

1. «Háblale en privado y hazle ver su falta». Usted debe tomar la iniciativa para acercarse a la persona que le ha ofendido. Si la otra persona responde bien a su iniciativa, la relación debe quedar restaurada y deben continuar como hermanos creyentes en Cristo.

2. «Si no te hace caso, toma a uno o dos más contigo y vuelve a hablarle». Si la primera conversación no da el resultado deseado, Jesús dice que debemos intentarlo otra vez con dos o más creyentes en Jesús que se hayan dado cuenta del problema y sean testigos. Delante de ellos, usted reitera la petición de perdón por lo que ocurrió. Si la persona responde bien, el asunto queda resuelto y terminado.

3. «Si aun así la persona se niega a escuchar, lleva el caso ante la iglesia». Aquí, cuidado con la tentación de ventilar nuestras diferencias delante de toda la congregación. Puede causar más daño y no resolver la situación. Me parece que la idea es llamar a los que saben sobre el asunto en particular, y en ese círculo de «conocedores» usted debe expresar por tercera vez su petición de perdón y su deseo de restaurar la relación con la otra persona.

4. «Si la persona no acepta la decisión de la iglesia, trata a esa persona como a un pagano». Es decir, después de hacer lo anterior hay que mantener una actitud de oración de intercesión por la salvación de la otra persona y estar atentos para servirla en la primera oportunidad que se presente. Recordemos que nosotros no podemos cambiar a nadie, pero que la gracia amorosa de Dios en Cristo transforma el corazón y la vida de las personas.

Mujeres de la Biblia hablan hoy

Pablo exhortó a Evodia y a Síntique a arreglar su desacuerdo «dado que pertenecen al Señor». No puede existir unidad si no es en Cristo. Las personas no se pueden amar unas a otras a menos que amen a Cristo. La fraternidad humana legítima es imposible lejos del señorío de Cristo en la vida de cada uno de los que confiesan ser seguidores de Jesús. Y, como seguidores de Jesucristo, debemos estar dispuestos a perdonar a los que nos ofenden, algo tan radical en la época de Evodia y de Síntique como lo es hoy en día.

ALGO PARA PENSAR O CONVERSAR

- *Es lamentable que lo único que sabemos de Evodia y Síntique es que eran ¡dos mujeres que estaban peleadas! Eso nos hace pensar. Supongamos que nuestra vida se tuviera que resumir en una sola frase, ¿qué se diría de nosotros? De Epafrodito se dijo que era un fiel compañero de Pablo. De Clemente se dijo que era un pacificador. Escriba la frase que le gustaría que se escribiera sobre usted y sus relaciones interpersonales.*

- *Al leer el procedimiento que Jesús propuso para arreglar las diferencias personales en Mateo 18:15-17, ¿cuál es para usted la parte más difícil? Y, ¿por qué es tan difícil?*

- *¿Hay alguna persona con quien usted tiene un asunto pendiente sobre el que debe tomar la iniciativa para reconciliarse y restaurar la relación? Anote el nombre y cuándo va a buscar a esa persona para pedirle perdón.*

PARA RECORDAR:

«Ahora les ruego a Evodia y a Síntique, dado que pertenecen al Señor, que arreglen su desacuerdo».

FILIPENSES 4:2

Febe

Una mujer de servicio confiable y responsable

PERFIL DE FEBE
Referencias bíblicas: Romanos 16:1-2
Lugar: Cencrea y Roma
Fecha: Aproximadamente entre los años 55 y 57 d. C.

IMAGINEMOS LA ESCENA

Pablo estaba predicando y enseñando en Cencrea, una ciudad como a diez kilómetros de Corinto. Su visita tenía como finalidad reafirmar la fe de los creyentes de la iglesia que había ayudado a establecer durante uno de sus viajes misioneros anteriores. Fue entonces que una mujer soltera, empresaria y segura de sí misma, conoció al Señor.

La conversión de Febe a Cristo fue algo sencillamente espectacular, pues ella era una prominente pagana adoradora de la diosa a la que sus padres la habían dedicado: Artemisa, diosa de la luna, también conocida como Febe. «Febe» significa brillante, radiante, luminosa, pura como la luna, y esta Febe llegó a ser así cuando Cristo entró en su corazón y su vida cambió de manera real, relevante y radical.

En esta visita, Pablo se hospedó en la casa de Febe y experimentó de primera mano el servicio confiable y responsable de ella, del que tanto testimonio había escuchado de muchos de los creyentes y de otras personas. Pablo se enfermó de lo que él llamaba su «espina en la carne». El dolor era tan fuerte que lo obligó a pasar unos días en reposo. Febe lo atendió con esmero y empeño.

Cuando Pablo se sintió mejor, le dijo a Febe:

—Querida hermana Febe, ya me siento mejor.

SEGÚN LA BIBLIA

Los que somos fuertes debemos tener consideración de los que son sensibles a este tipo de cosas. No debemos agradarnos solamente a nosotros mismos. Deberíamos ayudar a otros a hacer lo que es correcto y edificarlos en el Señor. Pues ni siquiera Cristo vivió para agradarse a sí mismo. Como dicen las Escrituras: «Los insultos de aquellos que te insultan, oh Dios, han caído sobre mí». Tales cosas se escribieron hace tiempo en las Escrituras para que nos sirvan de enseñanza. Y las Escrituras nos dan esperanza y ánimo mientras esperamos con paciencia hasta que se cumplan las promesas de Dios.

Que Dios, quien da esa paciencia y ese ánimo, los ayude a vivir en plena armonía unos con otros, como corresponde a los seguidores de Cristo Jesús. Entonces todos ustedes podrán

Febe

unirse en una sola voz para dar alabanza y gloria a Dios, el Padre de nuestro Señor Jesucristo.

Por lo tanto, acéptense unos a otros, tal como Cristo los aceptó a ustedes, para que Dios reciba la gloria. [...]

Mis amados hermanos, estoy plenamente convencido de que ustedes están llenos de bondad. Conocen estas cosas tan bien que pueden enseñárselas unos a otros. Aun así, me atreví a escribirles sobre algunos de estos temas porque sé que lo único que necesitan es recordarlos. [...]

Mis amados hermanos, les pido encarecidamente en el nombre de nuestro Señor Jesucristo que se unan a mi lucha orando a Dios por mí. Háganlo por el amor que me tienen, ese amor que el Espíritu Santo les ha dado. Pídanle que me libre de los que están en Judea que se niegan a obedecer a Dios. Pídanle también que los creyentes de allí estén dispuestos a aceptar la ofrenda que llevo a Jerusalén. Entonces, por la voluntad de Dios, podré ir a verlos con un corazón alegre, y nos alentaremos unos a otros. [...]

Les encomiendo a nuestra hermana Febe, quien es diaconisa de la iglesia en Cencrea. Recíbanla en el Señor como digna de honra en el pueblo de Dios. Ayúdenla en todo lo que necesite, porque ella ha sido de ayuda para muchos, especialmente para mí.

Romanos 15:1-7, 14-15, 30-32; 16:1-2

Agradezco mucho tus atenciones. Es tiempo de que me vaya a Corinto, pues me ofrecí a estar con los hermanos allá antes de que termine el invierno.

Mientras se secaba las manos con una toalla después de lavar los platos del desayuno, Febe le respondió a Pablo:

—Me alegro de que estés mejor y listo para ir y ayudar a los hermanos de Corinto. Yo también he pensado en viajar; pienso ir a Roma a buscar algunas oportunidades para expandir mi negocio. Mi plan es ir por tierra de aquí a Corinto y luego tomar un barco hacia Roma. Si el Señor me lo permite, saldré tan pronto arregle algunos asuntos personales y otros de la iglesia.

Pablo miró a la hermana Febe diciendo:

—Qué interesante. Yo he querido ir a Roma varias veces, pero hasta ahora no me ha sido posible. Por lo tanto, estoy escribiendo una carta para los hermanos de la iglesia allá. Me gustaría que cuando pases por Corinto recojas la carta y la lleves hasta Roma.

Febe se inclinó respetuosamente y comentó:

—Hermano Pablo, yo soy la sierva del Señor y la tuya. Cuenta conmigo para la entrega de esa carta a los hermanos en Roma, aunque no los conozco personalmente. Lo haré con todo gusto y estaré presente cuando todos se reúnan para dar lectura a tu carta.

—Muchas gracias —respondió Pablo—. En la carta haré una nota de presentación sobre quién eres y les pediré a los hermanos que te ayuden en todo lo que puedan para los asuntos que quieres resolver para tu negocio.

Unos días después, Febe dejó su casa en Cencrea para viajar a Corinto, donde recogería la carta que Pablo le había pedido que llevara a Roma. La primera parte del viaje a Corinto la hizo en una caravana de camellos y burros que iba hacia el norte, rumbo a Acaya y Macedonia. Siendo una empresaria negociante, Febe viajaba acompañada de una o dos criadas, además de la mercancía que llevaba y sus pocas cosas personales, como el lindo vestido azul que se pondría el día que se presentaría a saludar a los hermanos de Roma y a entregarles la carta de Pablo. Además había preparado un recipiente especial de piel para el rollo que contenía la carta, a fin de preservarla bien durante el viaje.

Pablo no había tenido la oportunidad de ir a Roma, pero deseaba mucho poder hacerlo en la primera oportunidad posible. Mientras tanto la personalidad, la disposición y la actitud de servicio de Febe parecían una buena opción para confiarle la entrega personal de la carta a los cristianos en Roma. (Recordemos que en aquella época no había correo nacional ni internacional para los asuntos personales, mucho menos correo electrónico que tarda solo segundos en llegar a los destinatarios. El correo se entregaba a través de soldados o mensajeros que solo estaban al servicio del imperio romano). Febe era una mujer de servicio confiable y responsable, es decir, ¡lo que había que hacer, lo hacía bien!

Después de que Febe saludó a Pablo y a algunos hermanos de la iglesia de Corinto que lo acompañaban, Pablo le entregó a Febe la preciosa carta. Ella, con mucho cuidado, guardó la misiva en el recipiente de piel que había preparado y lo guardó entre sus cosas personales en su bolso. Ella misma iba a cuidar de la carta.

El viaje en barco de Corinto a Roma no estuvo exento de vientos fuertes, algunos contratiempos y pleitos entre los marineros. Algunos pasajeros se dedicaban a beber licor y a buscar entretenimiento con juegos de azar y mujeres. Febe, por su parte, mantuvo a sus criadas a su lado, y juntas oraron por la seguridad del barco, la salvación de las personas a su alrededor, el éxito de sus negocios y el bienestar de la iglesia en Cencrea y en Roma.

Por fin, el barco llegó al puerto de Roma. Febe llevaba escritas en un papel las instrucciones sobre cómo encontrar el lugar de reunión de los cristianos en Roma. Llegó al lugar como a mediodía. Un hermano que preparaba el lugar para la reunión de esa noche atendió a Febe. El hermano al principio se mostró un poco desconfiado, pues nunca había visto a esa mujer y le pareció sospechoso que se le hubiera confiado llevar una carta, pues según él, esa era tarea para hombres. Febe, con una sonrisa y la seguridad de sus palabras, hizo cambiar de actitud a aquel hombre. El hermano se comprometió a ir y dar aviso a los líderes de la iglesia y a otros miembros de la congregación.

Cuando todos estuvieron reunidos, tres de los líderes recibieron los saludos del hermano Pablo y la carta. Estuvieron de acuerdo en leerla inmediatamente. Los primeros dos tercios de la carta se referían a los asuntos más básicos de la obra de Dios hecha a nuestro favor por medio de Jesucristo, y a la salvación por la fe. El último tercio daba consejos sobre cómo poner en práctica las doctrinas presentadas en la primera parte.

Fue entonces cuando Febe escuchó su nombre, en una elocuente presentación y una impresionante recomendación por parte del apóstol Pablo.

Siguieron leyendo la carta, en la que se mencionaban los nombres de Priscila y Aquila, en cuya casa también se reunía la iglesia. También fueron mencionados los nombres de muchos hombres y mujeres miembros de la iglesia en Roma.

La iglesia en Roma recibió muchas bendiciones y mucho ánimo de la carta del Apóstol, y le agradecieron a la empresaria Febe su servicio como mensajera fiel y portadora de la carta. Febe agradeció a los hermanos su hospitalidad y siguió con los deberes de su negocio. Mientras estuvo en la ciudad asistió fielmente a las reuniones de la iglesia en Roma.

LECCIONES PRÁCTICAS QUE APRENDEMOS DE FEBE

Aparte de la cariñosa referencia a Febe en los párrafos finales de la carta de Pablo a los cristianos en Roma, no encontramos ninguna otra mención de ella en el Nuevo Testamento. No sabemos dónde se hospedó en Roma, cuánto tiempo se quedó allí y si volvió a su casa en Cencrea. Nos gustaría saberlo, pero no es importante. Lo que sabemos es que Febe fue una mujer de servicio confiable y responsable. Una mujer de Dios. Si ella no hubiera cumplido bien su encomienda y cuidado la carta hasta asegurarse de que los destinatarios la leyeran,

Febe

hoy quizás no tendríamos en el Nuevo Testamento esa carta que explica la obra de Dios en Cristo a nuestro favor.

¡Qué papel más significativo han desempeñado las mujeres en la obra de Cristo! No debemos considerar con ligereza la disposición de Febe para llevar una carta con la Buena Nueva a Roma. Debemos considerar que en los tiempos turbulentos de la historia de la iglesia primitiva viajar era muy peligroso para una mujer. El cristianismo era poco popular en Roma, y los cristianos no eran bien recibidos en esa ciudad. Con todo eso, ella llevó con gozo la Buena Nueva por amor a Cristo. Esta mujer real y relevante fue radical en su entrega y servicio a la iglesia, y hay mucho que podemos aprender de ella y de la trascendencia de su pequeña mención en el Nuevo Testamento.

Dar la bienvenida a personas nuevas en la iglesia

En su presentación de Febe a la iglesia en Roma, el apóstol Pablo la llama «Nuestra hermana». Quiere decir: «Ella es una creyente en Cristo Jesús y por lo tanto es igual a nosotros los que también hemos creído». Dice Pablo en el siguiente versículo: «Recíbanla en el Señor como digna de honra en el pueblo de Dios».

La iglesia generalmente no es la institución que debería ser; es decir, la iglesia no siempre está dispuesta a dar la bienvenida a extraños. Es posible que las iglesias, y aún más las organizaciones eclesiásticas, se conviertan en grupos exclusivistas que realmente no tienen interés en recibir a extraños y los ven con sospecha. Cuando venga uno a nuestra congregación, el consejo de Pablo sigue siendo relevante: debemos hacer que la persona nueva se sienta bienvenida, como debe suceder entre los que son de Cristo. Debemos recibir a todos los que pertenecen a la gran familia de Dios, vengan de donde vengan y sean quienes sean.

Entregarnos al servicio de la iglesia local

Pablo presenta a Febe como una «diaconisa de la iglesia». Se ha discutido mucho sobre si Pablo está hablando de un grupo organizado de mujeres en la iglesia con ciertas responsabilidades de liderazgo o si se refiere a su actitud de servicio a la iglesia. Lo que sí sabemos es que Febe era una persona dispuesta a servir y a hacer bien todo lo que se le pidiera hacer. Lo más probable es que haya ayudado a las mujeres recién convertidas a aprender sobre Jesús y las prácticas cristianas, para que se prepararan para el momento de su bautismo, y que las haya visitado cuando estaban enfermas y las haya consolado por el abandono o la muerte de sus maridos. Probablemente también se haya encargado de muchas otras responsabilidades de la iglesia como la distribución de ayuda a los necesitados.

Dice Pablo que Febe «ha sido de ayuda a muchos». La palabra que Pablo usa, y que se traduce como «ayuda», es muy descriptiva, pues significa alguien que se pone de pie, lista para proteger, patrocinar, levantar, hablar a favor y dar de sus propios recursos para el bienestar de otros. Pablo probablemente había escuchado testimonio de la ayuda que Febe había dado a algunos hermanos necesitados dentro de la iglesia en Cencrea, y de cómo había ayudado a personas pobres fuera de la iglesia.

A muchas personas les gusta ser reconocidas por su importancia en el ministerio de la iglesia. Todos deseamos ser amados y necesarios. Esto es normal y natural. Sin embargo, Febe se abstuvo de buscar estos momentos de gloria. Ella estaba demasiado ocupada atendiendo las necesidades de otros a su alrededor, de los grandes como el apóstol Pablo, o de los «sin nombre». Algunas mujeres dicen que les gustaría servir «pero no las invitan». Ser un seguidor de Jesús es un llamado al servicio. Somos salvos para servir. Nadie tiene que invitarnos; solo hay que levantar la vista, mirar a nuestro alrededor y responder con amor a las necesidades que veamos. Todo lo que se necesita es ser como Febe, una mujer de servicio confiable y respetable, pues eso convierte a cualquier niña, señorita o señora en una verdadera mujer, relevante y radical.

Aceptar ayuda de la iglesia

Es interesante notar que Pablo menciona que Febe lo ayudó a él en particular. Dice en Romanos 16:2: «Ha sido de ayuda para muchos, especialmente para mí». Los hermanos en Roma sabían que el Apóstol ya había rebasado su media vida y que su salud en general no era muy buena. Los viajes ya lo cansaban y el agotamiento producido por el trabajo de evangelización, el pastoreo y la escritura de cartas afectaban sus defensas y lo predisponían a la enfermedad. Esas condiciones guiaron a Pablo a aceptar la ayuda de Febe y de otros hermanos en el ministerio.

Febe había ayudado a muchos, y Pablo la conocía como una hermana capaz y dispuesta a ayudar a quienes estaban en necesidad. Sin embargo, ahora ella era la que estaba en la posición de necesitar ayuda. Seguro que para ella, como muchas veces lo es para nosotros, aceptar ayuda fue algo difícil que requirió humildad.

De una manera muy pastoral, el Apóstol pide a los hermanos de Roma que ayuden y faciliten la estancia de Febe. La comunidad de seguidores de Jesús hemos de encontrar maneras creativas de ayudar, de invitar a otros a ayudar y también, cuando es necesario, de dejarnos ayudar por otros.

ALGO PARA PENSAR O CONVERSAR

- ¿Cómo recibe su iglesia a personas nuevas? ¿Recibe a cada persona nueva «en el Señor como digna de honra en el pueblo de Dios»? ¿Hay alguna manera personal en que desea mejorar la forma en que usted da la bienvenida a personas nuevas en su iglesia?

- Febe se entregó al servicio de la iglesia y lo hizo de tal manera confiable y responsable que se ganó el respeto de Pablo y de las iglesias en las cuales participó. Si a usted se le pidiera calificar su servicio a la iglesia del 1 al 5, siendo el 1 «poco confiable» y 5 «muy confiable», ¿cómo se calificaría? (Procure evitar el número 3). Escriba el número aquí: _____. ¿Cómo calificaría usted su grado de responsabilidad? (Procure evitar el número 3). Escriba el número aquí: _____. Escriba dos cosas que podría hacer para mejor su calificación en cada uno de los dos aspectos de su actitud de servicio.

- Una de las maneras en que Febe sirvió a la iglesia primitiva fue como portadora de la Carta a los Romanos. Pida a su pastor que escriba una carta con el plan de salvación para compartir con familiares, compañeros de trabajo, vecinos y amigos suyos que no son creyentes. Diga a su pastor que si él solamente escribe la carta, usted hará las copias, las colocará en sobres y las entregará personalmente a las personas en su vida que no son creyentes. Luego sea testigo de que los recipientes de la carta la lean. Haga una lista de personas a las que desea entregar una carta. Luego haga una lista de los obstáculos que tendrá que superar para cumplir esta tarea con toda responsabilidad. (Por ejemplo: comprar el papel para hacer las copias, hacer las copias, hacer una cita con la persona para la entrega y lectura de la carta). Póngase

Febe

de acuerdo con alguna otra persona de su grupo para rendirle cuentas del progreso de la tarea, y fije una fecha límite. Cuando terminen, díganselo al grupo y denle gracias a Dios por haber hecho la tarea de manera confiable y responsable.

- ¿Alguna vez ha sido difícil para usted aceptar ayuda? ¿Por qué cree que ha sido así? ¿En qué área podría Dios estar animándola a recibir ayuda hoy?

PARA RECORDAR:

Les encomiendo a nuestra hermana Febe, quien es diaconisa de la iglesia en Cencrea. Recíbanla en el Señor como digna de honra en el pueblo de Dios. Ayúdenla en todo lo que necesite, porque ella ha sido de ayuda para muchos, especialmente para mí.

ROMANOS 16:1-2

Loida

Una mujer que impactó a varias generaciones

PERFIL DE LOIDA
Referencias bíblicas: 2 Timoteo 1:5; 3:14-15
Lugar: Listra
Fecha: Aproximadamente entre los años 45 y 50 d. C.

IMAGINEMOS LA ESCENA

Loida era miembro de una familia judía que estableció su residencia en Listra, una ciudad en la región de Licaonia que formaba parte de una colonia romana en Asia.

Loida y su esposo aprendieron a convivir en la cultura helénica, es decir, fueron formados en una situación en la cual se hablaba el idioma hebreo dentro de la casa y se hablaba el idioma griego en la escuela y los negocios. Vivían bajo un gobierno romano, pero cada familia judía mantenía sus costumbres hebreas tan fielmente como podía.

Ambos padres le habían recomendado a su hija que cuando se enamorara, lo hiciera de un judío como ellos. Pero ya sabemos cómo es el amor: a veces caprichoso y dispuesto a desafiar las fronteras sociales, raciales, económicas y políticas. Loida y su esposo no se sorprendieron mucho cuando su hija Eunice llegó un día a casa acompañada de un apuesto y bien educado joven griego.

Los padres de Eunice conocían al muchacho, un converso que se había unido a la comunidad judía y se congregaba en la sinagoga de Listra. Para distinguirlo, lo llamaban «prosélito», pues así describían a los de otras razas que escogían adorar a Dios y generalmente practicaban las mismas costumbres religiosas de los judíos.

La boda de Eunice fue una fiesta muy colorida, matizada

SEGÚN LA BIBLIA

Pablo fue [...] a Listra, donde había un discípulo joven llamado Timoteo. Su madre era una creyente judía, pero su padre era griego. Los creyentes de Listra e Iconio tenían un buen concepto de Timoteo, de modo que Pablo quiso que él los acompañara en el viaje. Por respeto a los judíos de la región, dispuso que Timoteo se circuncidara antes de salir, ya que todos sabían que su padre era griego. Luego fueron de ciudad en ciudad enseñando a los creyentes a que siguieran las decisiones tomadas por los apóstoles y los ancianos de Jerusalén. Así que las iglesias se fortalecían en su fe y el número de creyentes crecía cada día.

Hechos 16:1-5

Yo, Pablo, elegido por la voluntad de Dios para ser apóstol de Cristo Jesús escribo esta carta. Fui enviado para contarles a otros acerca de la vida que él ha

Loida

prometido mediante la fe en Cristo Jesús.

Le escribo a Timoteo, mi querido hijo.

Que Dios Padre y Cristo Jesús nuestro Señor te den gracia, misericordia y paz.

Timoteo, doy gracias a Dios por ti, al mismo Dios que sirvo con la conciencia limpia tal como lo hicieron mis antepasados. Día y noche te recuerdo constantemente en mis oraciones. Tengo muchos deseos de volver a verte porque no me olvido de tus lágrimas cuando nos separamos. Y me llenaré de alegría cuando estemos juntos otra vez.

Me acuerdo de tu fe sincera, pues tú tienes la misma fe de la que primero estuvieron llenas tu abuela Loida y tu madre, Eunice, y sé que esa fe sigue firme en ti. Por esta razón, te recuerdo que avives el fuego del don espiritual que Dios te dio cuando te impuse mis manos. Pues Dios no nos ha dado un espíritu de temor y timidez sino de poder, amor y autodisciplina. [...]

Debes permanecer fiel a las cosas que se te han enseñado. Sabes que son verdad, porque sabes que puedes confiar en quienes te las enseñaron. Desde la niñez, se te han enseñado las sagradas Escrituras, las cuales te han dado la sabiduría para recibir la salvación que viene por confiar en Cristo Jesús. Toda la Escritura es inspirada por Dios y es útil para enseñarnos lo que es verdad y para hacernos ver lo que está mal en nuestra vida. Nos corrige cuando estamos equivocados y nos enseña a hacer lo correcto. Dios la usa para preparar y capacitar a su pueblo para que haga toda buena obra.

2 Timoteo 1:1-7; 3:14-17

con música romántica griega; la bendición sobre el matrimonio fue invocada por un rabino muy reconocido en la región de Macedonia. Un año después, tuvieron su primer hijo. Le pusieron por nombre *Timoteo*, pues a ambos les pareció hermoso el significado del nombre que se forma de las palabras *Timo* («temor u honra») y *Teos* («Dios»). Expresar el nombre de Timoteo era decir: «el que teme a Dios» o «el que honra a Dios», y su principal deseo era que su hijo fuera un hombre así.

De manera imprevista, el esposo de Eunice murió cuando Timoteo era un niño de cuatro años. Eunice tuvo que buscar trabajo fuera del hogar y administrar los recursos financieros para sostener a la familia mientras que Loida se quedó en la casa haciendo los oficios domésticos y sobre todo enseñando a Timoteo con la ternura y dedicación propia de una abuelita. Al final del día los tres se reunían para orar, leer y estudiar las Sagradas Escrituras judías. Así Loida, la abuela, continuaba formando a su hija y a su nieto de manera intencional y fortalecía las más saludables relaciones familiares.

Aproximadamente dieciocho años después de la muerte y resurrección de Cristo, Pablo llegó por primera vez a Listra, acompañado por Bernabé y varias otras personas. Como era costumbre, Pablo y sus amigos fueron a la sinagoga para adorar. Fue allí donde conocieron a la familia de Loida, Eunice y Timoteo.

Para entonces el muchacho tenía unos trece años, y ese mismo día se estableció una amistad especial entre Pablo y Timoteo. Por supuesto, Pablo admiraba la disciplina y fidelidad de la abuelita y la madre para enseñar al muchacho la Palabra de Dios. El Apóstol condujo a toda la familia al conocimiento de Jesucristo y todos fueron bautizados. Dios no era un concepto nuevo para ese adolescente y su familia, y con facilidad aceptaron que Dios era ahora su Salvador y Señor. Sobre los sólidos cimientos de su formación en el Antiguo Testamento ahora se unía un factor dominante: la persona de Jesucristo con todas sus implicaciones. Luego Pablo continuó su viaje misionero.

Pasaron varios meses antes de que Pablo pasara otra vez por Listra, en su camino de vuelta a Antioquía. Luego pasaron unos dos años antes de que Pablo volviera a visitarlos.

Esta vez, Pablo se hospedó en el hogar de Loida, la abuelita, y de Eunice, la madre de Timoteo. La relación entre Pablo y Timoteo llegó a ser más profunda que la relación entre un padre y su hijo. Pablo recién había perdido la ayuda de Bernabé, a quien la familia de Loida y Eunice habían conocido en la primera visita, por un desacuerdo sobre si volver a incluir, o no, a un joven llamado Juan Marcos, que había regresado a Jerusalén en vez de terminar el primer viaje con los otros compañeros. Todos recordaban a Bernabé con cariño, pero comprendían que en un equipo de trabajo puede haber cambios de personal.

Después de la cena, Pablo expresó a la abuelita, a la madre y a Timoteo, quien para entonces tenía dieciseis años, su fuerte deseo de que Timoteo lo acompañara como parte de su equipo misionero.

—Yo necesito un ayudante como Timoteo. Hay mucho trabajo por hacer cada vez que se establece una nueva iglesia y podré hacer un poco más si cuento con la ayuda de este joven amigo.

El joven alto, con las marcadas facciones de un griego y con el cuerpo ligeramente delgado, miró a su abuelita y también a su madre, esperando respetuosamente que una de ellas hablara primero. Después de un momento de silencio, Eunice dijo:

—Usted dice que lo necesita. Espero que haya orado y sienta que eso es lo que Dios desea para mi hijo. Si es así, se lo entregamos a usted y al Señor.

La abuelita Loida, con los ojos empañados en lágrimas, agregó:

—Vamos a extrañar mucho a mi nieto, pero yo también estoy de acuerdo, si él desea ir, que vaya con usted, hermano Pablo.

Luego ambas miraron a Timoteo, ansiosas por saber lo que él iba a decir.

—Imagino que ya saben cuál es mi respuesta —dijo con una sonrisa juvenil muy contagiosa—. Yo admiro mucho al hermano Pablo y todo lo que hace para que otros conozcan a Jesucristo, crezcan como discípulos y luego se formen iglesias en todas las grandes ciudades de nuestro mundo.

Pablo se llevó la mano a la amplia frente y dijo:

—Tengo una pregunta un poco delicada. Dependiendo de la respuesta que ustedes me den, podemos buscar la manera de resolverla tan pronto sea posible.

Todos esperaron en silencio para escuchar la pregunta. Pablo les explicó:

—Como ustedes saben, siempre que voy a una ciudad comienzo mi ministerio buscando a los judíos, pues ellos ya conocen las Sagradas Escrituras y están a la espera de la venida del Mesías, quien es Jesucristo. Me he dado cuenta de que todos los judíos en Listra y sus alrededores saben que el padre de Timoteo era griego. Sabemos que los griegos no se preocupan por el rito de la circunsición. Les pregunto concretamente: ¿Timoteo ha sido circuncidado?

Eunice y Loida se miraron la una a la otra. Muchas veces habían hablado del tema. Sin embargo, como vivían en una ciudad multicultural donde las líneas religiosas eran menos definidas, nunca se habían ocupado de llevar a Timoteo a que lo circuncidaran. Los miembros de la sinagoga en Listra y los cristianos de la iglesia lo amaban tanto que ese aspecto parecía no tener gran relevancia.

Pablo les explicó:

—Si Timoteo está de acuerdo, yo mismo lo puedo llevar a que lo circunciden y de esa manera no habrá ninguna restricción para su ministerio dondequiera que vaya para ministrar con el evangelio de Jesús a los judíos.

Loida

Timoteo respondió:

—¡Lo más pronto, mejor!

La noche antes de que Timoteo saliera a su primera aventura misionera con Pablo, Loida y Eunice revisaron con cuidado todo lo que debía llevar. Cada una opinaba sobre lo que debía colocarse en la maleta. Ninguna esperaba la respuesta de la otra.

—Esto por si hace frío.

—Esto otro por si hace calor.

—Este traje porque le luce muy bien.

—Estos zapatos porque son de buena piel.

Cuando llegaron al tema de la comida, a las dos las asaltó la incertidumbre. A veces Timoteo sentía malestares en el estómago a causa de algunos alimentos. Loida, sobreponiéndose a su inseguridad, dijo:

—Dios se encargará de las necesidades de Timoteo y pondrá en su camino familias y personas que le provean la comida o medicina adecuada. ¡Terminemos de empacar!

Todos oraron a Dios en esa casa donde Timoteo había nacido y crecido. Era tiempo de que comenzara una nueva aventura. ¡Y qué aventura!

En los meses siguientes, a Loida y a Eunice les llegaron noticias de que Timoteo atravesó a pie toda la región de Frigia, Galacia y Misia hasta llegar a Troas, una ciudad a la orilla del mar Egeo. Luego él y Pablo continuaron el viaje en barco y llegaron a la ciudad de Filipos, donde se hicieron amigos de una comerciante llamada Lidia, y donde Pablo y Silas fueron golpeados y encarcelados. Loida y Eunice oraron con fervor por la seguridad del Apóstol y del muchacho a quien tanto amaban. Luego se enteraron de que Pablo y Timoteo continuaron hacia Tesalónica y Berea; después a Corinto, donde unieron fuerzas con una pareja, Priscila y Aquila. Las próximas noticias que recibieron Loida y Eunice decían que Pablo y Timoteo estaban con Priscila y Aquila en Éfeso. Las mujeres sabían que Timoteo estaba aprendiendo de Pablo el contenido del mensaje y la forma de predicar al escuchar al Apóstol exponer el evangelio a los hermanos. Loida y Eunice dieron gracias a Dios porque el Apóstol fuera un modelo vivo para Timoteo, y que el muchacho pudiera aprender a ser un pastor para muchos.

Pasaron los años. De vez en cuando Loida y Eunice recibían mensajes de Timoteo, que estaba en Éfeso, donde Pablo lo había dejado mientras emprendía un viaje a Jerusalén y Antioquía.

Las mujeres tuvieron la felicidad de recibir al Apóstol otra vez, cuando pasó por Listra en su tercer viaje misionero. ¿Puede usted imaginar cuáles fueron las preguntas que la abuelita le hizo a Pablo acerca de su nieto?

Luego Loida y Eunice se enteraron de que Pablo envió a Timoteo a Corinto como su mensajero, para resolver una situación compleja en la iglesia de esa ciudad. Después, Timoteo acompañó a Pablo cuando estaba preso en Roma y, posteriormente, Pablo puso a Timoteo a cargo de la iglesia en Éfeso.

Gracias a la ayuda que el nieto de Loida le brindó a Pablo se establecieron iglesias y se resolvieron situaciones muy complejas. Timoteo fue un excelente colaborador y compañero. Loida sintió que, visto desde afuera, podría haber parecido un sacrificio dedicar a su nieto al servicio de Dios, pero la experiencia le había demostrado que no hay gozo más grande y profundo que ver a un nieto sirviendo a Dios con sus dones y talentos.

LECCIONES PRÁCTICAS QUE APRENDEMOS DE LOIDA

Cuando el doctor y escritor Lucas comenta sobre Timoteo, es un gran elogio a las mujeres que lo criaron: «Los creyentes de Listra e Iconio tenían un buen concepto de Timoteo, de modo que Pablo quiso que él los acompañara en el viaje» (Hechos 16:2-3). La influencia de las abuelitas sobre la vida y el ministerio de sus nietos es de valor incalculable y trascendental. Las abuelitas como Loida tienen una oportunidad única de influir sobre la segunda, tercera y cuarta generación. Nunca deberíamos subestimar la influencia de una mujer real, relevante y radical.

De esta mujer en particular podemos aprender las siguientes lecciones.

Enseñar las Escrituras a la próxima generación

Muchas abuelitas estarán de acuerdo en que ¡tener nietos es uno de los más grandes gozos de la vida! Ser abuelos es también una seria responsabilidad. Las abuelitas tienen el privilegio de influir en sus hijos y en sus nietos al ministrarlos y servirlos cada vez que se presenta una oportunidad.

El término *abuela* solo se usa una o dos veces en toda la Biblia (dependiendo de la versión), aunque menciona a varias abuelas por nombre. En 2 Timoteo 1:5, Pablo identifica a Loida como la abuela de Timoteo. Loida fue una devota mujer judía que les enseñó las Escrituras del Antiguo Testamento a su hija y a su nieto. Pablo reconoció su «fe sincera» como la influencia más significativa que ella tuvo sobre la vida y el ministerio de Timoteo.

Debemos comprender que, aunque Loida y Eunice educaron a Timoteo en las Sagradas Escrituras y le facilitaron el conocimiento de sus propias creencias, no fue la fe de ellas la que llevó a ser salvo a Timoteo. Él mismo tuvo que poner su confianza en Jesucristo para recibir el perdón de sus pecados y ser salvo. Es importante que los padres guíen a sus hijos hasta el punto de comprender su necesidad personal de salvación. Después de que los niños hayan puesto su fe en Cristo como su Señor y Salvador, sus padres deben ayudarlos a crecer en su fe y en el conocimiento de Jesucristo. Ya sea que usted sea madre, abuela, tía o maestra, pídale a Dios que la ayude a ser la clase de ejemplo e influencia que guiará a los niños hacia el conocimiento personal de Jesucristo.

Instruir a la siguiente generación sobre los valores y el carácter cristianos

En nuestros días se habla mucho de la formación de valores y se elaboran listas breves y largas, con palabras sencillas y con palabras difíciles de comprender para algunos de nosotros. Al leer las cartas de Pablo a Timoteo, se nota que Timoteo demostraba la formación de valores que su abuela y su madre deben haber cultivado en él.

Por ejemplo, Timoteo fue formado para tener un carácter íntegro (1 Timoteo 1:19). Es decir, era del tipo de persona que dice lo que va a hacer y cumple su palabra. Loida y Eunice influyeron en él para establecer un buen fundamento. Como explica Pablo en 1 Timoteo 6:11-12: «Pero tú, Timoteo, eres un hombre de Dios; así que huye de todas esas maldades. Persigue la justicia y la vida sujeta a Dios, junto con la fe, el amor, la perseverancia y la amabilidad. Pelea la buena batalla por la fe verdadera. Aférrate a la vida eterna a la que Dios te llamó y que declaraste tan bien delante de muchos testigos».

Loida y Eunice hicieron algo más que simplemente instruir a este chico sobre valores morales y buenas costumbres: le enseñaron a amar. Timoteo se entregó al servicio de la iglesia porque aprendió la forma de recibir amor y dar el verdadero amor. Estas mujeres reales y

Loida

relevantes derramaron su amor abundantemente sobre Timoteo hasta que, de manera natural, el amor comenzó a fluir de él hacia otras personas. Esta es la forma en que Dios nos cambia de gloria en gloria. Simplemente, ¡él persiste en amarnos hasta la redención total! Timoteo no solo sabía cómo recibir amor, sino que sabía cómo darlo a los demás.

Dejar un legado de fe y conducta que impacte a otros

Los abuelos deseamos dejar una herencia o legado a los nietos como una extensión de nuestra vida. A veces solamente pensamos en dinero, propiedades y valores materiales, que es algo bueno, si es posible. Sin embargo, el legado o la herencia más significativa y duradera que podemos dejar a nuestros nietos es lo que hicieron Loida y Eunice: un ejemplo de fe y conducta que impacte la vida de nuestros nietos, y por medio de ellos, a otros.

ALGO PARA PENSAR O CONVERSAR

- *¿Qué quiere decir la expresión «fe sincera»? ¿Cuál es la mejor manera de transmitir esa clase de fe a la siguiente generación? ¿Cómo sabemos que lo hemos logrado?*

- *¿Se preocupa usted por enseñarle a la siguiente generación valores y principios de la vida cristiana? De las muchas actividades que usted lleva a cabo con sus hijos, sus nietos y sobrinos, ¿cuánto tiempo dedica a una formación de principios y valores cristianos, incluyendo la lectura y enseñanza de la Biblia, la oración y la asistencia a las reuniones de la iglesia o congregación? ¿Qué puede hacer hoy para ser un agente de cambio en la vida de las nuevas generaciones? No desperdicie esta oportunidad única.*

- *¿Ha orado y pensado acerca de la posibilidad de que el Señor decida llamar a uno de sus hijos o nietos para ser un líder, pastor, misionero o maestro de la Biblia de tiempo completo? ¿Y si solamente tiene hijas o nietas?*

PARA RECORDAR:

Me acuerdo de tu fe sincera, pues tú tienes la misma fe de la que primero estuvieron llenas tu abuela Loida y tu madre, Eunice, y sé que esa fe sigue firme en ti.

2 TIMOTEO 1:5

Reconocimientos

Escribir un libro sobre mujeres y para mujeres es una tarea doblemente desafiante para un hombre. Con eso en mente, invité a mi hija Miryam para que me acompañara durante el proceso de escribir cada uno de los relatos y le pedí que diera los enfoques pertinentes a las mujeres de hoy. Así trabajamos juntos para producir este material que usted tiene en sus manos. Me siento honrado al presentar a Miryam Raquel Picott como mi hija, mi lectora crítica y aquí como coautora. ¡Qué privilegio!

También quiero reconocer a varias hermanas en Cristo que nos ayudaron con sus «ojos de mujer» y nos dieron sugerencias sobre los relatos. De manera especial agradecemos a cada una de ellas por su excelente contribución.

Gracias a Dios he disfrutado de la convivencia con seis maravillosas mujeres a lo largo de toda mi vida: mi madre, Julia Margarita; mi esposa, Raquelita, quien ahora vive en la Casa del Padre; mis dos hijas, Miryam y Carol; y mi nieta, Isabella Joelie. Ellas me han amado y apoyado sin condiciones en todos mis años de ministerio como pastor y maestro. Cada una me ha enseñado aspectos que han enriquecido mi vida como hijo, esposo, padre y abuelo.

La escritura de este libro proviene de la grata sorpresa que recibí cuando la Junta Directiva de la Unión Nacional Femenil Bautista Misionera de México «Sara Alicia Hale» me invitó a preparar unos estudios bíblicos para que todas las mujeres de ese grupo disfrutaran del estudio de la Palabra de Dios durante sus reuniones semanales en sus respectivas comunidades cristianas. Después de pensar un poco, pedir la dirección del Señor y meditar sobre las implicaciones, les hice la propuesta de estudiar a algunas mujeres de la Biblia. Seleccioné una lista de veinte mujeres del Antiguo Testamento y veinte del Nuevo Testamento, de entre las más de doscientas mujeres que aparecen en la Biblia. Envié la lista a varias mujeres cristianas dedicadas al servicio del Señor en varios países y les hice la petición de que escogieran y dieran un orden de prioridad a aquellas mujeres cuyos relatos ellas usarían para comunicar ciertos principios, valores y actitudes a otras mujeres de su comunidad. De allí viene esta colección de veinticinco relatos que usted tiene en sus manos. Mi deseo y oración es que estos relatos también la ayuden a usted a aprender y enseñar las verdades de Dios para hoy.

Reconocimientos

Mario Martínez Lara, Margarita Valadez y Julio César Zelaya, compañeros de otras tareas hace algunos años, ayudaron con la labor editorial que ha producido una presentación más adecuada de las ideas y conceptos. De manera especial doy gracias a Christine Kindberg por su labor profesional como editora general de estos relatos. Por supuesto, la responsabilidad final del contenido y el estilo es totalmente nuestra.

A todos y cada uno, muchísimas gracias por su contribución.

Dr. Jorge Enrique Díaz

Me dio mucho gusto tener la oportunidad de trabajar con mi papá una vez más en uno de sus proyectos para dar un giro de 180 grados, desde las mujeres de la Biblia hasta las mujeres de hoy en día, y buscar las aplicaciones prácticas y las lecciones que hoy aprendemos de las mujeres de ayer en la Palabra de Dios.

Gracias a Dios he tenido la oportunidad de conocer y conversar con muchas mujeres por medio del movimiento Entre Amigas ya por varios años. Doy gracias especialmente por el trabajo que estoy haciendo actualmente con tres grupos de mujeres en la Base Militar en Italia, con quienes he podido probar algunos de los relatos de este libro.

No se diga más, y manos a la obra.

Miryam R. Picott

TAMBIÉN DISPONIBLE POR TYNDALE DE LA RECONOCIDA AUTORA DE ÉXITOS DE MAYOR VENTA FRANCINE RIVERS

Conozca cinco mujeres que Dios usó para cambiar la eternidad: Tamar, Rahab, Rut, Betsabé y María. Cada una estaba destinada a desempeñar un papel clave en el linaje de Jesucristo, el Salvador del mundo.

CINCO LIBROS DE LA SERIE DE MAYOR VENTA, AHORA EN UN SOLO TOMO

Disponible en tiendas y en Internet

Tyndale
Tyndale.com
Tyndaleespanol.com

CP1511

¿Puede el amor de Dios salvar a cualquiera?

Amor Redentor
por FRANCINE RIVERS

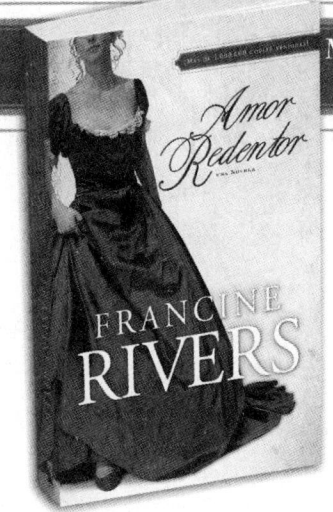

MÁS DE 2.5 MILLONES DE EJEMPLARES VENDIDOS

Los campos de oro de California, 1850. Una época en la que los hombres vendían sus almas por una bolsa de oro y las mujeres, sus cuerpos por un lugar para dormir. Un relato conmovedor basado en el libro de Oseas, *Amor redentor* es una historia del amor incondicional, redentor y consumidor de Dios que cambiará su vida.

Tyndale

Disponible en español e inglés

«La verdad entretejida en esa historia [Amor redentor] *realmente me trajo a mis rodillas. Y era una persona distinta cuando terminé de leer ese libro».*

—Amy Grant

Disfrute el primer capítulo de este libro visitando
francinerivers.autortyndale.com

Acepte su propósito, su poder y sus posibilidades

ACEPTE SU PROPÓSITO, SU PODER Y SUS POSIBILIDADES

TONY EVANS
CHRYSTAL EVANS HURST
UNA MUJER DEL REINO

Dios ha prometido darle todo lo que necesita para triunfar y cumplir con su propósito.

Descubra su verdadera identidad y su verdadero valor, y comience hoy a ser *una mujer del reino*.

Tyndale

ENFOQUE A LA FAMILIA

Disponible en cualquier librería

CP0647